Social-Media-Recht für Dummies

Schummelseite

IMPRESSUMSPFLICHT

- ✔ Muss leicht zugänglich sein (max. 2 Klicks).
- ✔ Kann in der Bio oder im »Über uns«-Bereich verlinkt werden.
- ✔ Pflichtangaben nach § 5 DDG beachten.

GEWINNSPIELE

- ✔ Teilnahmebedingungen gut sichtbar verlinken (§ 6 Abs. 1 Nr. 4 DDG).
- ✔ Disclaimer: Ausschluss der Haftung für Social-Media-Plattformen.
- ✔ Datenschutz beachten: Erklären, wie Teilnehmerdaten genutzt werden.

WERBUNG & KENNZEICHNUNG

- ✔ Werbeposts als »Anzeige« oder »Werbung« kennzeichnen (z. B. #Werbung).
- ✔ Auch bei Produktplatzierungen & Affiliate-Links Pflicht.
- ✔ Keine Schleichwerbung! Verstöße können abgemahnt werden.

URHEBERRECHT

- ✔ Nur eigene oder explizit lizenzierte Bilder/Videos/Musik nutzen.
- ✔ Keine fremden Inhalte für kommerzielle Zwecke ohne Erlaubnis teilen.
- ✔ Zitate & Quellen korrekt angeben.

DATENSCHUTZ & DSGVO

- ✔ Keine ungefragte Speicherung oder Weitergabe von Nutzerdaten.
- ✔ Keine E-Mail-Werbung ohne Double Opt-in.
- ✔ Cookie- und Tracking-Hinweise einbinden.

Social-Media-Recht für Dummies

Schummelseite

KOMMENTARE & COMMUNITY

- ✔ Ein Meme nutzen, auf das Sie einen eigenen, humorvollen und originären Inhalt setzen.
- ✔ Bei Hassreden & Beleidigungen zeitnah Notice-and-take-down-Verfahren über die Social-Media-Plattform einleiten.
- ✔ Keine falschen Bewertungen oder Fake-Profile nutzen.

WIDERRUFSRECHT BEI DIGITALEN INHALTEN GEGEN BEZAHLUNG

- ✔ Kunden müssen aktiv zustimmen, dass ihr Widerrufsrecht erlischt.
- ✔ Zustimmung über Opt-in-Checkbox – ein Hinweis reicht nicht.
- ✔ Ohne diese Absicherung: Widerruf trotz Download möglich!

KI & CONTENTERSTELLUNG

- ✔ Der Einsatz von privat erworbener KI-Software für berufliches Social-Media-Marketing gilt als geschäftliche und nicht als private Nutzung.
- ✔ Social Scoring ist verboten.
- ✔ KI erstellte Inhalte sind künftig mit dem Hinweis »dieser Text/dieses Bild wurde mit KI generiert« oder »KI-Inhalt« zu kennzeichnen.
- ✔ Deepfakes = Deep Learning + Fake.

MUSIKNUTZUNG IN REELS

- ✔ Die Bereitstellung einer Musikfunktion in einem Social-Media-Account (privat, Creator oder Business) berechtigt nicht automatisch zur Untermalung jedes Reels mit Musik.
- ✔ GEMA-freie Musik ist nicht gleich lizenzfreie Musik.
- ✔ Für monetarisierte Werbevideos mit Musik ist eine gesonderte Lizenz erforderlich.
- ✔ Trendsounds können rechtlich geschützt sein.

Social-Media-Recht für Dummies

Nathalie Salibian-Waltz

Social-Media-Recht für dummies®

WILEY
WILEY-VCH GmbH

Social-Media-Recht für Dummies

Bibliografische Information der Deutschen Nationalbibliothek

Die Deutsche Nationalbibliothek verzeichnet diese Publikation in der Deutschen Nationalbibliografie; detaillierte bibliografische Daten sind im Internet über `http://dnb.d-nb.de` abrufbar.

1. Auflage 2025

Coverillustration: © Rogatnev - stock.adobe.com
Korrektur: Petra Bonitz, Hemmingen
Satz: Straive, Chennai, India
Druck und Bindung:

Print ISBN: 978-3-527-72218-1
ePub ISBN: 978-3-527-84817-1

Über die Autorin

Nathalie Salibian-Waltz ist Wirtschaftsanwältin und englische Solicitor mit einer klaren Mission: Selbstständige, Unternehmen und Medienschaffende rechtssicher durch die digitale Welt begleiten.

Nach ihrer Tätigkeit in großen Wirtschaftskanzleien in Frankfurt und London, wo sie Unternehmen und Banken bei internationalen Geschäften beriet, machte sie sich 2012 selbstständig. Seit über 12 Jahren spezialisiert sie sich auf Rechtsfragen rund um das Internet und Social Media.

Als Content Creator auf Instagram, TikTok und LinkedIn (@nathalie.salibianwaltz) teilt sie seit 2019 praxisnahe Tipps und Einblicke aus dem Anwaltsalltag – verständlich, direkt und nahbar.

Mit ihrer Plattform socialmedia-rechtssicher.de hilft sie Selbstständigen, rechtliche Stolperfallen zu vermeiden – durch Online-Kurse, Workbooks und praktische Vorlagen. Ihr Ziel: mehr Sicherheit und weniger Abmahnrisiko für Ihr Online-Business!

Auf einen Blick

Über die Autorin ... **7**

Einleitung ... **19**

Teil I: Grundlegendes zur Nutzung von Social Media ... 23

Kapitel 1: Warum es wichtig ist, auf Social Media rechtssicher zu sein ... 25
Kapitel 2: Kennzeichnungspflicht auf Social Media ... 33
Kapitel 3: Angaben, die ein Accountinhaber machen muss ... 43
Kapitel 4: Welchen Benutzernamen man wählen soll ... 59

Teil II: Wer hat's erfunden? Urheberrechte ... 69

Kapitel 5: Nutzungsrechte auf Social-Media-Plattformen ... 71
Kapitel 6: Ein Bild sagte mehr … Bilder nutzen ... 85
Kapitel 7: Musik in sozialen Medien ... 97
Kapitel 8: Durch künstliche Intelligenz erzeugte Inhalte – alles nur geklaut? ... 109

Teil III: Posten, sparen, kassieren – so machen Sie mit Social-Media-Angeboten Geld ... 117

Kapitel 9: Freebies, Werbe-E-Mail und die Grenze zum Spam ... 119
Kapitel 10: Gewinnspiele in Social Media ... 129
Kapitel 11: Social Media, Nutzererlebnis und Vertragsabschluss – wie Klicks rechtlich binden ... 147

Teil IV: Rechtsverstoß und Konsequenzen ... 169

Kapitel 12: Tricksen, Täuschen, Tappen: Betrug und Manipulation ... 171
Kapitel 13: Haftung für Inhalte, Abmahnung und Schmähkritik ... 177

Teil V: Top-Ten-Teil ... 191

Kapitel 14: Zehn Folgen fehlender oder fehlerhafter Angaben ... 193
Kapitel 15: Zehn Dinge, die Sie im Zusammenhang mit Bildern beachten müssen ... 199
Kapitel 16: Zehn häufig gestellte Fragen zu Musikrechten in Social Media ... 207
Kapitel 17: Zehn FAQ zur Verwendung von KI auf Social Media ... 213

Stichwortverzeichnis ... **219**

Inhaltsverzeichnis

Über die Autorin **7**

Einleitung **19**

Über dieses Buch 19
Konventionen in diesem Buch 20
Was Sie nicht lesen müssen 20
Törichte Annahmen über den Leser 20
Wie dieses Buch aufgebaut ist 20
Teil I: Grundlegendes zur Nutzung von Social Media 21
Teil II: Wer hat's erfunden? Urheberrechte 21
Teil III: Posten, sparen, kassieren – So machen Sie mit Social-Media-Angeboten Geld 21
Teil IV: Rechtsverstoß und Konsequenzen 21
Teil V: Top-Ten-Teil 21
Symbole, die in diesem Buch verwendet werden 21
Wie es weitergeht 22

TEIL I
GRUNDLEGENDES ZUR NUTZUNG VON SOCIAL MEDIA **23**

Kapitel 1
Warum es wichtig ist, auf Social Media rechtssicher zu sein **25**

Sie können von Abmahnungen betroffen sein 26
Abmahnwellen – was war passiert? 26
Transparenzpflicht auf Social Media – auch kleine Accounts müssen Werbung kennzeichnen 27
Musik in Social Media – was Sie über Rechte und Lizenzen wissen müssen 28
Ihre Social-Media-Aktivitäten können unfair sein 29
Warum Social Media für Shopping ideal ist 29
Was Sie beim Verkauf auf Social Media beachten müssen 29

Kapitel 2
Kennzeichnungspflicht auf Social Media **33**

Kennzeichnungspflichtig oder nicht, das ist hier die Frage 33
Was Sie als Werbung kennzeichnen müssen 33
Wie Sie Werbung richtig kennzeichnen 34
Werbung oder Eigenwerbung? Wann Sie kennzeichnen müssen 37
Besonderheiten bei Influencer-Kooperationen 39
Produktempfehlung oder Werbung? 39
Influencer-Gesetz: Wann müssen Sie Werbung kennzeichnen? 39

Tap Tags: Wann ist eine Kennzeichnung als Werbung nötig? ... 40
Wann ist ein unbezahlter Post trotzdem Werbung? ... 41
Kostenlose Samples – wann Sie Ihr Posting kennzeichnen müssen ... 41

Kapitel 3
Angaben, die ein Accountinhaber machen muss ... 43
Impressum: Wieso, weshalb, warum? ... 43
Warum Sie ein Impressum brauchen ... 43
Wer ein Impressum braucht ... 44
Was ins Impressum gehört ... 45
Wo das Impressum hingehört ... 46
Die Datenschutzerklärung: Hiermit erkläre ich feierlich ... 47
Warum Sie eine Datenschutzerklärung brauchen ... 47
Wer eine Datenschutzerklärung braucht ... 50
Was in eine Datenschutzerklärung gehört ... 51
Wo die Datenschutzerklärung hingehört ... 52
Ja, ich will Datenschutz! ... 53
Newsletter-Versand und Datenschutz – so machen Sie es richtig! ... 53
Daten in Social Media auswerten – aber nur mit Zustimmung ... 53
Meta-Pixel und DSGVO – so bleiben Sie auf der sicheren Seite ... 54
So gehen Sie richtig mit Bilddaten um ... 55
Fotos auf Firmenveranstaltungen: Was ist erlaubt? ... 55
Einwilligung für Eventfotos: So machen Sie es richtig ... 56
Widerruf der Bildnutzung: Was Sie beachten sollten ... 56

Kapitel 4
Welchen Benutzernamen man wählen soll ... 59
Wer zuerst kommt, mahlt zuerst ... 60
Wann ein Benutzername eine Marke ist ... 60
Markenmäßige vs. private Nutzung ... 61
Namen als Username – Schutz auch ohne Markenregister ... 61
Marke als Username – so schützen Sie Ihren Auftritt ... 63
Wenn Sie einen bekannten Markennamen als Benutzernamen nutzen ... 65
Vorsicht bei Bestandteilen von bekannten Markennamen im Benutzernamen! ... 65
Satirische Nutzung bekannter Markennamen – was ist erlaubt? ... 66
Wann ist ein ähnlicher Benutzername problematisch? ... 66
Recht unter Gleichnamigen – so funktioniert's auf Social Media ... 67
Wenn jemand Ihren Markennamen als Benutzernamen missbraucht ... 67

TEIL II
WER HAT'S ERFUNDEN? URHEBERRECHTE ... 69

Kapitel 5
Nutzungsrechte auf Social-Media-Plattformen ... 71
Nutzungsbedingungen auf Social Media ... 71
Inhalte und Informationen, die die Social-Media-Plattform nutzt ... 72
Inhalte und Informationen, die Sie nutzen dürfen ... 72

Der Grundsatz der individuellen Gestaltung 73
Warum Uploads in Social Media blockiert werden 77
Memes: Witzige Bilder, große Wirkung 79
Was dürfen Sie mit einem Meme machen? 80
Was ist bei Memes rechtlich erlaubt? 80
Das Zitatrecht – wann und wie Sie fremde Werke teilen dürfen 82
Private Chats veröffentlichen? Vorsicht ist geboten! 83

Kapitel 6
Ein Bild sagte mehr … Bilder nutzen 85
Lizenzfreie und lizenzpflichtige Bilder aus dem Social Web 85
Creative Commons Lizenzen 86
Panoramafreiheit: Wann Sie Fotos und Videos frei nutzen dürfen 87
Stockfotos richtig nutzen: So vermeiden Sie rechtliche Fallstricke 88
Selfies und Schnappschüsse: So vermeiden Sie teure Lizenzprobleme 90
Reproduktionsfotografien: Was Sie beachten sollten 91
Filmausschnitte richtig nutzen – was Sie beachten müssen 91
Lizenzen für Presse- oder Zeitungsartikel – was Sie wissen sollten 92
Das Recht am eigenen Bild – warum es wichtig ist 93
Portraitaufnahmen: Rechte verstehen und richtig handeln 93
Gruppenfotos in Social Media – was Sie beachten sollten 94
Ausnahmen von der Einwilligungspflicht – wann Sie Fotos ohne Zustimmung veröffentlichen dürfen 95

Kapitel 7
Musik in sozialen Medien 97
Reels mit Musik – was Sie beachten sollten 97
Richtungsweisend: die Jerusalema-Challenge 98
Musik auf Social Media: Was ist erlaubt? 98
Was Sie als kommerzieller Nutzer beachten müssen 100
Trend-Sounds und O-Töne in Social Media – was ist erlaubt? 103
Trendsounds 103
O-Töne 104
Songs covern und live streamen – so bleiben Sie rechtlich sicher 104
Songs covern auf Social Media – was Sie beachten müssen 104
Musik in Live-Streams – was Sie wissen müssen 105
Häufige Abmahngründe bei Videos mit Musik 106
Musik in Social Media: privater Spaß oder kommerzielle Nutzung? 106
Musiknutzung auf Social Media: Macht der Account-Typ einen Unterschied? 107

Kapitel 8
Durch künstliche Intelligenz erzeugte Inhalte – alles nur geklaut? 109
Künstliche Intelligenz für Content Erstellung – so nutzen Sie KI-Systeme sicher 109
Künstliche Intelligenz nutzen – aber mit Bedacht! 110
Künstliche Intelligenz und Urheberrecht: Was erlaubt ist 112
Wie KI-Systeme mit urheberrechtlich geschützten Inhalten arbeiten 112

Wem ein KI-generierter Text oder ein Bild gehört 113
Deep Fakes und KI-Inhalte: Was Sie wissen müssen 114
KI-generierte Musik und das Urheberrecht 114
Widerspruch gegen Text- und Data-Mining – so schützen Sie Ihre Inhalte 115

TEIL III POSTEN, SPAREN, KASSIEREN – SO MACHEN SIE MIT SOCIAL-MEDIA-ANGEBOTEN GELD 117

Kapitel 9 Freebies, Werbe-E-Mail und die Grenze zum Spam 119

Wie Lockangebote erlaubt sind 119
Freebie gegen Erhalt von Werbung – was erlaubt ist 119
Schnäppchen & Freebies: Zwei Wege, Kunden zu begeistern 122
Wann E-Mail-Werbung erwünscht ist 123
Gewünschte Nachricht oder Spam – was als Werbung erlaubt ist 124
Ausnahme von der Regel: ähnliche Dienstleistungen oder Waren 124
Rechtssichere Anfragen stellen – so machen Sie es richtig 126
Telefonwerbung und Kundeneinwilligung leicht erklärt 127
Telefonwerbung 127
Best Practice für WhatsApp-Kontakt 128

Kapitel 10 Gewinnspiele in Social Media 129

Gewinnspiele richtig planen – so klappt's! 129
Glückspiel oder Gewinnspiel – das ist hier die Frage 130
Tombola: automatisches Los beim Einkauf 131
Kleine Teilnahmegebühr: Was ist erlaubt? 131
Werberichtlinien der großen Plattformen: Meta, Google & TikTok im Blick 131
Was bei Gewinnspielen sonst noch eine Rolle spielt 133
Das Gewinnspiel klar kennzeichnen 133
Wie Sie Gewinner korrekt ermitteln 133
Werbung im Gesundheitsbereich: Das müssen Sie wissen 134
Gewinnspiele und Kaufanreize: Worauf Sie achten sollten 135
Gewinne ohne Druck: Fair bleiben bei der Übergabe 135
Gewinnspiel und Bewertungen: besser trennen 135
Gewinnspiel & Newsletter: Nur mit Zustimmung erlaubt! 136
Vorsicht bei der Verlosung von gesponserten Markenprodukten 136
Teilnahmebedingungen – was Sie bei Gewinnspielen auf Social Media beachten sollten 137
Was Sie tun müssen, damit Ihr Teilnehmer in die Teilnahmebedingungen einwilligt 138
Datenschutz bei Gewinnspielen einfach erklärt 138
Beschränken des Teilnehmerkreises 140
Gewährleistung für Gewinne – so sichern Sie sich ab 141
So reagieren Sie richtig bei Regelverstößen 141
Haftung für Teilnehmerbeiträge – so bleiben Sie auf der sicheren Seite 142

Der glückliche Gewinner: das Gewinnspiel auflösen ... 143
And the winner is: Nennung des Gewinners ... 143
Das Ende des Gewinnspiels ... 144
So händigen Sie den Gewinn richtig aus. ... 145

Kapitel 11
Social Media, Nutzererlebnis und Vertragsabschluss – wie Klicks rechtlich binden ... 147
Vertrag geschlossen? Der magische Moment, wenn »Klick« zum Deal wird! ... 147
So funktioniert ein Vertrag – im echten Leben und im Online-Shop ... 148
Der »zahlungspflichtig bestellen«-Button – warum er so wichtig ist ... 148
Die AGB: ohne Vorabinfos kein Vertrag ... 149
Infos, Infos, Infos – was Sie Kunden unbedingt sagen müssen! ... 149
Unfaire AGB-Klauseln – Finger weg, sonst gibt's Ärger! ... 151
Ohne Gewähr ... 151
Die Lieferung erfolgt innnerhalb von drei Werktagen: Lieferzeit ... 152
Regeln zur Geltung der AGB ... 154
AGB richtig einbinden – so geht's! ... 156
Zurück auf Anfang: Alles über Widerrufsrechte! ... 158
So machen Sie alles richtig beim Widerrufsrecht! ... 158
Zu groß? Zu klein? Gefällt mir nicht? Rücksendungen ... 159
Widerrufsrecht bei digitalen Inhalten oder Dienstleistungen ... 162
Widerrufsrecht bei Unternehmen ... 164
Preise, Produktinfos und alles auf einen Blick – Was Ihre Kunden wissen müssen! ... 165
Produktpräsentation im Online-Shop ... 165
Werbung mit den Preisen der Produkte ... 166
Preise und zusätzliche Kosten (zum Beispiel Versandkosten) richtig ausweisen ... 166
Mit vorherigen Preisen werben ... 167
Bundles verkaufen ... 168

TEIL IV
RECHTSVERSTOß UND KONSEQUENZEN ... 169

Kapitel 12
Tricksen, Täuschen, Tappen: Betrug und Manipulation ... 171
Vorsicht beim Kauf von Followern – warum das ein riskanter Weg ist ... 171
Warum der Kauf von Followern rechtlich problematisch ist ... 171
Warum gekaufte Follower auch wirtschaftlich keinen Sinn ergeben ... 173
Social Bots – was Sie wissen sollten ... 174
Wie funktionieren Social Bots? ... 174
Ist der Einsatz von Social Bots legal? ... 174
So schützen Sie sich vor Phishing-Angriffen ... 175
Warum das gefährlich ist ... 175
Was tun, wenn es passiert ist? ... 176
Wie Sie sich schützen können ... 176

Kapitel 13
Haftung für Inhalte, Abmahnung und Schmähkritik 177
Haftung für repostete Inhalte 177
Wann Social-Media-Plattformen für Inhalte haften 178
Meinungsfreiheit - wo liegen die Grenzen? 178
Kritik ja, Rufmord nein! 179
Abmahnschreiben erhalten – Was nun? 179
Was eine Abmahnung ist 179
Wie sollten Sie reagieren? 179
Warum ist ein Anwalt wichtig? 180
Werden auch kleine, private Accounts abgemahnt? 180
Zweck und Inhalt 181
Wer die Kosten trägt 182
Selbstverteidigung bei einer Abmahnung 183
Tot stellen und nicht reagieren – keine gute Lösung! 184
Einstweilige Verfügung 184
Wann wird eine einstweilige Verfügung vom Gericht erlassen? 184
Wie können Sie sich gegen eine einstweilige Verfügung wehren? 184
Wie können Sie nach einer Abmahnung vorbeugen? 185
Klage: das Hauptsacheverfahren 186
Wenn jemand Ihre Rechte auf Social Media verletzt 187
Was Sie gegen Schmähkritik tun können 187

TEIL V
TOP-TEN-TEIL 191

Kapitel 14
Zehn Folgen fehlender oder fehlerhafter Angaben 193
Abmahnfalle 1: Ihre Beiträge enthalten Werbung 193
Abmahnfalle 2: Adresse auf Anfrage 193
Abmahnfalle 3: Falscher Link im Social-Media-Profil 194
Abmahnfalle 4: Nicht notwendige Cookies ohne Einwilligung 195
Abmahnfalle 5: Falscher Benutzername 195
Abmahnfalle 6: Stockbilder falsch nutzen 196
Abmahnfalle 7: Nicht rechtssichere Leads 196
Abmahnfalle 8: Online – Gewinnspiel ohne Informationen 197
Abmahnfalle 9: Nicht widerrufbare Bestellung 197
Abmahnfalle 10: Ihre AGB gelten auch für künftige Rechtsgeschäfte 198

Kapitel 15
Zehn Dinge, die Sie im Zusammenhang mit Bildern beachten müssen 199
Sie entdecken ein cooles Handy-Foto von jemandem auf Social Media und teilen es einfach weiter 199
Sie posten Ihr selbst aufgenommenes Foto eines imposanten Gebäudes auf Social Media 200
Sie besuchen eine beliebte Kunstausstellung und teilen Fotos der ausgestellten Werke auf Social Media 201

Sie fotografieren Ihren geschätzten Kunden und veröffentlichen das Bild auf Ihrem Social-Media-Kanal ... 201
Sie erstellen spontan ein Gruppenfoto Ihrer Kursteilnehmer und veröffentlichen es ohne weitere Überlegung in den sozialen Medien ... 202
Sie machen ein Foto eines beliebten Ortes, auf dem auch andere Personen im Hintergrund zu sehen sind, und posten es in Ihrer Story ... 202
Sie verwenden ein fremdes Foto als Grundlage für ein Meme und veröffentlichen es ... 203
Sie nehmen ein spontanes Interview auf und veröffentlichen es auf TikTok ... 204
Sie veröffentlichen und verbreiten Fotos von einem Musikfestival auf Social Media ... 204
Sie reposten einfach ein Foto Ihres Kunden, auf dem auch Sie zu sehen sind ... 205

Kapitel 16
Zehn häufig gestellte Fragen zu Musikrechten in Social Media ... 207
Gilt bei einer Cover-Version das Urheberrecht? ... 207
Kann es auch bei einer nicht-kommerziellen Nutzung von Musik auf Social Media zu einer Urheberrechtsverletzung kommen? ... 208
Wann ist Musik lizenzfrei? ... 208
Was bedeutet GEMA-frei? ... 209
Welche sind die wichtigsten Nutzungsarten von Musik auf Social Media? ... 209
Wie lässt sich das Nutzungsrecht an einem Musikstück beweisen? ... 210
Sind Trend-Sounds durch das Urheberrecht geschützt? ... 210
Wie lässt sich feststellen, ob ein Lied urheberrechtlich geschützt ist? ... 210
Erwirbt die Social-Media-Plattform die Urheberrechte an Ihren Uploads? ... 211
Ab wann ist die Musiknutzung auf einer Social-Media-Plattform kommerziell? ... 211

Kapitel 17
Zehn FAQ zur Verwendung von KI auf Social Media ... 213
Gilt die KI-Verordnung auch für die private Nutzung eines KI-Generators? ... 213
Was ist Social Scoring? ... 213
Was ist bei Werbung mit KI-Influencern zu beachten? ... 214
Hat der Autor eines Prompts das Urheberrecht am KI-erzeugten Endprodukt? ... 215
Hat der Autor das Urheberrecht, wenn er das KI-Produkt weiterbearbeitet? ... 215
Sind KI-Bilder lizenzfrei? ... 215
Darf die KI geschützte Werke ohne Erlaubnis verwenden? ... 216
Ist das Endprodukt der KI ein Plagiat? ... 216
Besteht beim Komponieren von Musik mithilfe von KI das Risiko einer Urheberrechtsverletzung? ... 217
Welche Möglichkeiten gibt es, der Nutzung von Werken durch KI-Unternehmen zu widersprechen? ... 217

Stichwortverzeichnis ... 219

Einleitung

Willkommen bei *Social-Media-Recht für Dummies*! Schön, dass Sie dabei sind.

Auf Social Media geht es um mehr als nur »sehen und gesehen werden« – es dreht sich alles um den *Content*. Ob Gewinnspiele, Bilder, Texte, Produkt-Empfehlungen oder Tanz- und Musikvideos – all diese Inhalte unterliegen bestimmten Regeln.

Denn: Ihre Freiheit endet dort, wo die Rechte anderer beginnen. Social Media ist kein rechtsfreier Raum. Die Gesetze sorgen dafür, dass alle fair miteinander umgehen und schützen Sie vor Missbrauch oder unfairen Methoden. Deshalb ist es wichtig, dass Sie die Regeln kennen und einhalten.

Die gute Nachricht: Mit diesem Buch haben Sie bereits den ersten Schritt gemacht – Sie sind auf dem richtigen Weg!

Über dieses Buch

Dieses Buch ist für Sie gemacht! Egal, ob Sie Unternehmer, Influencer, Freelancer oder Social Media Manager sind – hier finden Sie verständliche und hilfreiche Tipps, um sich rechtssicher in sozialen Netzwerken und im Internet zu bewegen und Abmahnungen zu vermeiden.

Was bringt Ihnen dieses Buch?

- ✔ Schritt für Schritt lernen Sie, worauf Sie auf Social Media achten müssen – auch aus rechtlicher Sicht.
- ✔ Sie müssen nicht alles auf einmal lesen. Nutzen Sie Symbole, Hervorhebungen oder Listen mit Häkchen, um schnell die Infos zu finden, die Sie gerade brauchen.
- ✔ Sie brauchen eine schnelle Übersicht? Kein Problem! Die wichtigsten Social-Media-Rechtsregeln haben wir für Sie auf der *Schummelseite* zusammengefasst.
- ✔ Keine Lust auf Abmahnfallen? Am Ende des Buches gibt es den kompakten *Top-Ten-Teil* der häufigsten Fehler – wenn Sie das zuerst lesen, sind Sie sofort vorbereitet.
- ✔ Klar und verständlich: Die Kapitel sind übersichtlich aufgebaut – das, was draufsteht, steckt auch drin. Nicht mehr, aber auch nicht weniger!

Mit diesem Buch haben Sie einen praktischen Begleiter für Ihren Social-Media-Alltag – leicht verständlich, praxisnah und direkt umsetzbar!

Konventionen in diesem Buch

Dieses Buch macht Social-Media-Recht verständlich – ohne komplizierte Fachsprache und ohne dass Sie Vorkenntnisse brauchen. Es ist ein Lernbuch, kein Lehrbuch. Aber ganz ohne Ihr Zutun geht es nicht: Sie müssen das Wissen selbst in Ihrem Social-Media-Profil umsetzen.

Damit das leichter fällt, gibt es verschiedene Hervorhebungen:

- ✔ **Kursiv:** Für neue Begriffe oder umgangssprachliche Ausdrücke.
- ✔ **Fett:** Für wichtige Punkte, zum Beispiel in Listen oder Anleitungen.
- ✔ **Internetadressen** sind als Links hervorgehoben, damit Sie sie schnell auf Ihrem Smartphone, Computer oder Tablet verwenden können.

So können Sie sich Schritt für Schritt sicher in Social Media bewegen!

Was Sie nicht lesen müssen

Dieses *Social-Media-Recht für Dummies* vermittelt die wichtigsten Grundlagen und Richtlinien. Zusätzlich gibt es in jedem Kapitel kleine Infoboxen mit Symbolen – zum Beispiel für Warnungen, Tipps oder Erinnerungen. Sie müssen diese Kästen nicht sofort lesen, sondern können sie auch später durchgehen. Natürlich können Sie sie aber auch direkt mitnehmen!

Törichte Annahmen über den Leser

Es wäre naiv zu denken, dass die Leserinnen und Leser dieses *Social-Media-Recht für Dummies* gar nichts mit Social Media zu tun haben. Sie haben das Buch wahrscheinlich in die Hand genommen, weil Sie bereits Interesse an Social Media haben, Ihre Reichweite und Sichtbarkeit erhöhen möchten oder sich genauer mit den Funktionen und Möglichkeiten der Social-Media-Plattformen beschäftigen wollen. Wahrscheinlich haben Sie sich auch ganz bewusst für dieses Buch entschieden, weil Sie Ihr Online-Business schützen wollen. Eine Abmahnung kommt oft überraschend – dann ist es zu spät. Es ist viel besser, sich vorher zu informieren und die rechtlichen Vorgaben in Social Media richtig umzusetzen. Das ist nicht nur logisch, sondern spart Ihnen auch Zeit und Geld.

Wie dieses Buch aufgebaut ist

Dieses Buch ist in fünf Teile mit insgesamt 17 Kapiteln plus ein Stichwortverzeichnis gegliedert. Der letzte Teil unterstützt Sie dabei, die Inhalte gezielt zu erschließen. Jedes Kapitel ist in sich abgeschlossen, sodass Sie die Themen unabhängig voneinander lesen können. Dank der durchgehenden Nummerierung der Kapitel finden Sie schnell, was Sie suchen.

Und darum geht's:

Teil I: Grundlegendes zur Nutzung von Social Media

In den ersten vier Kapiteln lernen Sie, ob Ihr Profil ein Impressum braucht, wie Sie Werbung richtig kennzeichnen, welche Datenschutzregeln Sie beachten müssen und ob Sie Ihren Benutzernamen frei wählen können. Die Antworten auf diese Fragen helfen Ihnen, Ihren Social-Media-Auftritt rechtssicher zu gestalten.

Teil II: Wer hat's erfunden? Urheberrechte

Musikrechte, Zitatrecht, Bildrechte, KI und Urheberrecht – das klingt auf den ersten Blick ziemlich kompliziert. Deshalb gibt es in vier weiteren Kapiteln Antworten auf die Fragen, was erlaubt ist, wann, wo und wie Sie Inhalte, geschützte Werke anderer in Social Media nutzen können.

Teil III: Posten, sparen, kassieren – So machen Sie mit Social-Media-Angeboten Geld

In den Kapiteln 9 bis 11 erfahren Sie, wie Sie Ihr Online-Geschäft rechtlich einwandfrei gestalten und damit weder Konkurrenten noch Abmahnern eine Angriffsfläche bieten.

Teil IV: Rechtsverstoß und Konsequenzen

Die Kapitel 12 und 13 behandeln wichtige Themen wie Betrug, Manipulation, Abmahnungen und Schmähkritik auf Social Media. Rechtsverstöße können überall lauern. Ein Posting ist schnell online – doch genauso schnell kann man selbst zum Täter oder Opfer von Verstößen gegen das Persönlichkeits-, Urheber- oder Wettbewerbsrecht werden.

Teil V: Top-Ten-Teil

Wenn Sie die *…für Dummies*-Reihe bereits kennen, wird Ihnen Kapitel 14 bis 17– der *Top-Ten-Teil* – vertraut vorkommen. Hier finden Sie kompakte und leicht verständliche Informationen zu häufigen Abmahnfallen.

Symbole, die in diesem Buch verwendet werden

Dieses *Social-Media-Recht für Dummies* nutzt zusätzlich die für *Dummies*-Bücher typischen Symbole, die Ihnen Beispiele, Tipps und wichtige Hinweise anzeigen.

Dieses Symbol zeigt Ihnen wichtige Punkte oder hebt noch einmal besonders wichtige Infos aus dem vorherigen Abschnitt hervor. So verpassen Sie nichts!

Gesetze können manchmal kompliziert sein. Mit diesem Symbol finden Sie kleine Beispiele, die helfen sollen, die rechtlichen Anforderungen besser zu verstehen. So wird alles anschaulicher und leichter nachzuvollziehen!

Wichtige Begriffe im Text sind mit diesem Symbol markiert. Wenn Sie diese kennen, kann Sie niemand mehr hinters Licht führen!

Im Social-Media-Recht gibt es so viele Stolperfallen. Die mit diesem Symbol markierten Textstellen helfen Ihnen, Fehler zu vermeiden und rechtliche Probleme zu umgehen.

Auch das sollten Sie im Hinterkopf behalten! Hier erfahren Sie, welche unerwarteten Probleme auftreten können – genau dann, wenn Sie es am wenigsten erwarten. Solche Fehler können schnell zu Abmahnungen führen.

Hier finden Sie wertvolle Informationen, die Ihnen Zeit und Mühe sparen.

Wie es weitergeht

Nur weil »alle anderen« es auf Social Media so machen, heißt das nicht, dass es rechtlich korrekt ist. Um Abmahnungen zu vermeiden, sollten Sie sich rechtzeitig mit den rechtlichen Anforderungen für Social Media auseinandersetzen – bevor es zu spät ist, denn wenn es erst einmal Probleme gibt, kann auch die beste Anwältin oder der beste Anwalt keine Wunder vollbringen.

Und jetzt?

Tauchen Sie direkt in die Grundlagen für eine rechtssichere Nutzung von Social Media ein. Oder suchen Sie eine bestimmte Info? Dann springen Sie einfach direkt zum passenden Kapitel.

Egal, wie Sie starten – fangen Sie an!

Teil I
Grundlegendes zur Nutzung von Social Media

IN DIESEM TEIL …

Social Media lebt von Kreativität, Austausch und Sichtbarkeit. Doch neben spannenden Inhalten gibt es auch wichtige rechtliche Regeln. Braucht Ihr Profil ein Impressum? Wie kennzeichnen Sie Werbung richtig? Welche Datenschutzregeln müssen Sie beachten? Und dürfen Sie Ihren Benutzernamen frei wählen? Keine Sorge – in diesem Teil finden Sie Antworten auf diese Fragen, damit Ihr Social-Media-Auftritt rechtssicher ist.

IN DIESEM KAPITEL

Achtung Abmahnungen

Unfaire Social-Media-Aktivitäten vermeiden

Kapitel 1

Warum es wichtig ist, auf Social Media rechtssicher zu sein

Social Media bietet viele Chancen – sei es für Unternehmen, Selbstständige oder Content Creator. Doch mit der Reichweite kommen auch rechtliche Fallstricke. Nicht alles, was man online nutzen kann, darf man auch rechtlich einwandfrei verwenden.

Eine weitverbreitete juristische Definition lautet:

Social-Media-Recht bedeutet Regelungen zur Nutzung und Nutzbarkeit medial übertragbarer Inhalte.

Die Begriffe *Nutzung* und *Nutzbarkeit* klingen ähnlich, haben aber unterschiedliche Bedeutungen, besonders wenn es um digitale Inhalte wie Bilder, Musik oder Texte geht.

Aber Vorsicht! Nur weil etwas nutzbar erscheint, heißt das nicht, dass es auch genutzt werden darf!

- ✔ **Nutzung von Inhalten**

  Die Nutzung bezieht sich darauf, ob und wie jemand einen Inhalt tatsächlich verwendet. Das bedeutet insbesondere:

  - Ein Bild in einem Social-Media-Post einfügen.
  - Ein Musikstück in einem Video als Hintergrundmusik einsetzen.
  - Einen Text auf einer Webseite veröffentlichen.

Damit jemand Inhalte rechtssicher nutzen darf, braucht er oft eine *Erlaubnis* beziehungsweise *Lizenz* vom Urheber oder Rechteinhaber. Ohne diese Erlaubnis ist die Nutzung nicht rechtssicher.

Rechtssicher bedeutet »dem Recht entsprechend, erlaubt«.

✔ **Nutzbarkeit von Inhalte**

Die Nutzbarkeit beschreibt, ob ein Inhalt technisch oder rechtlich überhaupt verwendbar ist. Das bedeutet:

- *technische Nutzbarkeit:* Ist die Datei in einem passenden Format oder muss sie erst konvertiert werden?
- *rechtliche Nutzbarkeit:* Darf der Inhalt laut Lizenz für private oder sogar für geschäftliche Zwecke genutzt werden? Falls ja, in welcher Form und wie weit reicht diese Erlaubnis?
- *gegen Entgelt nutzbar:* Müssen Sie eine Lizenzgebühr direkt an den Urheber zahlen, um die Inhalte für Ihre Zwecke verwenden zu dürfen?

BEISPIEL

Ein an Sie lizenziertes Musikstück ist nutzbar, weil es rechtlich erlaubt ist. Wenn Sie das Stück dann tatsächlich in einem Werbevideo verwenden, ist das die Nutzung.

Grund genug, gleich hier im ersten Kapitel ein paar Pflöcke einzuschlagen und die Grenzen abzustecken.

Sie können von Abmahnungen betroffen sein

Egal, ob Sie selbstständig sind, ein Unternehmen führen, als Blogger oder Influencer aktiv sind oder in einer Agentur arbeiten – rechtliches Grundwissen im Bereich Social Media ist für alle wichtig, denn Fehler können teuer werden.

Wer kann betroffen sein?

✔ **Grundsätzlich jeder, der auf Social Media aktiv ist** – und sogar Nutzer, die nicht mehr aktiv posten (denn das Internet vergisst nichts).

✔ **Selbstständige und Unternehmen,** weil mit steigender Follower-Zahl auch Ihr Marktwert wächst. Dabei geht es nicht nur um Meinungsbildung und Information, sondern auch um das Bewerben von Produkten und Dienstleistungen.

✔ **Influencer,** denn für Sie kann Social Media zur Einnahmequelle werden. Um rechtliche Fallstricke zu vermeiden, ist es wichtig, von Anfang an die grundsätzlichen Regeln zu kennen.

Abmahnwellen – was war passiert?

Wenn Sie als Privatperson in sozialen Medien posten, ist oft nicht sofort erkennbar, ob Sie das für sich selbst tun oder ob eine Marke oder ein Unternehmen im Hintergrund steht. Genau deshalb gibt es das *Prinzip der Transparenz und Trennung* (im nächsten Kapitel

Kennzeichnungspflicht auf Social Media entdecken Sie eine überraschende Erkenntnis, die alles verändert).

Warum ist das bei Ihren nutzergenerierten Inhalten überhaupt wichtig?

✔ **Noch das echte Leben oder schon Werbung?**

Alltagsbeiträge kommen gut an und bekommen viel Aufmerksamkeit, zum Beispiel wenn Sie begeistert über Ihre neuen Schuhe oder Ihr Lieblings-Make-up posten. Doch was, wenn Sie das Produkt nicht einfach aus persönlicher Begeisterung teilen, sondern weil Sie eine Kooperation mit einer Marke oder einem Unternehmen haben? (Ein entscheidendes Detail fehlt noch – lesen Sie in Kapitel 7: *Musik in sozialen Medien.*)

✔ **Klare Kennzeichnung statt versteckter Werbung**

Ihre Follower haben ein Recht darauf, zu wissen, ob Sie aus eigenem Antrieb über ein Produkt sprechen oder ob ein Unternehmen dahintersteht, denn eine ehrliche Empfehlung wird anders wahrgenommen als eine bezahlte Partnerschaft. Genau deshalb gibt es das *Verbot der Schleichwerbung.*

Transparenzpflicht auf Social Media – auch kleine Accounts müssen Werbung kennzeichnen

Egal, ob Sie ein großer Influencer oder ein kleiner Account mit nur wenigen Followern sind – auf Social Media gelten für alle die gleichen Regeln zur Transparenz.

Was bedeutet das?

✔ **Transparenzpflicht für alle Nutzer**

Jeder, der auf Social Media postet, muss offenlegen, wenn hinter einem Beitrag ein kommerzielles Interesse steckt. Das gilt auch, wenn es sich nur um kleine Werbekooperationen handelt.

BEISPIEL

Nehmen wir die bekannte Influencerin @cathyhummels auf Instagram. Auf einem ihrer Bilder, das sie zusammen mit ihrem Sohn und einem blauen Plüschelefanten zeigt, wurde das Stofftier und die Marke durch Tap Tag, also einen anklickbaren Link auf den Stofftierhersteller, markiert. Auch wenn viele Nutzer solche Bilder einfach nur als persönlichen Beitrag sehen, müssen Sie als Poster klar machen, ob und in welchem Maße dahinter Werbung steht.

✔ **Klare Kennzeichnung der Postings**

Selbst wenn Sie kein direktes Honorar für das abgebildete Produkt erhalten, kann bereits ein anklickbarer *Tap Tag* als Werbung zählen (im Nächsten entdecken Sie eine überraschende Erkenntnis, die alles verändert).

✔ **Vermeidung von Problemen**

Machen Sie nicht deutlich, dass hinter Ihren Postings ein kommerzielles Interesse steht, dann ziehen Sie schnell die Aufmerksamkeit von Abmahnvereinen,

Verbraucherschützern und Ihren Konkurrenten auf sich – und werden kostenpflichtig wegen Schleichwerbung abgemahnt (Was steckt wirklich dahinter? Lesen Sie in Kapitel 13 *Rechtsverstoß und Konsequenzen.*).

Egal, wie groß oder klein Ihr Account ist – wenn Sie auf Social Media aktiv sind, müssen Sie immer transparent machen, ob hinter Ihren Beiträgen ein kommerzielles Interesse steckt. Das schützt Sie vor rechtlichen Problemen und sorgt dafür, dass Ihre Follower immer genau wissen, ob sie eine persönliche Empfehlung oder Werbung sehen.

Musik in Social Media – was Sie über Rechte und Lizenzen wissen müssen

Auf Social Media geht es nicht nur um Transparenz, sondern auch um die *Nutzung geistigen Eigentums* anderer. Besonders Musik sorgt immer wieder für rechtliche Konflikte und Abmahnungen (was steckt wirklich dahinter? Lesen Sie im Kapitel 7 *Musik in sozialen Medien*, warum das so entscheidend ist).

Warum die Musiknutzung in Social Media ein Problem ist

Die Nachfrage nach lizenzfreier Musik ist riesig – von Coverbands über Influencer bis hin zu Kreativen. Gleichzeitig haben *Musiker, Songwriter und Komponisten* ein berechtigtes Interesse daran, ihr Eigentum zu schützen und für die Nutzung ihrer Werke vergütet zu werden.

Dafür haben Social-Media-Plattformen wie TikTok, Instagram und Facebook unter anderem Lizenzverträge mit der *GEMA* und ihrer europäischen Tochtergesellschaft *ICE* abgeschlossen. Das bedeutet: Musik aus den Playlists der Apps ist lizenziert, und die Urheber erhalten dafür eine Vergütung.

Warum es trotzdem zu Abmahnungen kommt

Viele Nutzer sind überrascht, wenn sie trotz der Nutzung der lizenzierten Musik aus der App eine Abmahnung erhalten. Ein bekanntes Beispiel ist die »Jerusalema«-Challenge:

Krankenschwestern, Polizisten oder Feuerwehrleute tanzten zu dem Song »Jerusalema« auf TikTok. Das Video wurde öffentlich geteilt. Warner Music, die Plattenfirma hinter dem Song, mahnte einige dieser Nutzer ab, weil sie *keine eigene Lizenz* für die Nutzung besaßen.

Was bedeutet das für Sie?

- ✔ Musik ist nicht frei nutzbar – auch wenn sie in Social Media kostenlos verfügbar ist.
- ✔ Nicht alle Ihre Inhalte sind durch die Musiklizenzen der Plattformen abgedeckt.
- ✔ Wenn Sie beruflich Inhalte mit Musik nutzen (zum Beispiel für Werbung oder eine Berufsgruppe), brauchen Sie oft eine eigene Lizenz des Rechteinhabers.

Nutzen Sie Musik in Social Media nicht einfach bedenkenlos – selbst wenn sie in der App verfügbar ist. Prüfen Sie, ob Sie für Ihren konkreten Zweck eine eigene Lizenz benötigen, um teure Abmahnungen zu vermeiden.

Ihre Social-Media-Aktivitäten können unfair sein

Social Media ist längst nicht mehr nur ein Ort, an dem es um Follower und Klicks geht – es ist auch ein wichtiges Shopping-Center. Die über den Plattformen bereitgestellten Tools zur Ermittlung Ihrer *Conversion-Rate* hilft Ihnen bei Ihren »Sales«, weil Sie dadurch genau wissen, wie viele Menschen, die Ihre Angebote sehen, tatsächlich auch einen Kauf tätigen (Vielleicht fragen Sie sich gerade: »Und was bedeutet das für mich?« Die Antwort gibt's in den nächsten Kapiteln dieses Buches.).

Warum Social Media für Shopping ideal ist

Im Gegensatz zu klassischen Online-Shops werden Shopping-Angebote auf Plattformen wie TikTok, Instagram und YouTube oft direkt von Menschen für Menschen präsentiert. Zunächst teilen Sie wichtige Informationen über sich, geben Empfehlungen und nutzen Ihren Sympathiebonus, um Ihr Produkt oder Ihre Dienstleistung vorzustellen. Der Kauf erfolgt dabei nahtlos, ohne Unterbrechungen und direkt über das Smartphone. Dadurch wird das Einkaufserlebnis – die *User Experience* –, immer persönlicher und findet nicht mehr nur auf Ihrer eigenen Shop-Webseite statt, sondern hauptsächlich über Social-Media-Kanäle.

Doch Vorsicht: Wenn Sie für Ihren Profit auf unlautere Werbemethoden setzen, kann das rechtliche Konsequenzen nach sich ziehen.

Was Sie beim Verkauf auf Social Media beachten müssen

Als Unternehmen oder als Betreiber eines Online-Shops müssen Sie auf Social Media alle gesetzlichen Vorgaben einhalten – egal, ob Sie über Ihre eigene Shop-Webseite oder direkt über soziale Medien verkaufen.

Facebook, Instagram, TikTok, LinkedIn & Co. lebt von Bildern, Videos, Musik und Empfehlungen. Doch Social Media ist kein rechtsfreier Raum. Es gibt viele rechtliche Fallstricke:

- ✔ das Urheberrecht, wenn Sie Inhalte posten,
- ✔ den Datenschutz, wenn Sie Newsletter versenden, oder
- ✔ die Kennzeichnungspflicht, wenn Sie Produkte bewerben.

Diese und weitere Regeln sollten Sie kennen, um rechtssicher unterwegs zu sein. Wie Sie Abmahnungen vermeiden, welche Pflichten Sie haben und was Sie tun können, wenn Ihre eigenen Rechte verletzt werden – all das erfahren Sie in diesem Buch.

✔ **Impressum**

Haben Sie in Ihrem Impressum alle wichtigen Angaben für Ihre Produkte und Dienstleistungen aufgeführt? Schon kleine Fehler können zu einer Abmahnung führen, deshalb sollten keine wichtigen Infos fehlen. Bestimmte Berufsgruppen müssen zusätzliche Angaben machen. Wenn Sie eine zulassungspflichtige Leistung anbieten, zum Beispiel als Immobilienmakler, müssen Sie beispielsweise die zuständige Aufsichtsbehörde nennen. Immobilienmakler und einige andere Dienstleister müssen außerdem ihre Berufshaftpflichtversicherung angeben. In Kapitel 3 unter *Angaben, die ein Accountinhaber machen muss* erwarten Sie spannende Erkenntnisse und wertvolle Tipps – bleiben Sie dran.

✔ **Datenschutz**

Der Schutz personenbezogener Daten Ihrer Kunden gilt auch in Social Media. Sie müssen Ihre Kunden darüber informieren, welche Daten Sie erheben, wie Sie diese nutzen und wie sie geschützt werden – vor allem im Rahmen der Datenschutz-Grundverordnung (DSGVO). Ist Ihre Datenschutzerklärung fehlerhaft, können Sie abgemahnt werden – zum Beispiel von Konkurrenten oder Verbraucherschutzverbänden. Auch Nutzer könnten rechtliche Schritte gegen Sie einleiten. Was Sie in Kapitel 3 *Angaben, die ein Accountinhaber machen muss* erfahren, könnte Ihre Sicht auf das Thema völlig verändern!

✔ **Marken und Logos**

Beim Erstellen eines Benutzernamens ist es verlockend, eine kreative Abwandlung einer bekannten Marke zu wählen – schließlich kann das mehr Aufmerksamkeit und Klicks bringen. Dabei wird oft übersehen, ob dadurch Markenrechte verletzt oder das Logo eines Unternehmens unzulässig genutzt wird. Auf Social Media liest man zum Beispiel oft Benutzernamen wie »@TravelGram«. Aber Achtung, dann wird Ihr Account gesperrt und Sie müssen dafür bezahlen! Stattdessen sollten Sie Benutzernamen wählen, die nicht mit anderen Marken kollidieren. Schon bald werden Sie verstehen, warum das alles so wichtig ist, oder gehen Sie direkt zu Kapitel 4 *Welchen Benutzernamen man wählen soll.*

✔ **Fake Follower**

Echte Reichweite können Sie eigentlich nicht kaufen – sie entsteht normalerweise durch hochwertigen Content und authentische Interaktion. Wenn Sie jedoch glauben, mit Fake-Followern schnell an Einfluss und Reichweite zu gewinnen, irren Sie. Tatsächlich kann genau das Gegenteil passieren: Durch die Einschränkung des Accounts können Ihre Zahlen und Ihr Einfluss sogar schwinden. Falsche Follower können Ihrem Ruf schaden. Schlagen Sie das Kapitel 12 *Tricksen, Täuschen, Tappen: Betrug und Manipulation* auf und entdecken Sie, was als Nächstes passiert!

✔ **AGB**

Sie arbeiten im B2B-Bereich, aber haben noch keine eigenen AGB? Das kann ein Nachteil sein. Im Online-Geschäft sind AGB üblich, und Ihr Vertragspartner wird oft eigene Geschäftsbedingungen haben – die natürlich auf seine Interessen zugeschnitten sind. Wenn Sie diesen nicht ausdrücklich widersprechen, werden sie meist automatisch Vertragsbestandteil und könnten für Sie nachteilig sein. Um das zu vermeiden, sollten Sie eigene AGB verwenden, die den Klauseln Ihres Vertragspartners widersprechen. In diesem Fall setzen sich die widersprüchlichen Bedingungen nicht durch. Doch was bedeutet das wirklich? Die Antwort finden Sie in Kapitel 11 *Social Media, Nutzererlebnis und Vertragsabschluss – Wie Klicks rechtlich binden.*

✔ **Gewinnspiele**

Gewinnspiele auf Social Media machen Spaß, aber wie gestalten Sie sie rechtssicher? Sie müssen sich überlegen, welche Informationen in die Teilnahmebedingungen eines Gewinnspiels gehören und wie der Nutzer ihnen zustimmt. Eine einfache Lösung ist, in Ihrem Gewinnspiel-Post zur Teilnahme aufzurufen und einen Link in Ihrer Bio zu den Teilnahmebedingungen und Datenschutzhinweisen bereitzustellen. Aber Achtung: Das bloße Lesen der Bedingungen reicht nicht aus – der Teilnehmer muss ihnen aktiv zustimmen, genauso wie der Verarbeitung seiner Daten. Die Geschichte nimmt eine unerwartete Wendung. Erfahren Sie im Kapitel 10 *Gewinnspiele in Social Media,* wohin sie führt.

✔ **Nutzungsregeln der Social-Media-Plattformen**

Ihr Social-Media-Kanal wächst rasant – Sie bekommen immer mehr Follower, Likes und Kommentare, und Ihre Memes sowie Musik-Reels haben virale Aufrufzahlen. Trotzdem haben Sie das Gefühl, dass jederzeit eine Abmahnung drohen könnte. Bisher haben Sie bei den rechtlichen Vorgaben auf Schlupflöcher gesetzt. Möchten Sie nun endlich dafür sorgen, dass auch Ihre rechtlichen Grundlagen stimmen? Sie sind so nah dran – tauchen Sie in Kapitel 5 *Nutzungsrechte auf Social-Media-Plattformen* noch tiefer in die Geschichte ein.

✔ **Abmahnung**

Bereiten Sie sich frühzeitig auf neue Regeln vor – denn wenn eine Abmahnung kommt, kann auch der beste Anwalt oder die beste Anwältin keine Wunder vollbringen. Wann es Sie trifft, ist nicht vorhersehbar. Aber eines ist sicher: Je länger Sie die rechtlichen Vorgaben nicht einhalten, desto größer wird das Risiko, dass jemand Sie abmahnt. Abmahner machen nicht einfach Halt – und irgendwann könnten auch Sie betroffen sein. Ein rechtssicheres Social-Media-Profil schützt Sie davor. Gleich ein Kapitel lesen oder vielleicht doch zwei? Lesen Sie direkt die neuen Regelungen zur KI in Kapitel 8 *Durch künstliche Intelligenz erzeugte Inhalte – alles nur geklaut?* und finden Sie in Kapitel 13 *Rechtsverstoß und Konsequenzen,* wie Sie richtig auf eine Abmahnung reagieren.

Sie haben in diesem Kapitel einen ersten Eindruck bekommen, warum es wichtig ist, auf Social Media rechtssicher zu sein. Jetzt geht es darum, wie Sie Social-Media-Marketing sicher und ohne rechtliche Risiken umsetzen. Die Frage ist nicht, *ob* Sie Social Media nutzen sollten, sondern *wie* Sie es rechtssicher tun.

Starten Sie direkt mit einem wichtigen Thema: kennzeichnungspflichtige Werbung. Im nächsten Kapitel erfahren Sie, welche Arten von Werbe-Postings es gibt – und wie Sie von dort den Weg zu einem rechtssicheren Social-Media-Auftritt finden.

IN DIESEM KAPITEL

Kennzeichnungspflichtig oder nicht, das ist hier die Frage

Besonderheiten bei Influencer-Kooperationen

Kapitel 2
Kennzeichnungspflicht auf Social Media

Wahrscheinlich haben Sie bereits viele Werbeposts in Ihren sozialen Netzwerken geteilt – Werbung gehört dort einfach dazu. Doch was gilt rechtlich? In diesem Kapitel erfahren Sie, was bei kommerzieller Kommunikation in Social Media erlaubt ist und worauf Sie unbedingt achten sollten.

Kennzeichnungspflichtig oder nicht, das ist hier die Frage

Wenn Sie durch Ihre Social-Media-App scrollen, erkennen Sie sofort eine Anzeige:

- ✔ Bezahlte Produktplatzierung,
- ✔ klare Kaufaufforderung (*Call-to-Action*),
- ✔ gekennzeichnet mit »Anzeige«.

Bei kommerzieller Kommunikation müssen Sie zunächst die Frage für sich beantworten, ob Ihre Inhalte überhaupt Werbung sind, denn für Werbung gelten andere Regeln als für Ihre nutzergenerierten Inhalte.

Was Sie als Werbung kennzeichnen müssen

Wenn Sie für ein Shampoo werben, es in Ihrer Story zeigen und die Marke mit einem *Tag* verlinken, während Sie dafür bezahlt werden, müssen Sie das kennzeichnen. Ansonsten riskieren Sie rechtlichen Ärger.

Kurzum: Werbung muss als Werbung erkennbar sein!

Bleiben Sie auf Social Media immer ehrlich und transparent, um rechtliche Probleme zu vermeiden!

Warum?

- **Wird ein Tag zum Promo- oder zum Shopping-Tag, wird Ihr Post automatisch zur Werbung.**
- **Das Transparenzgebot gilt** – Werbung muss klar als solche erkennbar sein (§ 6 Abs. 1 Nr. 1 Digitale Dienste Gesetz – DDG).
- **User generated Content (kurz – UGC) und Werbung müssen getrennt sein** – Vermischen Sie bezahlte Inhalte nicht einfach mit Ihrem eigenen Content. (§ 22 Abs. 1 S. 1 Medienstaatsvertrag – MStV).

Schleichwerbung ist verboten!

Wie Sie Werbung richtig kennzeichnen

Wenn Sie mit einem Unternehmen eine Kooperation eingegangen sind und vertraglich verpflichtet wurden, ein Produkt zu zeigen, zu erwähnen oder zu verlinken, um den Verkauf zu fördern, dann handelt es sich um Werbung. In diesem Fall müssen Sie Ihren Beitrag als solche kennzeichnen.

Es gibt feste Regeln dafür, wie und wo Sie einen Hinweis platzieren sollten. Hier erfahren Sie, worauf Sie achten müssen.

Text und Bild

Werbung in Bild- und Textbeiträgen in den sozialen Medien müssen Sie mit einem Hinweis kennzeichnen, und zwar …

- **unmittelbar am Anfang des Beitrages** in der Bildunterschrift (auch *Caption* genannt) oder des Info-Textes,
- **mit dem deutlich sichtbaren Wort »Werbung« oder »Anzeige«.**

Begriffe wie »sponsored« oder »sponsored by« sind keine ausreichende Werbekennzeichnung (BGH, Urteil vom 06.02.2014 – Az. I ZR 2/11).

Audio und Video

Einen Werbeblock oder eine Werbesequenz in einem Video müssen Sie jeweils zu Beginn durch Einblendung eines Schriftzuges oder einer Grafik deutlich von den nutzergenerierten Teilen trennen beziehungsweise durch eine Ansage vorab deutlich ankündigen.

Kennzeichnen Sie Produktplatzierungen in Werbesequenzen oder ganzen Werbevideos deutlich sichtbar und für Nutzer wahrnehmbar.

- ✔ **Mit der Einblendung des Hinweises »Werbung« oder »Werbevideo«** oder mit
- ✔ »**enthält Produktplatzierung**« oder
- ✔ »**unterstützt durch [Produktname]**« oder
- ✔ »**enthält bezahlte Werbung**«.

Ihre Werbung in Audioinhalten sollten Sie durch einen akustischen Hinweis kennzeichnen.

- ✔ **Zu Beginn des Werbeteils oder Werbeblocks durch ein akustisches Signal** wie etwa einem Jingle, einer Tonfolge.
- ✔ **Das Ende des Werbeteils oder Werbeblocks durch eine mündliche Ansage oder hörbar erkennbarer Übergang zum nutzergenerierten Teil** oder durch ein akustisches Signal wie etwa einen Jingle.

Affiliate-Links, Rabatte, Sponsoring

Wenn Sie beim Kauf über Verlinkung eine Provision erhalten, am Gewinn oder am Umsatz eines Produkts beteiligt werden, ist ein solcher Link kennzeichnungspflichtig.

Den Werbehinweis müssen Sie bei oder in unmittelbarer Nähe des *Affiliate Links* oder *Rabattcodes* anbringen.

BEISPIEL

Sie setzen einen Link in der Story. Kommt ein Einkauf zustande, werden Sie mit einer Provision beteiligt. Dem Käufer entstehen dabei keine Mehrkosten.

Beim Sponsoring reicht ein gesprochener Hinweis, dass der Beitrag »von X gesponsert wird«, zu Beginn des Videos oder Audios. Dieser Hinweis darf nur *imagefördernd* sein, aber nicht werblich!

Rabattcodes, Rabattaktionen und Affiliate-Links müssen immer als Werbung gekennzeichnet werden!

Werbung mit Inhalten, die wieder verschwinden

Auch wenn Ihre Werbeinhalte nur 24 Stunden online sind (zum Beispiel Instagram Stories), müssen Sie sie kennzeichnen.

- Bei einer fortlaufenden Serie von mehreren zusammenhängenden Werbeinhalten, müssen Sie jede werbliche Sequenz einzeln kennzeichnen.
- Trennen Sie nutzergenerierte Inhalte und Werbeinhalte, indem Sie den werblichen Teil als solches deutlich erkennbar mit »Werbung« oder »Anzeige« kennzeichnen.

Produkte testen & teilen

Wenn Sie auf Social Media Plattformen wie YouTube, Vimeo oder Spotify Samples testen, besprechen oder teilen und dabei indirekt den Verkauf von Produkten oder Dienstleistungen fördern, sollten Sie ein paar Regeln beachten.

Bevor Sie ein Video hochladen, fragen Sie sich:

- Welche Rolle spielt das Produkt in Ihrem Beitrag?
- Bleiben Sie kritisch und objektiv?

Wenn Sie ein Produkt sachlich bewerten, Vor- und Nachteile abwägen und nicht nur loben, können Sie sich im Zweifel auf die Meinungsfreiheit berufen – auch dann, wenn Ihre Empfehlung positiv ausfällt.

Erwähnen Sie ein Produkt nur beiläufig, etwa in einem Erklärvideo oder Podcast, ist das in der Regel noch keine kennzeichnungspflichtige Werbung.

Entscheidend ist, ob Ihr Beitrag vorrangig dem Verkauf dient oder eine unabhängige Meinung widerspiegelt.

Gratis-Produkte und Kennzeichnungspflicht

Haben Sie ein Produkt kostenlos erhalten und bewerben es im Rahmen einer Kooperation? Dann gilt:

- **Unter 100 € Gesamtwert:** keine Kennzeichnungspflicht.
- **Über 100 € Gesamtwert:** Sie müssen den Beitrag als Werbung kennzeichnen.

Einfach alles vorsorglich mit #Werbung kennzeichnen?

Schleichwerbung können Sie ganz einfach umgehen, indem Sie Ihre werblichen Postings identifizieren und Nutzer explizit auf die werblichen Inhalte in Ihrem Posting hinweisen. Vorsorglich alle Ihre Beiträge in den sozialen Medien mit #Werbung zu kennzeichnen, ist daher keine Lösung, denn Ihr Social-Media-Profil lebt von der Glaubwürdigkeit. Und die leidet, wenn Sie mit dem Thema Werbung zu lax umgehen, und zwar vor allem auf Kosten derjenigen, die wenig Medienkompetenz haben und auf die Hinweise angewiesen sind. Schließlich dürfen Ihre Beiträge auch keine irreführende Werbung sein – ein weiterer Ausfluss des Transparenzgebotes.

Werbung oder Eigenwerbung? Wann Sie kennzeichnen müssen

Nicht jede Verlinkung eines Produkts in Social Media ist automatisch kennzeichnungspflichtige Werbung. Ob Sie einen Werbehinweis setzen müssen, hängt davon ab, ob Sie Ihre *eigenen* Produkte bewerben oder mit einem anderen Unternehmen zusammenarbeiten.

- **Eigene Produkte, keine Kennzeichnungspflicht**

  Betreiben Sie einen kommerziellen Social-Media-Kanal, also ein Profil mit wirtschaftlichem oder geschäftlichem Zweck, dürfen Sie Ihre eigenen Produkte oder Dienstleistungen verlinken und vertaggen, ohne einen Werbehinweis zu setzen. Wichtig ist nur, dass für Nutzer klar erkennbar ist, dass Sie Ihr Profil kommerziell betreiben.

BEISPIEL

Sie bewerben und verlinken Merchandise-Artikel, Kleidung oder Kosmetik, die unter Ihrer Marke oder Ihrem Unternehmen verkaufen.

- **Achtung bei Kooperationen und Beteiligungen.**

  Anders sieht es aus, wenn Sie mit einem anderen Unternehmen zusammenarbeiten oder an einem Unternehmen beteiligt sind. Selbst wenn Sie die Produkte als »Ihre« bezeichnen, kann für Nutzer nicht immer sofort ersichtlich sein, dass ein anderes Unternehmen dahintersteht.

BEISPIEL

Der Fitness-Youtuber »Flying Uwe« musste 2017 10.500 Euro Geldstrafe zahlen, weil er in Videos von Produkten einer Firma schwärmte, deren Geschäftsführer er war, diese aber nicht als Werbung kenntlich machte.

Ist Werbung für die berufliche Tätigkeit zu kennzeichnen?

Wenn Sie auf eigene Veröffentlichungen, Veranstaltungen oder Produkte hinweisen möchten, die in einem klar erkennbaren Zusammenhang mit Ihrer eigenen Person oder Ihrer beruflichen Tätigkeit stehen (zum Beispiel Album, Buch, Film, Tournee), können Sie das ohne einen Werbehinweis tun.

Wann sind Tags Werbung – und wann nicht?

Wenn Sie Tags als Markierungen in Social Media verwenden, sind das meist nur *Informationen*, keine Werbung.

Unproblematisch:

- Sie posten ein Bild auf Instagram und vertaggen Freunde, die darauf zu sehen sind.
- Sie nennen den Fotografen als Quelle, der das Foto für Sie gemacht hat.
- Sie taggen die technische Ausstattung, die Sie genutzt haben.

Kennzeichnungspflichtig könnte es werden, wenn Sie einen *TFP-Vertrag (Time-for-Prints)* mit dem Fotografen haben.

In diesem Fall kann ein Tag auf das Profil des Fotografen Werbung sein, es profitieren beide Seiten voneinander, was als geschäftliche Zusammenarbeit gewertet werden kann.

Reposts: Wann ist ein Werbehinweis nötig?

Nicht jeder Repost eines anderen Unternehmens auf Social Media muss gleich als Werbung gekennzeichnet werden.

Entscheidend ist, ob Sie mit dem Repost ein geschäftliches, gewerbliches oder kommerzielles Ziel verfolgen.

Kein Werbehinweis ist in diesen Fällen nötig:

- ✔ Sie teilen einen *unabhängigen* Beitrag ohne Gegenleistung oder Bezahlung,
- ✔ Sie teilen eine *unabhängige* Nutzermeinung oder Rezension, ohne Einfluss darauf genommen zu haben.

Kennzeichnungspflichtig ist es, wenn:

- ✔ der Repost einer Bewertung, Rezension oder Meinung erfolgt, die Sie durch *Gutscheine oder Rabatte* beeinflusst haben.
- ✔ Sie Nutzer aktiv dazu bringen, eine Bewertung zu schreiben, indem Sie ihnen zum Beispiel die *Teilnahme an einem Gewinnspiel* in Aussicht stellen (OLG Frankfurt, 20.08.2020 – 6 U 270/19; OLG Frankfurt, 16.05.2019 – 6 U 14/19).

Vorsicht bei bestimmten Inhalten

Nicht alles, was auf Social Media gepostet wird, ist harmlos – auf Social Media können jugendgefährdende oder sogar verbotene Inhalte verbreitet werden, die rechtliche Konsequenzen nach sich ziehen.

- ✔ **Inhalte, die sich an Kinder und Jugendliche richten,** unterliegen dem Jugendmedienschutz-Staatsvertrag (JMStV).
- ✔ **Reposts zu Tabak, Alkohol, Glücksspiel oder nicht frei verkäuflichen Produkten** verstoßen oft gegen die *Nutzungsbedingungen der Plattformen.*
- ✔ **Politische Werbung,** insbesondere mit verbotenen Symbolen (zum Beispiel Hakenkreuz) ist problematisch und auf Plattformen verboten.

Besonderheiten bei Influencer-Kooperationen

Produktempfehlung oder Werbung?

Im Influencing wirken Produktempfehlungen oft wie persönliche Meinungen oder private Botschaften – doch sie können weitreichende Auswirkungen haben.

Stellen Sie sich vor: Sie halten ein Markenprodukt in die Kamera, posten es auf Social Media und verlinken oder vertaggen es.

So entsteht eine Kauf-Lawine:

1. Ihre ersten Follower sehen Ihren Post, vertrauen Ihrer Empfehlung und kaufen das Produkt direkt über den Link oder die Markierung.
2. Diese Follower teilen den Post mit ihren Freunden, die das Produkt bisher nicht kannten – und auch sie folgen der Empfehlung.
3. Immer mehr Menschen sehen den Beitrag, die Kaufzahlen steigen – einfach nur, weil Ihr Post sich wie ein *Schneeball-Effekt* verbreitet.

Aber was denken Ihre Follower?

- ✔ Einige sind überzeugt, dass Sie für das Produkt bezahlt wurden und es deshalb gezielt zeigen und vertaggen.
- ✔ Andere glauben, dass Sie das Produkt privat gekauft haben und nur aus eigener Überzeugung empfehlen.

Diese Unklarheit kann problematisch sein, denn Nutzer bewerten eine private Empfehlung anders als eine Empfehlung, hinter der kommerzielle Interessen stecken.

Transparenz ist nicht nur eine Frage der Ethik, sondern eine zwingende Notwendigkeit. Geben Sie werbliche Beiträge nicht als nutzergenerierte Inhalte aus und verschleiern Sie dabei nicht Ihre kommerziellen Absichten.

Influencer-Gesetz: Wann müssen Sie Werbung kennzeichnen?

Seit dem 28. Mai 2022 gilt das *Influencer-Gesetz* (§ 5a Abs. 4 UWG). Damit wurde klargestellt:

Es besteht keine Kennzeichnungspflicht, wenn:

- ✔ Sie ein selbst bezahltes Produkt posten,
- ✔ keine Bezahlung oder Gegenleistung vom Unternehmen erhalten haben.

Kennzeichnungspflicht gilt, wenn:

- ✔ Sie für den Post bezahlt wurden oder
- ✔ eine Gegenleistung erhalten haben (zum Beispiel Gratis-Produkte, Rabatte oder andere geldwerte Vorteile).

Das bedeutet: Solange Sie nichts dafür bekommen, ist Ihr Post keine kennzeichnungspflichtige Werbung – aber sobald eine Gegenleistung fließt, müssen Sie das transparent machen!

Falls es sich um eine bezahlte Kooperation handelt oder Sie das Produkt kostenlos erhalten haben, sollten Sie das kennzeichnen.

BEISPIEL

Sie vereinbaren mit einem Werbeunternehmen, Waren oder Dienstleistungen des Werbeunternehmens vor der Kamera zu präsentieren, auf Ihrem Social-Media-Profil mit Ihren Followern zu teilen und das Werbeunternehmen zu vertaggen und zu verlinken. Im Gegenzug erhalten Sie Produkte im Gegenwert für Ihre Werbeleistungen. Ihr Beitrag ist eine bezahlte Werbung und sollte als solche gekennzeichnet werden.

Tap Tags: Wann ist eine Kennzeichnung als Werbung nötig?

Der Bundesgerichtshof (BGH) hat am 9. September 2021 entschieden, dass *Tap Tags* (Markierungen mit Verlinkungen auf Produkten in Social Media) eine enorme Wirkung haben. Deshalb sollten Sie besonders sorgfältig mit verlinkten Markierungen umgehen.

- ✔ **Tap Tag bei bezahlter Kaufempfehlung: immer kennzeichnungspflichtig!**

  Wenn Sie für die Produktplatzierung eine Gegenleistung erhalten (zum Beispiel Geld, Gratisprodukte oder Provision), gilt das als kommerzieller Kaufappell.

BEISPIEL

Sie halten eine Himbeermarmelade in die Kamera, an deren Verkauf Sie beteiligt sind. In diesem Fall müssen Sie offenlegen, dass ein konkretes wirtschaftliches Interesse besteht (Raspberry Jam – Influencer I – Luise Maxime Huss, Aktenzeichen I ZR 90/20).

- ✔ **Tap Tag bei unbezahlter Kaufempfehlung: keine Kennzeichnungspflicht**

  Wenn Sie ohne Bezahlung oder Gegenleistung ein Produkt vertaggen, um sich vielleicht für eine spätere Kooperation zu empfehlen, reicht das allein nicht für eine Kennzeichnungspflicht aus.

BEISPIEL

Sie posten das Lieblingsstofftier Ihres Kindes (Blauer Plüschelefant – Cathy Hummels – Aktenzeichen I ZR 125/20) oder Ihr neues Designerkleid (Influencer II – Leonie Hahne – Aktenzeichen I ZR 126/20) und vertaggen die Marke, ohne ein konkretes geschäftliches Interesse. Das ist keine kennzeichnungspflichtige Werbung.

✔ **»Werblicher Überschuss« kann zur Kennzeichnungspflicht führen!**

Wenn Sie ein Produkt eines Unternehmens übermäßig loben, es euphorisch bejubeln und keine kritische oder sachliche Distanz wahren, entsteht ein sogenannter *werblicher Überschuss*. Falls Sie dann auch noch eine verlinkte Markierung auf einen Onlineshop setzen, kann der Post trotz fehlender Bezahlung als kommerzieller Kaufappell gewertet werden – und wäre daher kennzeichnungspflichtig.

Gegenleistung bedeutet nicht nur die Bezahlung mit Geld. Wenn Ihnen vom Werbeunternehmen beispielsweise Preisnachlässe, Rabatte oder Gutscheine gewährt werden, wird Ihnen auch ein finanzieller Nennwert zugeführt. Diese Vermögenswerte sind ebenfalls als Gegenleistung zu verstehen!

Wann ist ein unbezahlter Post trotzdem Werbung?

Nicht immer gibt es eine klare Vereinbarung mit einem Unternehmen – manchmal posten Sie einfach über Produkte, Dienstleistungen, Marken, Reisen oder Events, weil es thematisch passt. Doch Vorsicht:

✔ **Keine Kennzeichnungspflicht,**

wenn Sie das Produkt oder die Dienstleistung selbst bezahlt haben, freiwillig und ohne Vorteil posten.

✔ **Kennzeichnungspflicht**, wenn:

1. Sie einen Vorteil oder wirtschaftlichen Gegenwert erhalten haben (zum Beispiel Rabatte, kostenlose Produkte, Einladungen zu Events oder Reisen).

2. Ihr Post eine Werbekooperation zugunsten eines fremden Unternehmens darstellt – denn dann handelt es sich um eine *geschäftliche Handlung* (§ 2 Nr. 2 UWG).

Auch unbezahlte Postings können kommerziell sein! Wenn ein Unternehmen Sie für einen Beitrag belohnt oder bevorzugt behandelt, sollten Sie den Post als Werbung kennzeichnen.

Kostenlose Samples – wann Sie Ihr Posting kennzeichnen müssen

Wenn Sie als Influencerin oder Influencer kostenlose Produkte wie Bücher, Kosmetik oder Schmuck erhalten, um sie auf Social Media zu präsentieren, sollten Sie wissen: Es kann sich dabei um eine Kooperation handeln – auch ohne direkte Bezahlung.

Echte Gratisprodukte sind – *Seeding* – für Influencer.

Wenn Ihnen ein Unternehmen einfach kostenlos ein Produkt zusendet, bedeutet das nicht, dass das Unternehmen Ihnen das Produkt einfach nur schenkt, sondern mit ziemlicher Wahrscheinlichkeit eine Gegenleistung – nämlich Werbung – erwartet.

Sobald eine Absprache zwischen Ihnen und dem Unternehmen besteht, dass Sie das Produkt zeigen und erwähnen sollen, gilt das als Werbung. Dann sind Sie rechtlich verpflichtet, Ihr Posting als »Werbung« oder »Anzeige« zu kennzeichnen. Einfach nur Ihren Followern das Produkt zu empfehlen, ohne auf diese Zusammenarbeit hinzuweisen, wäre irreführend und könnte rechtliche Folgen haben.

BEISPIEL

Sie sind Influencer im Bereich Beauty & Wellness mit 100.000 Followern auf Instagram und starten Ihre eigene Kosmetiklinie. Ein Unternehmen bietet Ihnen an, Sie mit kostenlosen Produkten zu unterstützen. Da Sie diese Produkte nicht nur privat nutzen, sondern sie auf Social Media bewerben, handelt es sich um eine kennzeichnungspflichtige Kooperation.

IN DIESEM KAPITEL

Impressum: Wieso, weshalb, warum?

Die Datenschutzerklärung: Hiermit erkläre ich feierlich!

Ja, ich will Datenschutz!

So gehen Sie richtig mit Bilddaten um

Kapitel 3
Angaben, die ein Accountinhaber machen muss

Stellen Sie sich vor, Sie betreiben einen Social-Media-Kanal, den viele Menschen besuchen. Ihre Follower wollen genau wissen, wer hinter den Inhalten steckt und wie mit ihren Daten umgegangen wird. In diesem Kapitel erfahren Sie, warum ein klar strukturiertes Impressum und transparente Datenschutzangaben unerlässlich sind – nicht nur, um rechtliche Vorgaben zu erfüllen, sondern auch, um Vertrauen bei Ihren Nutzern aufzubauen.

Impressum: Wieso, weshalb, warum?

Ein Impressum ist mehr als nur eine Kontaktseite – es ist ein rechtlich vorgeschriebener Bestandteil Ihres Social-Media-Profils, der den Besuchern zeigt, wer hinter der Seite steckt. Lesen Sie Schritt für Schritt, was in ein Impressum gehört und warum es so wichtig ist.

Warum Sie ein Impressum brauchen

Damit Ihre Follower und Kunden immer wissen, wer hinter Ihrem Social-Media-Account oder Unternehmen steht, gibt es die gesetzliche Pflicht zur *Anbieterkennzeichnung* – besser bekannt als *Impressum*. Das Impressum ist nicht nur online wichtig: Auch in klassischen Medien wie Zeitungen, Fernsehen, Radio und auf Geschäftsbriefen müssen Unternehmen ihre Kontaktdaten angeben.

Wenn Sie eine Website, einen Onlineshop oder einen geschäftlich genutzten Social-Media-Kanal betreiben, sind Sie verpflichtet, ein Impressum bereitzustellen – das ist im § 5 des Digitalen Dienste Gesetzes (DDG) festgeschrieben.

Tun Sie das nicht, können Sie mit Strafen von bis zu 50.000 Euro rechnen. Außerdem riskieren Sie, dass Wettbewerber, Verbraucherzentralen oder andere geschützte Parteien Sie kostenpflichtig abmahnen, weil Sie gegen die Regeln verstoßen.

Wer ein Impressum braucht

Die Impressumspflicht gilt für jeden, der seinen Social-Media-Account *geschäftsmäßig* nutzt. Das bedeutet, dass Sie Ihre Aktivitäten nicht nur aus rein privaten oder familiären Gründen ausüben, sondern mit der Absicht, damit einen wirtschaftlichen Nutzen zu erzielen. Das kann zum Beispiel der Fall sein, wenn Sie eine Webseite, einen Onlineshop oder einen Social-Media-Kanal betreiben, auf dem Sie Produkte oder Dienstleistungen anbieten oder werbliche Inhalte verbreiten. In solchen Fällen gelten Sie als Unternehmer oder Anbieter, und es besteht Impressumspflicht – also die Pflicht, öffentlich anzugeben, wer hinter dem Angebot steht. Die Impressumspflicht gilt EU-weit für:

- **Unternehmen und Selbstständige**

  Sobald Sie mit Ihrer Social-Media-Präsenz Geld verdienen oder die Möglichkeit besteht, damit in Zukunft Einnahmen zu erzielen, brauchen Sie ein Impressum. Ob Sie tatsächlich schon Geld verdient haben, spielt keine Rolle – entscheidend ist, dass Ihre Inhalte darauf abzielen, Gewinn zu machen.

  Wenn Sie nur gelegentlich etwas in Social Media verkaufen, also zum Beispiel Ihre gebrauchte Kleidung oder das alte Motorrad auf eBay, benötigen Sie kein Impressum.

- **Influencer**

  Influencer, die auf ihrem privaten Account Werbung teilen, unterliegen der Impressumspflicht. Schließlich ist die Werbung keine Privatsache, sondern findet regelmäßig gegen Entgelt statt.

- **Gemeinnützige Vereine**

  Für Accounts von gemeinnützigen Vereinen und Bürgerinitiativen gilt die Impressumpflicht.

- **Blogger und Online-Zeitungen**

  Blogger und Online-Zeitungen brauchen ein Impressum. Das folgt aus den klassischen Rundfunk- und Pressegesetzen (§ 18 Medienstaatsvertrag), die ein Impressum auch für journalistisch-redaktionell gestaltete Inhalte vorschreiben.

  Nutzen Sie Ihren Social-Media-Blog nur privat, zum Beispiel für Familie und Freunde, brauchen Sie kein Impressum. Bewerben Sie aber auf Ihrem Blog gelegentlich Dienstleistungen oder Waren von Marken oder Unternehmen, brauchen Sie ein Impressum.

Was ins Impressum gehört

Diese Angaben sollten in Ihrem Social-Media-Profil nicht fehlen (entsprechend § 5 DDG):

✔ **Ihr Name**

Geben Sie im Impressum Ihren vollständigen Namen an. Bei Privatpersonen ist das Ihr Vor- und Nachname, bei Unternehmen, also den sogenannten juristischen Personen (zum Beispiel GmbH), der komplette Unternehmensname und die Rechtsform sowie Name und Vorname des Vertretungsberechtigten, zum Beispiel Geschäftsführers.

✔ **Ihre postalische Anschrift**

Geben Sie Ihre vollständige Anschrift an, also die Adresse, Postleitzahl und den Ort, an dem Sie Ihre geschäftliche Tätigkeit ausüben beziehungsweise Ihren Unternehmenssitz haben. Nicht ausreichend ist die Angabe eines Postfachs.

✔ **Ihre E-Mail-Adresse und Ihre Telefonnummer**

Pflicht ist die Angabe Ihre E-Mail-Adresse und als weitere Kontaktmöglichkeit Ihre Telefonnummer, unter der Sie auch tagsüber beziehungsweise zu Ihren Öffnungszeiten erreichbar sind.

Führen Sie ein Unternehmen, eine GmbH, AG oder andere Handelsgesellschaft, dann müssen Sie folgende Informationen ergänzen:

✔ **Umsatzsteuer-Identifikationsnummer**

Wenn Sie eine haben, geben Sie sie im Impressum an. Auch wenn Sie eine Wirtschaftssteuer-Identifikationsnummer haben, geben Sie sie dort an.

✔ **Handelsregister mit Registernummer**

Ist Ihre Firma im Handelsregister eingetragen, geben Sie das Registergericht und die Registernummer an. Wenn Sie in einem Vereins-, Partnerschafts-, Gesellschafts- oder Genossenschaftsregister eingetragen sind, müssen Sie auch dieses Register mit Registernummer im Impressum eintragen.

Bestimmte Berufsgruppen müssen außerdem noch zusätzliche Angaben machen:

✔ **Makler, Gastronomiebetriebe oder Versicherungen**

Sie müssen ihre Aufsichtsbehörde einschließlich der Internetadresse und die Anschrift dieser Behörde benennen. Grund: Verstoßen sie gegen eine Berufspflicht, haben Nutzer einen Ansprechpartner.

✔ **Rechtsanwälte, Steuerberater, Notare**

Da sie einen reglementierten Beruf ausüben, müssen berufsbezogene Angaben im Impressum machen:

1. die für sie zuständige Kammer,
2. ihre gesetzliche Berufsbezeichnung,

3. der Staat, in dem ihnen die Berufsbezeichnung verliehen worden ist,
4. die Bezeichnung der berufsrechtlichen Vorschriften und wo diese konkret zu finden sind.

- ✔ **Redakteure**

  Bieten Sie journalistisch-redaktionelle Inhalte an, müssen Sie den Namen und die Anschrift des Redakteurs angeben (§ 18 Abs. 2 MStV). Bei Zeitungen oder Magazinen sind das in der Regel Geschäftsführer und Chefredakteur.

Bieten Sie Dienstleistungen oder Waren an, dann sollten Sie die Nutzer, insbesondere im Impressum über die Möglichkeiten zur Online-Streitschlichtung informieren.

- ✔ Bringen Sie noch bis zum 19.7.2025 einen Hinweis auf das EU-Online-Schlichtungsverfahren (Online-Dispute-Resolution (ODR) nach Artikel 14 Verordnung (EU) Nr. 524/2013) mit einem klickbaren Link auf die Online-Streitbeilegungsplattform der EU (`https://ec.europa.eu/consumers/odr/`) an. Die ODR-Plattform wird zum 20.07.2025 abgeschaltet. Neue Beschwerden können bereits jetzt nicht mehr über die Plattform eingereicht werden. Dennoch sind Sie weiterhin verpflichtet, die entsprechenden Informationen bis zum endgültigen Ablauf der Plattform bereitzustellen.
- ✔ Unverändert bleiben jedoch die allgemeinen Informationspflichten zur Verbraucherstreitbeilegung gemäß §§ 36, 37 VSBG. Sie sollten insbesondere weiterhin in Ihrem Impressum aufführen, ob Sie bereit oder verpflichtet sind, an einem Verbraucherschlichtungsverfahren teilzunehmen. Ist das der Fall, so haben Sie die zuständige Verbraucherschlichtungsstelle unter Angabe ihrer Kontaktdaten (Anschrift und Webseite) zu nennen.

Wo das Impressum hingehört

Falls Sie eine eigene Website oder einen Onlineshop haben, setzen Sie einen gut sichtbaren Link in Ihr Social-Media-Profil.

Das Impressum muss für jeden Nutzer »leicht erkennbar«, »unmittelbar erreichbar« und »ständig verfügbar« sein (§ 5 DDG, § 18 Absatz 1 MStV).

- ✔ **Leicht erkennbar**

  Das heißt, der Link in Ihrem Social-Media-Profil muss ein *sprechender Link* sein. Er muss auf »Impressum« oder »Kontakt« lauten und zu Ihren (Pflicht-)Angaben, die Sie als Anbieter bereithalten, führen.

Nicht leicht erkennbar ist es, wenn Sie das Impressum in Ihren Allgemeinen Geschäftsbedingungen »verstecken«.

- **Unmittelbar erreichbar**

  Ihre Pflichtangaben sollten vom Nutzer ohne wesentliche Zwischenschritte, kostenlos, nach höchstens zwei Klicks auf weiterleitende Links, abrufbar sein. Das wird die *Zwei-Klick-Regel* genannt. Laut dem Oberlandesgericht München (Urteil vom 11.09.2003, Aktenzeichen: 29 U 2681/03) und dem Bundesgerichtshof (Urteil vom 20.07.2006, Aktenzeichen: I ZR 228/03) reicht es aus, wenn das Impressum mit höchstens zwei Klicks erreichbar ist. Das wird noch als »unmittelbar« angesehen. Um die Zwei-Klick-Regel einzuhalten, sollten Sie die Verwendung spezieller Leseprogramme, wie etwa Acrobat PDF Reader, vermeiden.

- **Ständig verfügbar**

  Die Pflichtinformationen sollten jederzeit, also durchgängig über einen dauerhaft abrufbaren, funktionstüchtigen Link in Ihrem Social-Media -Profil hinterlegt werden.

Ein Hinweis im Profil »Impressum auf Anfrage« erfüllt die gesetzlichen Anforderungen nicht.

Die Datenschutzerklärung: Hiermit erkläre ich feierlich

Die *EU-Datenschutzgrundverordnung (DSGVO)* hat vieles verändert – besonders im Umgang mit persönlichen Daten. Sie gilt in der gesamten Europäischen Union und setzt klare Regeln zum Schutz der Privatsphäre.

Ihr Erfolg in Social Media darf nicht auf Kosten der Freiheit und Privatsphäre anderer gehen. Hier erfahren Sie, was die DSGVO für Ihre Arbeit mit Nutzerdaten bedeutet und worauf Sie achten müssen.

Warum Sie eine Datenschutzerklärung brauchen

Sobald Sie personenbezogene Daten speichern, weiterleiten oder sogar löschen – egal ob auf Ihrem Computer, per E-Mail oder in einer Excel-Tabelle – verarbeiten Sie diese im Sinne der DSGVO.

Die DSGVO schützt das *Recht auf informationelle Selbstbestimmung*. Das bedeutet: Jede Person soll selbst entscheiden können, was mit ihren Daten passiert. Damit Ihre Nutzer oder Kunden wissen, welche Daten Sie erfassen und wie Sie damit umgehen, brauchen Sie eine *Datenschutzerklärung*.

Welche Daten durch die DSGVO geschützt sind

Die Datenschutz-Grundverordnung (DSGVO) schützt nur *personenbezogene Daten*, also Informationen, die sich auf einen Menschen beziehen oder zurückverfolgen lassen.

- **Direkte Identifizierung**

  Dazu gehören Name, Kundennummer oder andere eindeutige Kennungen.

- **Indirekte Identifizierung**

  Auch Daten wie Standort, Online-Kennung oder IP-Adressen können einen Personenbezug herstellen – selbst dann, wenn es sich um eine dynamische IP-Adresse handelt, die sich bei jeder Internetverbindung ändert.

Welche Daten sind nicht geschützt?

- **Daten juristischer Personen** – also Informationen über Unternehmen wie GmbHs, Vereine oder Aktiengesellschaften – fallen nicht unter die DSGVO.
- **Daten verstorbener Personen** unterliegen nicht der DSGVO, können aber unter das allgemeine Persönlichkeitsrecht fallen.
- **Technisch notwendige oder anonyme Daten**, die keinen Rückschluss auf einen Menschen zulassen, sind ebenfalls nicht betroffen.

Beispiele für geschützte Daten sind:

- Name, Adresse, Geburtsdatum,
- Staatsangehörigkeit, Beruf,
- IP-Adresse, wenn sie einer Person zugeordnet werden kann.

Nur Daten, die sich auf lebende Menschen beziehen und sie direkt oder indirekt identifizierbar machen, unterliegen der DSGVO. Reine Zahlenfolgen oder technische Daten ohne Personenbezug genießen keinen Datenschutz.

Datenschutz in Social Media: Was ist erlaubt?

Grundsätzlich ist die Verarbeitung personenbezogener Daten in Social Media verboten – es sei denn, es gibt eine *Rechtsgrundlage* nach der DSGVO. Das nennt sich »Verbot mit Erlaubnisvorbehalt«.

Wenn Sie also mit Nutzerdaten arbeiten möchten, brauchen Sie eine *rechtliche Erlaubnis*. Diese kann zum Beispiel in Ihrer *Datenschutzerklärung* festgelegt werden. Besonders relevant sind dabei:

- **Einwilligung des Nutzers**

  Der Nutzer stimmt ausdrücklich zu (Artikel 6 Abs. 1 a DSGVO).

- **Vertragliche Notwendigkeit**

  Die Datenverarbeitung ist nötig, um einen Vertrag zu erfüllen (Artikel 6 Abs. 1 b DSGVO).

- **Berechtigte Interessen**

  Sie haben ein legitimes Interesse an der Verarbeitung, zum Beispiel für die Sicherheit oder Funktionalität Ihrer Webseite (Artikel 6 Abs. 1 f DSGVO).

Ohne eine dieser Grundlagen dürfen Sie keine Nutzerdaten verarbeiten – sonst drohen Abmahnungen und Strafen!

Datenübermittlung in die USA: Was Sie wissen müssen

Sobald Daten einen *Personenbezug* haben, sind sie geschützt – das heißt, die betroffene Person könnte identifiziert werden. Besonders heikel wird es, wenn diese Daten in *Drittländer* außerhalb der EU übermittelt werden, etwa in die USA.

Seit dem 10. Juli 2023 ist der Datentransfer in die USA wieder *ohne zusätzliche Einwilligung möglich* – aber nur, wenn das Unternehmen, dessen Tool Sie nutzen, nach dem »EU-U.S. Data Privacy Framework« zertifiziert ist. Das bedeutet, dass sich das Unternehmen freiwillig an die Europäischen DSGVO-Standards hält.

Das Datenschutzniveau in den USA ist nicht immer auf EU-Standard. US-Geheimdienste könnten auf Daten zugreifen, ohne richterliche Genehmigung. Deshalb sollten Sie prüfen, ob Ihr Dienstanbieter EU-Standardvertragsklauseln (SCCs) nutzt – das sind rechtlich abgesicherte Schutzmaßnahmen für Ihre Daten.

Die Unsicherheit um den Datenschutz in den USA wurde bereits durch zwei wichtige Urteile des *Europäischen Gerichtshofs (EuGH)* bestätigt:

- **Schrems I (2015)**

  Das Safe-Harbor-Abkommen wurde für ungültig erklärt (EuGH-Urteil vom 6. Oktober 2015, Rechtssache C-362/14).

- **Schrems II (2020)**

  Auch das EU-US-Privacy-Shield wurde gekippt (EuGH-Urteil vom 16. Juli 2020, Rechtssache C311/18).

Bevor Sie Tools mit Datenübertragung in die USA nutzen, prüfen Sie, ob das Unternehmen DSGVO-konform zertifiziert ist und ausreichende Schutzmaßnahmen bestehen!

Daten speichern – aber nicht für immer!

Wenn Sie Daten von Nutzern verarbeiten, dann *zweckgebunden*. Sobald dieser Zweck entfällt, müssen die Daten gelöscht werden.

Einfach gesagt: Keine unnötige Datensammlung!

Gründe für eine Löschung können sein:

- ✔ Die Daten werden nicht mehr gebraucht.
- ✔ Die Verarbeitung war rechtlich nicht erlaubt.
- ✔ Der Nutzer hat seine Einwilligung widerrufen (Art. 17 Abs. 1 DSGVO).

Wer eine Datenschutzerklärung braucht

Egal, ob Sie selbstständig sind, ein Unternehmen führen oder eine Organisation betreiben – sobald Sie Daten von Menschen speichern oder nutzen, müssen Sie die Datenschutzregeln beachten.

Das gilt für:

- ✔ Online-Shops und Webseitenbetreiber,
- ✔ Unternehmen mit Kunden- oder Mitarbeiterdaten,
- ✔ alle, die Social Media geschäftlich nutzen.

Ob auf dem Computer, in der Cloud oder in einer Datenbank – sobald Nutzerdaten verarbeitet werden, gelten die Datenschutzvorgaben.

Nutzen Sie Social Media nur privat, um mit Familie und Freunden zu kommunizieren? Dann gilt das Haushaltsprivileg – Sie dürfen Nutzerdaten erfassen, ohne die DSGVO zu beachten.

Sobald Sie Werbung machen, sieht die Sache anders aus!

Egal, ob Ihre Follower direkt über Ihren Account bestellen können oder nicht –ab dem Moment, in dem Sie kommerziell agieren, gelten die Datenschutzregeln.

Das heißt konkret:

- ✔ Sie sind verantwortlich für die Daten Ihrer Nutzer.
- ✔ Sie müssen sicherstellen, dass Social-Media-Plattformen diese Daten DSGVO-konform verarbeiten.
- ✔ Sie können haftbar gemacht werden, wenn Daten nicht korrekt behandelt werden.

Werbung? Dann DSGVO!

Was in eine Datenschutzerklärung gehört

Wenn Sie in Social Media Nutzerdaten verarbeiten, brauchen Sie eine *Datenschutzerklärung*, die Ihre Datenverarbeitung rechtlich absichert. Doch was genau muss drinstehen?

- **Wer Sie sind**

  Name, Adresse und Kontaktmöglichkeiten Ihres Unternehmens.

- **Welche Daten Sie erheben**

  zum Beispiel Namen, E-Mail-Adressen oder Nutzungsverhalten.

- **Warum Sie die Daten verarbeiten**

  Vertragserfüllung, berechtigtes Interesse oder Einwilligung.

- **Wie lange die Daten gespeichert werden**

  Zeiträume und Löschfristen.

- **Welche Rechte die Nutzer haben**

  Insbesondere Auskunft, Löschung, Widerruf oder Widerspruch.

- **Ob Daten an Dritte weitergegeben werden**

  Zum Beispiel an Social-Media-Plattformen oder andere Dienste.

Diese Angaben sollten leicht verständlich sein – Ihre Nutzer müssen schnell erfassen können, was mit ihren Daten passiert!

Wann brauchen Sie einen Datenschutzbeauftragten?

Ob Arztpraxis, Personalberatung oder Online-Shop – in manchen Fällen müssen Sie einen Datenschutzbeauftragten benennen.

Das ist der Fall, wenn Sie …

- in großem Umfang mit sensiblen Daten arbeiten (zum Beispiel Patientendaten in einem Krankenhaus) oder
- Menschen systematisch überwachen (zum Beispiel Nutzerprofile für personalisierte Werbung erstellen).

Ihr Datenschutzbeauftragter kann entweder …

- **intern** im Unternehmen angestellt oder
- **extern** als Dienstleister beauftragt werden – das kann eine einzelne Person oder eine ganze Organisation sein.

Stellen Sie sich vor, Sie betreiben eine kleine Personalberatung und erstellen Profile von Bewerbern. Dann schreibt das Gesetz vor, dass Sie einen Datenschutzbeauftragten benennen müssen.

Warum? Weil Sie regelmäßig und systematisch personenbezogene Daten verarbeiten.

Aber warum muss eine kleine Anwaltskanzlei, die ebenfalls mit vertraulichen Daten arbeitet, keinen Datenschutzbeauftragten haben? Das Gesetz unterscheidet nach Art und Umfang der Datenverarbeitung.

Entscheidend für eine Bestellung eines Datenschutzbeauftragten ist, ob Sie sensible Daten oder Daten systematisch erfassen und auswerten – nicht der Schutz der Vertraulichkeit!

Datenschutz und Social Media: Was Sie regeln müssen

Wenn Sie Meta, TikTok, Google & Co. nutzen, müssen Sie die gemeinsamen Rechte und Pflichten mit der Plattform in einem Vertrag festhalten. Außerdem müssen Sie Ihre Nutzer in der *Datenschutzerklärung* auf Ihrer Website darüber informieren, dass Daten an diese Plattformen übermittelt werden.

Ein Auftragsverarbeitungsvertrag (Art. 28 DSGVO) ist Pflicht! Diesen finden Sie oft unter dem Namen »Data Processing Addendum«. Dabei geben Sie keine Kontrolle ab – Sie bleiben der Verantwortliche und stellen sicher, dass Ihr Dienstleister sich an die Datenschutzregeln hält.

Mustertexte für solche Verträge gibt es unter den »EU-Standardvertragsklauseln«.

`https://commission.europa.eu/publications/standard-contractual-clauses-controllers-and-processors-eueea_de`

Wo die Datenschutzerklärung hingehört

Ihre Datenschutzerklärung muss für Nutzer leicht auffindbar sein – idealerweise über einen sprechenden Link direkt in Ihrem Social-Media-Profil. Halten Sie sich an die *Zwei-Klick-Regel,* damit niemand ewig scrollen muss.

- ✔ **Klare Bezeichnung**

  Nutzen Sie Begriffe wie »Datenschutzerklärung« oder »Datenschutz« – »Impressum« reicht nicht!

- ✔ **Gut sichtbar**

  Der Link darf nicht von Bannern oder Pop-ups verdeckt sein.

- ✔ **Mehrsprachigkeit**

  Posten Sie auf Englisch? Dann brauchen Sie auch eine englische Datenschutzerklärung.

Machen Sie es Ihren Nutzern einfach – dann sind Sie auf der sicheren Seite!

Ja, ich will Datenschutz!

Auf Social Media und im Internet gibt es viele hilfreiche Tools und Dienste, die Ihr Geschäft einfacher und kundenfreundlicher machen. Doch Vorsicht: Sobald Sie solche Tools nutzen, erfassen und verarbeiten Sie automatisch persönliche Daten. Deshalb ist es besonders wichtig, darauf zu achten, dass diese Anwendungen den Datenschutzregeln entsprechen.

Newsletter-Versand und Datenschutz – so machen Sie es richtig!

Wenn Sie einen Newsletter versenden möchten, müssen Sie zuerst die ausdrückliche Zustimmung Ihrer Nutzer einholen – und das im sogenannten *Double-Opt-in-Verfahren.* Das bedeutet:

1. Der Nutzer trägt seine E-Mail-Adresse ein.

2. Er bekommt eine Bestätigungs-Mail, in der er aktiv zustimmen muss.

Außerdem muss der Nutzer jederzeit die Möglichkeit haben, den *Newsletter abzubestellen* (Art. 21 Abs. 2 DSGVO).

Beachten Sie:

- ✔ Wenn Nutzer einer Social-Media-Plattform ihre Daten zur Verarbeitung im Netzwerk freigegeben haben, gilt das nur für öffentlich geteilte Inhalte wie Postings und Kommentare (Art. 5 Abs. 1 Buchstabe b DSGVO).

- ✔ Eine zusätzliche Einwilligung für Werbung per Newsletter wird dadurch nicht automatisch erteilt.

Holen Sie immer eine ausdrückliche und aktive Zustimmung ein, bevor Sie Werbe-E-Mails versenden, und geben Sie Ihren Nutzern jederzeit die Möglichkeit, sich abzumelden. So bleiben Sie rechtlich auf der sicheren Seite!

Daten in Social Media auswerten – aber nur mit Zustimmung

Wenn Sie die Daten aus Ihrem Social-Media-Kanal auf Ihrer Unternehmenswebsite (zum Beispiel mit »Google Analytics«) nutzen möchten, brauchen Sie dafür die ausdrückliche Zustimmung der Nutzer. Das gilt auch dann, wenn die Daten nur in pseudonymisierter Form an Sie weitergegeben werden.

Auch scheinbar »anonymisierte« Daten können durch Namen, Anschrift und E-Mail-Adresse einer Person, Teilinformationen, zum Beispiel ein Bild, eine IP-Adresse, ein Pseudonym, Standortdaten, die auf der Social-Media-Plattform gesammelt werden, oft wieder persönlich zugeordnet werden.

Mit *Tracking-Tools* können Sie auf Ihren Websites und Apps das Verhalten Ihrer Follower beobachten und aufzeichnen. Zum Beispiel wird konkret festgehalten, welche Unterseiten Ihre Besucher anschauen, wie lange sie bleiben und auf welche Links sie klicken. Meist verfolgen die Tools Nutzer geräteübergreifend, das heißt, dass das Verhalten der Nutzer nicht nur auf einem Gerät, sondern auf allen benutzten Geräten zusammengeführt wird.

Benutzt ein Besucher beispielsweise Smartphone, Tablet und Computer, können Sie erkennen, dass es sich um dieselbe Person handelt. Mit diesen Informationen können Sie gezielt eine *Custom Audience* erstellen und Ihre nächste Werbekampagne an Interessen und Vorlieben Ihrer Zielgruppe anpassen. Das ist ein Mehrwert.

Dafür kommen in der Regel kleine Textdateien – *Cookies* – zum Einsatz, die auf den Nutzergeräten gespeichert werden.

Sie dürfen solche Cookies nur einsetzen, wenn Nutzer deren Verwendung vorab akzeptiert haben (Art. 4 Nr. 11 DSGVO). Das bedeutet, dass Nutzer aktiv auf »Zustimmen« klicken müssen – voreingestellte Häkchen sind nicht erlaubt (Europäischer Gerichtshof, Urteil vom 01.10.2019 und Urteil des Bundesgerichtshofs, Aktenzeichen: I ZR 7/16).

Meta-Pixel und DSGVO – so bleiben Sie auf der sicheren Seite

Der Meta-Pixel ist ein kleiner Code-Schnipsel, den Sie auf Ihrer Website einbinden können, um zu verfolgen, was Ihre Besucher tun – zum Beispiel, ob sie einen Kauf abschließen, sich für Ihren Newsletter anmelden oder auf bestimmte Buttons klicken. Diese Daten werden dann an Server außerhalb der EU übertragen und für Datenanalysen und Statistiken genutzt.

BEISPIEL

Wenn Sie eine Anzeige auf Instagram schalten, können Sie den Meta-Pixel auf Ihrer Ziel-Webseite einbinden. Dieser Code verfolgt, wie sich Ihre Besucher verhalten, und liefert Ihnen Informationen über Benutzerprofile Ihrer Zielgruppe.

Bevor das Meta-Pixel aktiv wird, müssen Sie die ausdrückliche Zustimmung Ihrer Nutzer einholen – und zwar mithilfe eines *Cookie-Opt-in*. Das bedeutet, dass auf Ihrer Website ein Pop-up erscheinen sollte, in dem die Nutzer aktiv zustimmen oder ablehnen können (zum Beispiel durch eine nicht vorangekreuzte Checkbox). In diesem Pop-up müssen auch Links zu Ihrem Impressum und Ihrer Datenschutzerklärung enthalten sein.

Der Meta-Pixel darf erst dann Daten sammeln und übertragen, wenn der Nutzer eine entsprechende Checkbox geklickt hat. So stellen Sie sicher, dass die Verarbeitung personenbezogener Daten erst nach dem Opt-in erfolgt und Sie die Vorgaben der DSGVO einhalten.

Nur mit Zustimmung der Nutzer darf das Meta-Pixel aktiviert werden – so schützen Sie die Daten Ihrer Besucher und bleiben rechtlich sicher.

So gehen Sie richtig mit Bilddaten um

Stellen Sie sich Social Media ohne Bilder oder Videos vor – ziemlich langweilig, oder? Bilder machen Beiträge lebendiger, erzählen Geschichten und wecken Emotionen. Doch sobald Menschen auf diesen Bildern zu sehen sind, gelten klare Regeln: Die Datenschutz-Grundverordnung (DSGVO) schützt personenbezogene Daten, und dazu gehören auch Fotos und Videos.

Das bedeutet für Sie: Sie dürfen Bilddaten nicht einfach beliebig nutzen oder weitergeben. Aber keine Sorge – wenn Sie ein paar wichtige Punkte beachten, können Sie Bilder DSGVO-konform verwenden.

Fotos auf Firmenveranstaltungen: Was ist erlaubt?

Wenn Sie eine Veranstaltung oder ein Firmenevent organisieren und dort Fotos gemacht werden – zum Beispiel durch Mitarbeitende im Auftrag des Unternehmens – haben Sie ein berechtigtes Interesse daran, diese Veranstaltung in Wort und Bild festzuhalten. Bilder von solchen Events helfen, Erinnerungen zu bewahren, das Teamgefühl zu stärken und die Unternehmenskultur zu dokumentieren.

- ✔ **Interne Nutzung ist in der Regel unproblematisch.**

  Sie dürfen diese Bilder in Ihren internen Kanälen, zum Beispiel im Intranet, veröffentlichen, ohne dass Sie jedes Mal die ausdrückliche Zustimmung aller abgebildeten Personen einholen müssen. Voraussetzung ist allerdings, dass Ihre Mitarbeitenden durch Arbeits- oder Dienstvertrag mit einer Nutzung Ihrer Daten einverstanden sind.

- ✔ **Vorsicht bei Veröffentlichung im Internet**

  Anders sieht es aus, wenn Sie die Bilder außerhalb des Unternehmens veröffentlichen, zum Beispiel in sozialen Netzwerken oder auf der Firmenwebsite. Hier reicht das *berechtigte Interesse* oft nicht aus, denn die Bilder wären für eine unbegrenzte Anzahl an Personen weltweit sichtbar. In diesem Fall brauchen Sie die *ausdrückliche Einwilligung* der abgebildeten Personen.

Die DSGVO erlaubt die Nutzung von Bildern auf Basis eines *berechtigten Interesses* (Art. 6 Abs. 1 Buchstabe f DSGVO). Dabei müssen Sie jedoch immer eine Interessenabwägung vornehmen: Das Interesse des Unternehmens an der Dokumentation der Veranstaltung muss gegen das Recht der Teilnehmenden auf Schutz ihrer personenbezogenen Daten abgewogen werden.

Einwilligung für Eventfotos: So machen Sie es richtig

Wenn Sie Fotos auf einer Veranstaltung machen und veröffentlichen möchten, sollten Sie die Teilnehmenden vorab darüber informieren und ihre Einwilligung einholen. Am einfachsten geht das, indem Sie schon in der Einladung zur Veranstaltung auf die geplante Bildberichterstattung hinweisen und die Zustimmung direkt bei der Anmeldung abfragen.

Dabei sollten Sie klar angeben:

✔ **Rechtsgrundlage**

zum Beispiel Einwilligung oder Vertrag.

✔ **Zweck der Fotos**

Wofür werden die Bilder verwendet (zum Beispiel zur Dokumentation, Werbung, internen Kommunikation)?

✔ **Geplante Veröffentlichung**

Wo genau erscheinen die Bilder (zum Beispiel Firmenwebsite, Social Media, Printmedien)?

✔ **Recht auf Widerruf und Löschung**

Teilnehmende müssen wissen, dass sie ihre Einwilligung jederzeit zurückziehen und eine Löschung der Bilder für die Zukunft verlangen können.

✔ **Datenschutz-Ansprechpartner**

Wer beantwortet Fragen zur Bildnutzung und Datenschutz?

Um sicherzugehen, können Sie vor Ort noch Hinweisschilder oder Aushänge nutzen, um auf die Bildberichterstattung aufmerksam zu machen. Falls gewünscht, lassen sich auch fotofreie Zonen einrichten, in denen keine Aufnahmen gemacht werden.

Widerruf der Bildnutzung: Was Sie beachten sollten

Wer seine Zustimmung zur Nutzung von Fotos widerruft, hat das Recht, dass alle betreffenden Bilder aus Social Media, Websites oder anderen Online-Plattformen gelöscht werden. Das kann aufwendig und schwierig sein, insbesondere wenn die Bilder bereits weit verbreitet wurden.

Alternative: Einwilligung nach dem Kunsturhebergesetz (KUG)

Statt sich allein auf die DSGVO zu stützen, kann es sinnvoll sein, dass Sie die spezialgesetzliche Regelung des § 22 Kunsturhebergesetzes (KUG) nutzen. Der Vorteil:

- ✔ Eine einmal erteilte Einwilligung ist grundsätzlich rechtsverbindlich und kann nicht einfach widerrufen werden.
- ✔ Ein Widerruf ist nur in Ausnahmefällen möglich – zum Beispiel, wenn berechtigte Interessen der abgebildeten Person verletzt werden.

Wann ein Widerruf dennoch gerechtfertigt ist

Ein Beispiel: Eine Person ist auf einem Eventfoto halbnackt zu sehen. In diesem Fall könnten ihre berechtigten Interessen stärker wiegen als das Veröffentlichungsinteresse des Unternehmens. Dann müsste das Bild trotz vorheriger Einwilligung gelöscht werden.

Wer sich auf das KUG stützt, reduziert das Risiko nachträglicher Löschungen. Dennoch sollten Unternehmen verantwortungsvoll mit Bildveröffentlichungen umgehen und stets die Interessen der abgebildeten Personen berücksichtigen.

Warum ein Vertrag sinnvoll sein kann

Verträge sind oft kompliziert und es kann schwierig sein, sich auf alle Details zu einigen – denken Sie nur an die vielen Verhandlungsspielräume, die der Betroffene haben kann.

Ein Vertrag ergibt aber dann Sinn, wenn Sie die Bilder nicht nur zur Dokumentation, sondern auch für Werbekampagnen in Social Media nutzen möchten. In einem solchen Fall sollten Sie einen *Model-Release-Vertrag* abschließen.

Durch eine Model-Release-Vereinbarung regeln Sie im Vorfeld, dass Sie die Bilder auch für Ihre Werbe- und Marketingaktivitäten nutzen dürfen. Gleichzeitig wird das abgebildete Modell für diese Nutzung angemessen vergütet. So sind Sie nicht darauf beschränkt, die Fotos nur für die Dokumentation der Veranstaltung zu verwenden, sondern können sie vielseitig einsetzen – beispielsweise in Kampagnen auf Facebook, Instagram oder anderen Plattformen.

Ein solcher Vertrag gibt Ihnen Planungssicherheit und verhindert spätere rechtliche Probleme, wenn Sie die Bilder in verschiedenen Medien veröffentlichen möchten.

IN DIESEM KAPITEL

Wer zuerst kommt, mahlt zuerst

Einen bekannten Markennamen als Benutzernamen nutzen

Wenn jemand Ihren Markennamen als Benutzernamen missbraucht – so gehen Sie vor

Kapitel 4
Welchen Benutzernamen man wählen soll

Die Wahl eines Benutzernamens auf Social Media ist eine wichtige Entscheidung – aber welchen Wert hat Ihr Username eigentlich? Dieser Wert lässt sich nicht pauschal bestimmen, denn er hängt von vielen verschiedenen Faktoren ab. Dabei spielen folgende Punkte eine wichtige Rolle:

- **Reichweite**

  Wie viele Menschen erreichen Ihre Beiträge?

- **Interaktionen**

  Wie häufig und intensiv reagieren andere Nutzer auf Ihre Inhalte?

- **Sichtbarkeit in Explore-Feeds**

  Wie oft erscheint Ihr Account in den Empfehlungen anderer Nutzer?

- **Pflege des Accounts**

  Wie regelmäßig und mit welcher Sorgfalt betreiben Sie Ihren Account?

- **Bestandsalter**

  Wie lange ist Ihr Account bereits aktiv und wie etabliert ist Ihr Name?

Diese Faktoren helfen Ihnen, den »Marktwert« Ihres Benutzernamens zu beurteilen. Sie können sich daran orientieren, um einen Namen zu wählen, der nicht nur zu Ihnen passt, sondern auch Ihr Potenzial in den sozialen Medien optimal unterstützt.

Ein gut gewählter Username kann der Schlüssel zu mehr Sichtbarkeit und erfolgreicher Interaktion sein. Deshalb sollten Sie auch besonders darauf achten, dass Ihr Benutzername alle rechtlichen Vorgaben erfüllt.

Wer zuerst kommt, mahlt zuerst

Die Funktionsweise von Benutzernamen auf Plattformen wie Instagram, YouTube und Facebook ähnelt in mancher Hinsicht der Arbeitsweise der *DENIC*. Die DENIC – das »Deutsche Network Information Center eG« mit Sitz in Frankfurt am Main – ist ausschließlich für die Registrierung von Domainnamen unter der Endung ».de« zuständig. Im Gegensatz dazu vergeben Social-Media-Plattformen Benutzernamen unter ihrer Internetadresse, zum Beispiel: »`www.instagram.com/benutzername`«.

So läuft es ab:

- ✔ **First come, first served**

  Ähnlich wie bei Domainnamen wird auch Ihr Benutzername auf Social Media nach dem Prinzip *first come, first served* vergeben – wer sich zuerst registriert, bekommt den gewünschten Namen.

- ✔ **Vertragliche Ansprüche**

  Mit der Registrierung eines Benutzernamens schließen Sie einen Vertrag mit der Plattform ab. Das bedeutet, Sie haben einen Anspruch darauf, Ihren Account unter diesem Benutzernamen zu betreiben. Gleichzeitig sorgt die Plattform dafür, dass derselbe Benutzername nur einmal vergeben wird.

- ✔ **Teil einer URL**

  Ihr gewählter Benutzername wird Teil einer URL. Dadurch können Sie auch in Suchmaschinen wie Google gefunden werden – er wird in den Suchergebnissen verlinkt.

Nachdem Sie nun wissen, wie Benutzernamen auf Social Media funktionieren und welche vertraglichen Ansprüche damit verbunden sind, stellt sich die Frage: Welche rechtlichen Aspekte sollten Sie bei der Wahl Ihres Benutzernamens beachten? Lassen Sie uns gemeinsam einen Blick auf die wichtigsten Kriterien werfen, die Ihnen helfen, einen optimalen Namen für Ihren Auftritt zu finden.

Wann ein Benutzername eine Marke ist

Ein Benutzername in sozialen Medien kann rechtlich als Marke geschützt sein, wenn er für andere eindeutig mit einem bestimmten Unternehmen, einem Produkt oder der Arbeit einer selbstständigen Person verbunden wird. Das bedeutet, dass Nutzer den Namen wiedererkennen und damit eine bestimmte Herkunft verbinden.

Wenn der Benutzername jedoch nur eine allgemeine Beschreibung oder eine Gattungsbezeichnung darstellt – also etwas beschreibt, anstatt auf einen bestimmten Anbieter hinzuweisen – dann gilt er nicht als Marke.

BEISPIEL

Beispiele dafür sind »@meinblog« für einen allgemeinen Blog oder »@zwiebelmuster« für ein bekanntes Porzellandekor. Solche Namen genießen keinen Schutz, weil sie keine eindeutige Verbindung zu einem bestimmten Unternehmen oder einer Person herstellen.

Markenmäßige vs. private Nutzung

Markenmäßige Nutzung bedeutet, dass Sie den Benutzernamen in einem geschäftlichen, gewerblichen oder kommerziellen Zusammenhang einsetzen – man spricht dabei auch von einem *Herkunftshinweis*. Im Gegensatz dazu steht die private Nutzung, bei der kein wirtschaftlicher oder kommerzieller Hintergrund besteht.

Wenn Sie einen Benutzernamen nur privat verwenden, zählt das in der Regel nicht als markenmäßige Nutzung. Das liegt daran, dass für den Markenschutz vor allem der geschäftliche Gebrauch relevant ist – also wenn ein Name als Kennzeichnung für Waren oder Dienstleistungen im Geschäftsverkehr dient.

Allerdings gibt es auch Ausnahmen: In seltenen Fällen kann schon die private Nutzung eines Markennamens einen *kommerziellen Effekt* haben.

BEISPIEL

Ein Student wurde abgemahnt, weil er die Produktmarke »Weideglück« in seinem Benutzernamen nutzte, obwohl es sich um eine private Nutzung handelte (OLG Frankfurt a. M., Beschl. v. 12.04.2000 – 6 W 33/00).

Im Normalfall müssen Sie sich keine Sorgen machen, wenn Sie einen Benutzernamen privat verwenden. Aber seien Sie vorsichtig, denn in Ausnahmefällen kann auch eine private Nutzung rechtliche Konsequenzen haben.

Wenn Sie unsicher sind, lohnt es sich, genau zu prüfen, wie der Name in den sozialen Medien wirkt.

Namen als Username – Schutz auch ohne Markenregister

Sie können Ihren bürgerlichen Namen, Künstlernamen oder Firmennamen problemlos als Benutzernamen auf Social Media registrieren – diese Namen sind schon durch das Namensrecht (§ 12 BGB) geschützt. Aber wie funktioniert der Schutz genau, wenn Sie Ihren Namen geschäftlich nutzen?

Markenrechtlicher Schutz für Ihren Firmennamen

Auch wenn Ihr Username nicht im Markenregister eingetragen ist, kann er dennoch geschützt sein. Das gilt vor allem, wenn Sie Ihren Benutzernamen geschäftlich einsetzen, zum Beispiel durch bezahlte Werbung oder Kooperationen mit anderen Unternehmen.

Der Schutz entsteht, wenn Ihr Name von den Nutzern als Ihre unternehmerische Kennzeichnung erkannt wird.

Was ist wichtig für den Schutz Ihres Namens?

- ✔ **Aktiver Gebrauch**

  Es reicht nicht, den Namen nur auf der Social-Media-Plattform zu registrieren. Sie müssen ihn auch aktiv nutzen, etwa durch das Veröffentlichen von Beiträgen, Liken oder Kommentieren. Auch wenn Sie nur kleine Aktivitäten durchführen, zeigt das, dass Sie den Namen als feste Kennzeichnung für Ihre wirtschaftliche Tätigkeit verwenden.

- ✔ **Erkennbarkeit**

  Ihr Benutzername sollte erkennbar mit Ihrem Namen oder einer Kurzform davon übereinstimmen, sodass Nutzer sofort den Bezug zu Ihnen oder Ihrem Unternehmen herstellen können.

Vorbereitende Maßnahmen wie das Erstellen eines Businessplans, ohne dass der Name bereits öffentlich genutzt wird, reichen nicht aus, um den Schutz zu gewährleisten.

Was nicht geschützt ist

Einige Zeichen oder Zusätze, wie das »@«-Symbol oder der Zusatz »e« für »electronic« (zum Beispiel bei »e-Recht« oder »ebuch«), sind markenrechtlich nicht geschützt (BPatG, Beschl. v. 18.04.2000 – 24 W (pat) 185/99, CR 2000, 841). Auch Begriffe wie »interconnect« oder »online« genießen keinen besonderen Schutz (OLG Karlsruhe, Urt. v. 26.06.2000 – 6 U 222/99 (n. v.); »online« OLG Köln, Urt. v. 27.10.2000 – 6 U 209/99).

Markenrechtlicher Schutz für Pseudonyme oder Fantasienamen

Auch wenn Sie sich für ein Pseudonym oder einen Fantasienamen als Benutzernamen entscheiden, kann dieser Name automatisch rechtlichen Schutz erhalten – und das schon kraft Gesetzes (§ 3 Markengesetz).

Wie entsteht ein solcher Schutz?

Der *Schutz durch Verkehrsgeltung* (§ 4 Nr. 2 Markengesetz) kommt ins Spiel, wenn Sie Ihren Benutzernamen geschäftlich nutzen – zum Beispiel für bestimmte Produkte, Dienstleistungen oder einen Onlineshop. Das bedeutet, Ihr Name wird als Marke anerkannt, wenn er im Geschäftsverkehr verwendet und von einer breiten Öffentlichkeit wahrgenommen wird.

Damit Ihr Name als Marke gilt, muss er wirtschaftlich und geschäftlich relevant sein und bei den meisten Internetnutzern bekannt werden. Hierzu können Sie verschiedene Indikatoren heranziehen, wie zum Beispiel:

- ✔ Followerzahl
- ✔ Klicks und Interaktionen (Click per View, Links)

- Nutzungsdauer des Benutzernamens
- Finanzielle Erfolge wie Umsatz, Gewinn oder der Return on Investment (ROI)
- Umfrageergebnisse, die die Bekanntheit bestätigen

Einzelne virale Erfolge oder mediale Berichte begründen nicht automatisch den Markenschutz. Ein Influencer, der nur regional bekannt ist, erreicht beispielsweise nicht die bundesweite Verkehrsgeltung, die für den Markenschutz notwendig ist.

Titelschutz: Wann Benutzernamen von Zeitungen und Magazinen geschützt sind

Auch die Namen von Zeitungen, Zeitschriften oder anderen redaktionellen Inhalten können unter bestimmten Bedingungen rechtlich geschützt sein. Dies nennt man *Titelschutz* (§ 5 Abs. 3 Markengesetz).

BEISPIEL

Große Zeitungen wie die »Frankfurter Allgemeine Zeitung (F.A.Z.)«, die »Süddeutsche Zeitung (SZ)« oder »Die Welt« nutzen ihre bekannten Namen auch als Benutzernamen in sozialen Medien. Dadurch erkennt das Publikum sofort, dass es sich um offizielle Inhalte dieser Medien handelt.

Damit ein Benutzername unter den Titelschutz fällt, muss er von den Nutzern klar als Name einer Zeitung oder Zeitschrift erkannt werden. Ist der Name jedoch rein beschreibend – wie etwa »wetter app« für eine Wetter-Anwendung –, wird er nicht geschützt. Das gilt auch für Benutzernamen.

Außerdem ist eine Top-Level-Domain wie ».de« in einem Social-Media-Benutzernamen nicht geschützt – zum Beispiel »meinweg.de«. Solche Namen dürfen auch nicht als Benutzernamen registriert werden.

Marke als Username – so schützen Sie Ihren Auftritt

Die sicherste Art, Ihre Marke als Username zu schützen, ist die Eintragung in ein Markenregister. Damit erhalten Sie quasi ein Monopol auf Ihr Logo oder Kennzeichen – niemand darf es ohne Ihre Erlaubnis für ähnliche Produkte oder Dienstleistungen nutzen.

Sie können den Markenschutz für die gesamte EU über das EUIPO beantragen oder nur für einzelne Länder, zum Beispiel Deutschland über das DPMA. Auch ein internationaler Markenschutz ist möglich, wenn Ihre Marke über Ihr nationales Markenamt, zum Beispiel das DPMA in Deutschland eingetragen ist. Dann können Sie die Länder auswählen, in denen Ihre Marke geschützt werden soll und bei der Weltorganisation für geistiges Eigentum (WIPO) anmelden.

Spielen Sie mit dem Gedanken, eine Marke schützen zu lassen? Dann gehen Sie so vor:

- **Betreiben Sie Markenrecherche.**

  Der erste Schritt ist eine gründliche Markenrecherche. Das heißt, Sie überprüfen, ob es bereits identische oder ähnlich klingende Marken gibt, die zu Verwechslungen führen könnten. Nutzen Sie dafür Online-Datenbanken, Handelsregister und eine Google-Suche. Falls Sie ähnliche Namen oder Kennzeichen finden, sollten Sie sich von einem Anwalt beraten lassen – dieser kann auch den weiteren Anmeldeprozess für Sie begleiten.

✔ **Definieren Sie für welche Produkte Sie die Marke nutzen.**

Im nächsten Schritt klassifizieren Sie Ihre Marke. Marken werden in verschiedene Klassen eingeteilt, je nachdem, welche Waren oder Dienstleistungen Sie anbieten. Überlegen Sie genau, in welchen Bereichen Ihre Marke geschützt sein soll, und beschreiben Sie Ihre Angebote im Waren- oder Dienstleistungsverzeichnis möglichst umfassend. Eine genaue Beschreibung hilft, Ihren Markenschutz zu stärken, während zu enge Formulierungen dafür sorgen können, dass verwandte Bereiche ungeschützt bleiben.

✔ **Erstellen Sie Ihre Anmeldung beim zuständigen Markenregister.**

Tun Sie das entweder beim EUIPO für den gesamten EU-Raum oder beim DPMA für Deutschland. Hier geben Sie Ihre Kontaktdaten, eine klare Darstellung Ihrer Marke (zum Beispiel als Bild oder Schriftzug) sowie die genaue Klassifizierung der Waren und Dienstleistungen an.

✔ **Halten Sie die Fristen zur Zahlung der Anmeldegebühren des Markenamts ein**

Zum Beispiel ca. 300 Euro für eine Markenanmeldung einschließlich der Klassengebühr für bis zu drei Klassen beim DPMA. Wird die Gebühr nicht rechtzeitig bezahlt, gilt Ihre Anmeldung automatisch per Gesetz als zurückgenommen.

Sind die Formalitäten erfüllt, erfolgt eine Prüfungsphase: Das Amt prüft Ihre Angaben in der Anmeldung, insbesondere ob der Anmeldung Ihrer Marke kein *Freihaltebedürfnis* entgegensteht. Das Freihaltebedürfnis im Markenrecht bedeutet, dass bestimmte Wörter oder Begriffe frei bleiben sollen, damit jeder sie nutzen kann. Es geht darum, dass nicht alle gängigen oder beschreibenden Begriffe von einem einzigen Unternehmen monopolisiert werden dürfen – damit bleibt der Markt offen und es wird fairer Wettbewerb ermöglicht. Beispielsweise können Sie das Wort »Schnell« nicht als Markennamen für ein Lieferunternehmen verwenden, weil es die Dienstleistung nur beschreibt und nicht einzigartig genug ist, um als Marke zu gelten.

Bitte beachten Sie: Das Amt prüft nicht, ob Ihre Marke bestehenden Markenrechte verletzt!

✔ **Je besser Ihre Marke unterscheidbar ist, desto eher wird sie veröffentlicht und geschützt.**

Ihre Marke wird dann ins Markenregister aufgenommen, wenn sie genug Einzigartigkeit besitzt.

✔ **Nach Veröffentlichung im Register gilt eine dreimonatige Widerspruchsfrist.**

Wird Ihre Marke im Register veröffentlicht, haben Dritte (also andere Markeninhaber) drei Monate Zeit dagegen Widerspruch einzulegen, wenn sie glauben, dass ihre eigenen Markenrechte durch die Eintragung beeinträchtigt werden.

✔ **Gelingt die Veröffentlichung ohne Widerspruch, wird Ihre Marke endgültig in das Register aufgenommen.**

Sie ist ab dem Datum Ihrer Anmeldung für zehn Jahre geschützt. Dieser Schutz kann immer wieder um weitere zehn Jahre verlängert werden.

Wenn Sie einen bekannten Markennamen als Benutzernamen nutzen

Ein prägnanter Benutzername kann in sozialen Netzwerken viel Aufmerksamkeit bringen. Wenn ein Markenname bereits bekannt ist, liegt die Versuchung nahe, ihn für das eigene Profil zu nutzen – sei es aus Interesse, als Fan oder weil der Name gut klingt. Doch was passiert, wenn die Marke dahinter das nicht gutheißt?

Für ein Unternehmen kann es problematisch sein, wenn jemand anderes seinen Namen verwendet. Nutzer könnten denken, dass Ihr Profil offiziell der Marke gehört. Das kann zu Verwechslungen, rechtlichen Problemen und möglichen Abmahnungen führen.

Nutzen Sie besser keinen geschützten Markennamen als Benutzernamen! Das kann schnell zu einem Rechtsverstoß führen. Verwenden Sie den Namen ohne Erlaubnis, riskieren Sie eine Abmahnung oder sogar Klageverfahren.

Vorsicht bei Bestandteilen von bekannten Markennamen im Benutzernamen!

Auch wenn Sie einen Benutzernamen wählen, der nur einen Bestandteil eines bekannten Markennamens enthält, riskieren Sie eine Verwechslungsgefahr mit der bekannten Marke. Nutzer könnten denken, dass Ihr Profil zur Marke gehört. Und auch das kann rechtliche Konsequenzen haben.

BEISPIEL

Würden Sie den Benutzernamen »@MyInstaDesign« auf Instagram registrieren, können Sie damit die Markenrechte der geschützten Marke »Instagram« von Meta verletzen, denn Social-Media-Namen sind nicht nur Adressen innerhalb eines Netzwerks – sie stehen oft auch für ein Unternehmen, eine Branche oder ein Geschäftsmodell.

Das bedeutet: Nutzer könnten denken, dass ein Instagram-Account mit dem Namen »@MyInstaDesign« zu Instagram gehört. Wenn Sie unter diesem Namen beispielsweise Onlinekurse anbieten, könnte Meta darin eine Markenverletzung und einen Wettbewerbsverstoß sehen. Das kann richtig teuer werden.

Auch kleine Änderungen wie ein Bindestrich – zum Beispiel »Insta-Gram« – reichen oft nicht aus, um eine Verwechslung zu vermeiden. Das hat bereits das Oberlandesgericht Hamburg entschieden (Urteil vom 4. Juli 2007 – 5 U 87/06).

Satirische Nutzung bekannter Markennamen – was ist erlaubt?

Sie dürfen in Ihrem Benutzernamen Markenbegriffe verwenden – wenn Sie dabei deutlich machen, dass Sie sich kritisch, humorvoll oder satirisch mit der Marke auseinandersetzen. Das bedeutet: Ihre Nutzername muss einen klaren Abstand zu dem tatsächlichen Produkt oder Unternehmen zeigen.

Zum Beispiel:

- ✔ »@ApplePhoneX« zu registrieren, wird die Markenrechte des bekannten IT-Unternehmens aus Cupertino verletzten, weil es als markenmäßige Nutzung des Markenbegriffs verstanden werden kann.
- ✔ »@AppleWashing« kann dagegen den notwendigen Abstand zur Originalmarke wahren, wenn es auf eine kritische oder humorvolle Nutzung des bekannten Markenbegriffs »Apple« hinweist.

Wählen Sie einen Benutzernamen, der keine geschützten Markenbestandteile enthält, um rechtliche Probleme zu vermeiden.

Wann ist ein ähnlicher Benutzername problematisch?

Nicht nur identische, sondern auch ähnlich klingende Benutzernamen oder Benutzernamen, die einer anderen Marke in Wort, Schrift ähneln, können zu Verwechslungen mit bestehenden Marken führen – und damit rechtliche Probleme nach sich ziehen. Markennamen sind rechtlich geschützt.

BEISPIEL

Ein Benutzername wie »@zalando24« könnte teuer werden, weil er leicht mit der Marke »Zalando« verwechselt werden kann.

Allerdings gibt es für allgemeine Wörter, Silben oder sprachliche Wendungen in der Regel keinen Markenschutz. Hier greift das Prinzip des *Freihaltebedürfnisses*: Bestimmte Begriffe müssen allen frei zur Verfügung stehen:

- ✔ **Verboten**

  Ein Benutzername wie »zalaando« (ein Tippfehler von »Zalando«) könnte dennoch zu einer Abmahnung führen, weil er leicht mit dem Original verwechselt werden kann.

- ✔ **Erlaubt**

  Die Endung »-ando« allein ist nicht geschützt. Sie stammt aus dem mediterranen Sprachgebrauch und kann mit anderen Wörtern kombiniert werden, ohne automatisch eine Markenverletzung darzustellen. Deshalb können sowohl »Gymando« als auch »Lieferando« neben »zalando« koexistieren, obwohl sie ähnlich klingen.

Ob eine Namenswahl problematisch ist, hängt immer von der genauen Zusammensetzung ab. Wenn Sie auf Nummer sicher gehen wollen, prüfen Sie vor der Nutzung eines Benutzernamens, ob er bereits als Marke geschützt ist.

Recht unter Gleichnamigen – so funktioniert's auf Social Media

Wenn es um Namen in sozialen Netzwerken geht, gilt das Prinzip *First come, first served.* Das heißt, wenn Sie »Meier« heißen und jemand den Benutzernamen »@Meier« bereits nutzt, können Sie sich nicht denselben Namen sichern – vielleicht wäre dann »@Meier24« eine Möglichkeit.

Gleichnamige können aber auch zu Verwirrungen führen. Wenn Ihr Name einer bekannten Marke ähnelt, könnte der durchschnittliche Nutzer denken, dass es eine Verbindung gibt.

Achten Sie also darauf, dass Ihr Benutzername eindeutig ist und keine falschen Assoziationen weckt. So vermeiden Sie Missverständnisse und rechtliche Probleme!

BEISPIEL

Präsentieren Sie sich unter »@Shellde« auf Social Media, könnte jemand an die Tankstelle des bekannten Mineralölkonzernes »Shell« denken, der unter »@shell« auftritt.

Wenn jemand Ihren Markennamen als Benutzernamen missbraucht

Ihr Markenname ist ein wichtiger Teil Ihrer Identität – auch in sozialen Netzwerken. Umso ärgerlicher ist es, wenn plötzlich jemand anderes Ihren Namen als Benutzernamen verwendet. Das kann nicht nur zu Verwechselung führen, sondern auch Ihrem Ruf oder Ihrem Geschäft schaden. Deshalb sollten Sie Ihren Social-Media-Auftritt aktiv schützen und rechtzeitig sicherstellen, dass Ihr Markenname nicht von Dritten genutzt wird.

Wenn jemand Ihren Markennamen als Benutzernamen auf einer Social-Media-Plattform registriert, ohne dazu berechtigt zu sein, haben Sie das Recht, dagegen vorzugehen. Das ist nicht nur ein Verstoß gegen die Nutzungsbedingungen der Plattform, sondern auch ein rechtlicher Verstoß gegen Ihre Markenrechte.

Da Social-Media-Anbieter in der Regel nicht feststellen können, ob ein Benutzername gegen Markenrechte verstößt, übernehmen sie auch keine Haftung dafür. Selbst wenn die Plattform den Account mit dem rechtsverletzenden Benutzernamen sperrt, bleibt das Problem bestehen – der Missbrauch kann weiterhin andauern. Holen Sie sich rechtlichen Rat, um Ihren Markenschutz konsequent durchzusetzen.

Was können Sie tun?

1. **Direkter Kontakt**

   Wenden Sie sich direkt an den Inhaber des betreffenden Accounts. Machen Sie ihn darauf aufmerksam, dass er Ihre Markenrechte verletzt.

2. **Abmahnung**

   Fordern Sie den Account-Inhaber schriftlich auf, den rechtsverletzenden Benutzernamen zu ändern und eine strafbewehrte Unterlassungserklärung zu unterschreiben.

3. **Notice and Take Down**

   Informieren Sie die Social-Media-Plattform, dass Ihre Markenrechte durch die Registrierung eines Benutzernamens verletzt werden.

4. **Gerichtliche Schritte**

   Falls der Inhaber nicht reagiert, können Sie rechtliche Schritte einleiten. Ein Gericht kann den Täter zur Unterlassung zwingen (§ 890 ZPO) und die Plattform dazu veranlassen, den Account zu löschen – allerdings erst, wenn ein rechtskräftig vollstreckbarer Titel vorliegt.

Teil II

Wer hat's erfunden? Urheberrechte

IN DIESEM TEIL …

Musikrechte, Zitatrecht, Bildrechte, KI und Urheberrecht – das klingt auf den ersten Blick ziemlich kompliziert. Deshalb gibt es in diesem Teil Antworten auf die Fragen, was erlaubt ist, wann, wo und wie Sie Inhalte, geschützte Werke anderer in Social Media nutzen können. Ganz nach dem Motto: Wer hat's erfunden? Erfahren Sie, was dahintersteckt!

IN DIESEM KAPITEL

Nutzungen auf Social Media

Memes: Witzige Bilder, große Wirkung

Das Zitatrecht – wann und wie Sie fremde Werke teilen dürfen

Private Chats veröffentlichen? Vorsicht ist geboten!

Kapitel 5
Nutzungsrechte auf Social-Media-Plattformen

Social Media startet bereits beim Herunterladen und der Registrierung einer App. Sobald Sie die App öffnen, füllen Sie ein Registrierungsformular aus – und bevor Sie auf »Registrieren« klicken können, müssen Sie den verlinkten Nutzungsbedingungen zustimmen. Dort steht viel Kleingedrucktes, das Ihnen die Rechte einräumt, die Plattform sowohl nicht-kommerziell als auch kommerziell zu nutzen. Aber wissen Sie genau, worauf Sie sich einlassen, wenn Sie in die Welt der sozialen Medien eintauchen?

Nutzungsbedingungen auf Social Media

Nehmen Sie sich etwas Zeit, um die Nutzungsbedingungen der Social-Media-Plattform, die Sie nutzen, durchzulesen – auch wenn das Kleingedruckte manchmal langweilig erscheint. Es lohnt sich, denn so wissen Sie genau, worauf Sie achten müssen, und können sich und Ihre Inhalte optimal schützen.

Wenn Sie sich der Nutzungsbedingungen bewusst sind, wissen Sie genau, was von Ihnen erwartet wird und wie Sie sich auf der Plattform verhalten sollten. So vermeiden Sie unangenehme Überraschungen, wie das Sperren Ihres Accounts oder teure rechtliche Auseinandersetzungen. Außerdem helfen Ihnen klare Regeln dabei, Ihre Inhalte sicher und rechtlich korrekt zu veröffentlichen.

Inhalte und Informationen, die die Social-Media-Plattform nutzt

Wenn Sie Inhalte auf Social Media hochladen, geben Sie der Social-Media-Plattform bestimmte Nutzungsrechte an Ihren Uploads. Unter anderem stimmen Sie mit Akzeptieren der Nutzungsbedingungen Folgendem zu:

- ✔ **Speicherung**

  Die Plattform darf Ihre Inhalte digitalisieren, kopieren und auf ihren Servern speichern.

- ✔ **Veröffentlichung**

  Ihre Bilder, Videos oder Texte dürfen von anderen Nutzern gespeichert, vervielfältigt und öffentlich gezeigt werden.

- ✔ **Framing**

  Ihre Beiträge können mit Werbeanzeigen verknüpft oder von anderen Nutzern markiert, verlinkt und in deren Beiträge, zum Beispiel in den Stories, eingebettet werden.

- ✔ **Taggen**

  Auch das sogenannte *Taggen* – also das Hinzufügen Ihres Namens oder Profils zu einem Beitrag – gehört dazu.

- ✔ **Verwendung für werbliche Zwecke**

  Wenn Sie Social Media nutzen, stimmen Sie auch zu, dass die Plattformbetreiber Ihre Uploads und andere Inhalte auf der jeweiligen Plattform für werbliche Zwecke, insbesondere zur Erstellung von Nutzerprofilen, verwenden dürfen.

Diese Nutzungen – auch von Ihren rechtlich geschützten Uploads – räumen Sie der Plattform explizit bei Ihrer Registrierung ein. Aber was bedeutet das eigentlich für Sie?

Inhalte und Informationen, die Sie nutzen dürfen

Schauen wir uns das einmal Schritt für Schritt an (§ 6 Urheberrechts-Diensteanbieter-Gesetz (UrhDaG):

- ✔ Wenn ein Social-Media-Dienst die Erlaubnis hat, ein Werk (wie ein Bild oder Video) öffentlich anzuzeigen, dann gilt diese Erlaubnis auch für Sie als Nutzer – solange Sie damit nicht kommerziell tätig sind oder damit keine erheblichen Einnahmen erzielen. Anders ausgedrückt: Solange Sie das Werk nur privat oder im Rahmen Ihrer normalen Nutzung – ohne Gewinnerzielungsabsicht – teilen, dürfen Sie es nutzen.
- ✔ Umgekehrt gilt: Wenn Sie als Nutzer Ihr Werk hochladen oder die Erlaubnis an einem Werk haben, es über eine Social-Media-Plattform öffentlich wiederzugeben, dann erstreckt sich diese Erlaubnis auch auf die Social-Media-Plattform. Das bedeutet, die Plattform darf das Werk ebenfalls anzeigen.

Die Rechte zur öffentlichen Wiedergabe eines Werkes werden zwischen der Plattform und Ihnen als Nutzer geteilt – vorausgesetzt, Sie handeln nicht mit kommerziellen Absichten. So wird sichergestellt, dass beide Seiten im Rahmen der gesetzlichen Bestimmungen von einer Nutzung von Social Media profitieren.

Der Grundsatz der individuellen Gestaltung

Seit der französischen Revolution gilt das Urheberrecht in Europa als grundlegendes Menschenrecht – es schützt die Kreativität und Originalität von Werken. Das bedeutet: Wer ein Bild oder Foto selbst erstellt, besitzt automatisch alle Rechte daran, auch wenn er im Auftrag eines Unternehmens arbeitet.

Nach deutschem Recht kann nur ein Mensch Urheber sein – also immer nur eine natürliche Person, die ein Werk erschafft. Im anglo-amerikanischen Copyright hingegen können auch Unternehmen als Urheber anerkannt werden, wenn sie im Rahmen einer wirtschaftlichen Investition Werke erstellen. Dieses Konzept nennt man *work made for hire*. Das heißt, in den USA kann auch eine Firma als Schöpfer eines Werkes gelten, wenn das Werk von ihren Mitarbeitern im Auftrag der Firma erstellt wurde (*for whom the original work was prepared*).

Doch was bedeutet das Urheberrecht in diesem Zusammenhang für Sie? Was ist erlaubt, was nicht?

Dürfen Sie Bilder, Videos und Texte anderer für Social-Media-Posts kopieren?

Grundsätzlich sollten Sie davon ausgehen, dass Inhalte (Bilder, Videos, Texte) im Social Web rechtlich geschützt sind. Rechtlicher Schutz besteht schon ab der Schöpfung – ohne dass der Urheber etwas unternehmen muss.

Da ein Bild oder Foto schnell die nach dem Urheberrecht erforderliche Schöpfungshöhe erreicht, kann schon ein Schnappschuss mit dem Handy rechtlich geschützt sein.

Ihr Werk erreicht dann die notwendige Schöpfungshöhe, wenn es eine individuelle, kreative Leistung enthält, die den persönlichen Stempel des Urhebers erkennbar macht. Erst dann wird es durch das Urheberrecht umfassend geschützt.

✔ **Eigene Werke**

Wenn Sie selbst ein Foto mit Ihrer Kamera oder Ihrem Smartphone machen, gehört das Bild Ihnen. Das bedeutet, Sie entscheiden, wer Ihr Foto herunterladen, speichern oder in den sozialen Medien teilen darf. Sie haben das alleinige Urheberrecht an Ihrem Werk.

Das Urheberrecht schützt schöpferische Eigentümlichkeit, Originalität und Individualität menschlicher Leistung.

- **Fremde Werke**

  Möchten Sie ein Bild verwenden, das jemand anderes gemacht hat, brauchen Sie die ausdrückliche Erlaubnis des Urhebers. Ohne diese Zustimmung dürfen Sie das Bild nicht veröffentlichen oder anderweitig nutzen.

Der Urheber ist der Schöpfer des Werkes (§ 7 UrhG).

- **Verwertungsgesellschaften**

  Viele Künstler, Fotografen, Musiker und Filmemacher überlassen die Verwaltung ihrer Nutzungsrechte speziellen Organisationen, den Verwertungsgesellschaften (VGs). Diese sorgen dafür, dass ihre Werke geschützt sind und dass sie eine faire Vergütung erhalten, wenn ihre Inhalte genutzt werden – auch im Internet und auf Social Media.

Zuständige Verwertungsgesellschaften im Bereich Bild, Text, Musik in Deutschland sind Rechteinhaber an Werken von Urhebern: VG Bild-Kunst – sie verwaltet die Rechte von bildenden Künstlern, Fotografen und Filmurhebern –, VG Wort – sie kümmert sich vor allem um die Rechte von Autoren, Schriftstellern und Journalisten – und die GEMA – sie ist für die Rechte an Musikwerken zuständig und regelt die Vergütung für deren Nutzung.

Wenn Sie also Bilder, Musik oder Filme in sozialen Medien nutzen möchten, sollten Sie sicherstellen, dass Sie die notwendigen Nutzungsrechte vom Urheber haben oder eine Lizenz über die jeweilige Verwertungsgesellschaft einholen.

Dürfen Sie Ideen und Konzepte für Social-Media-Posts kopieren?

Grundsätzlich gilt: Ideen sind nicht geschützt. Sie können also Inspiration aus anderen Beiträgen ziehen und ähnliche Inhalte erstellen – genau wie andere Ihre Ideen übernehmen dürfen.

Was dürfen Sie kopieren?

- **Videoformat oder eine Challenge**

  Das Format oder die Idee hinter einem Post darf jeder frei nachahmen.

BEISPIEL

Ein »Unboxing«-Video auf YouTube, bei dem jemand ein neu erworbenes Produkt oder eine Bestellung Schritt für Schritt vor laufender Kamera auspackt, ist ein beliebtes Format, das von vielen genutzt wird – auch wenn andere es schon vor Ihnen gemacht haben.

- **Werbeaktionen**

  Wenn Sie eine Marketingkampagne mit einem Gewinnspiel verbinden wollen, dürfen Sie das tun – selbst wenn andere Unternehmen eine ähnliche Strategie verwenden.

Was ist geschützt?

- **Konkret gestaltete Inhalte**

  Sobald Sie nicht nur die Idee, sondern auch die genaue Form und Gestaltung eines Posts kopieren (zum Beispiel Texte, Grafiken oder Designs), kann das gegen das Urheberrecht verstoßen.

- **Marken und Logos**

  Unternehmenslogos, Markennamen dürfen Sie nicht einfach ohne Erlaubnis in eigenen Posts verwenden oder teilen.

Je ähnlicher Sie fremde Inhalte übernehmen, desto eher riskieren Sie eine Urheberrechtsverletzung.

Mutmaßlich erlaubte Nutzung

Wenn Sie eigene Inhalte erstellen und dabei nur Teile von Werken Dritter verwenden – zum Beispiel weniger als die Hälfte eines fremden Bildes oder Elemente aus mehreren fremden Werken – und diese mit Ihrem eigenen Inhalt kombinieren oder fremde Inhalte nur *geringfügig* nutzen, geht man davon aus, dass Sie dies rechtlich erlaubterweise tun. Das nennt man *mutmaßlich erlaubte Nutzung*. In diesen Fällen dürfen Sie auch ganze Abbildungen verwenden, wenn die gesetzlichen Vorgaben eingehalten werden.

Schon das Reichsgericht hat entschieden, dass in den Bereichen Literatur, Musik und Kunst rechtlich geschützt ist, was auf eine persönliche und individuelle Art zusammengestellt wurde – das nennt man die »Lehre von der kleinen Münze« (insbesondere Reichsgericht in Strafsachen, Urteil vom 27.11.1906, AZ: RGSt 39, 282, 283 – Theaterzettel). Dieser Grundsatz gilt auch im Internet: Wenn Sie Inhalte auf Ihre eigene, individuelle Weise auswählen und anordnen, sind diese automatisch urheberrechtlich geschützt.

Ihre nutzergenerierten Inhalte sind geschützt– solange Sie nur einen kleinen Teil fremder Werke nutzen und diese mit eigenen Inhalten verbinden.

Geringfügige Nutzung

Wenn Sie teilweise Werke anderer nutzen und dabei nicht darauf abzielen, damit Geld zu verdienen, dann gilt dies als erlaubte, *geringfügige Nutzung* im Sinne des Gesetzes (gemäß den §§ 9, 10 UrhDaG). Das heißt, wenn Sie Inhalte Dritter verwenden, aber dabei nicht kommerziell aktiv sind oder nur sehr geringe (gelegentliche) Einnahmen (etwa Sie verkaufen Ihr altes Motorrad auf eBay) erzielen, wird diese Nutzung als unbedenklich betrachtet.

Von einer geringfügigen Nutzung können Sie in diesen Fällen ausgehen:

- 15 Sekunden eines **Filmwerks oder Laufbilds** (Video, Animation),
- 15 Sekunden einer **Tonspur** (Musik, Audio),

- 160 Zeichen eines **Texts** sowie
- 125 Kilobyte einer **Bilddatei** (Foto, Bild, Grafik).

Geringfügige Nutzung von Filmen – was das Gesetz sagt

Nach dem Gesetz dürfen Sie Ausschnitte aus Filmen, Trailern oder Live-Übertragungen erst dann hochladen, wenn die Rechteinhaber sie bereits öffentlich gezeigt haben. Besonders bei Live-Sportübertragungen kann der Rechteinhaber verlangen, dass diese Inhalte erst nach dem Ende der Live-Sendung genutzt werden dürfen. Damit soll sichergestellt werden, dass die Erstveröffentlichung und die Live-Ausstrahlung nicht beeinträchtigt werden (§ 7 Absatz 2 Satz 3 UrhDaG).

Das bedeutet: Der Urheber oder Filmhersteller hat das Erstveröffentlichungsrecht. Erst wenn der Film schon vollständig vom Urheber oder Filmehersteller veröffentlicht worden ist, dürfen Sie den Film oder Teile davon auch zeigen. So sollen die Rechteinhaber geschützt und die Erstveröffentlichungsrechte der Rechteinhaber sichergestellt werden.

Was passiert, wenn Sie Werke ohne Nutzungsrechte hochladen?

Manchmal teilen Menschen Bilder oder Fotos auf Social Media, ohne zuvor die Erlaubnis der Urheber einzuholen. Dadurch haben auch die Social-Media-Plattformen automatisch keine Berechtigung, die Werke auf ihrer Plattform zu verbreiten. Tun sie es trotzdem, können sie dem Urheber für die unerlaubte Verwendung durch Privatnutzer auf ihrer Social-Media-Plattform (Artikel 6 Absatz 3 der Verordnung (EU) 2022/2065) haften.

Die großen Plattformen wie Instagram, Facebook, TikTok und YouTube haben dieses »Lizenzproblem« oft gelöst, indem sie die Nutzungserlaubnis von den Rechteinhabern, – zum Beispiel Verwertungsgesellschaften – eingeholt haben.

Social-Media-Plattformen haben mit einigen Verwertungsgesellschaften – zum Beispiel in Deutschland mit der GEMA – Lizenzverträge abgeschlossen, damit die Nutzung möglichst vieler Werke auf Social Media durch eine Erlaubnis der Rechteinhaber abgedeckt ist.

So wird sichergestellt, dass privat hochgeladene Inhalte, die nicht selbst erstellt wurden, legal auf den Social-Media-Plattformen verwendet werden dürfen, ohne dass Sie sich um einzelne Lizenzen kümmern müssen.

Kollektivlizenzen helfen, dass auch ohne direkte Einholung von Einzellizenzen private Bildnutzung auf Social Media legal ist.

Das sollten Sie wissen:

- **Private Nutzung**

  Kollektivlizenzen gelten vor allem für Uploads von Werken durch Privatpersonen, die nicht von ihnen selbst erstellt wurden.

- **Eigene Bilder**

  Urlaubsfotos oder selbst gemachte Bilder sind nicht betroffen.

- **Kommerzielle Nutzung**

  Wenn Sie geschäftlich tätig sind, gelten diese Kollektivlizenzen nicht – hier müssen Sie die Nutzungsrechte selbst klären.

Falls ein Rechteinhaber denkt, dass die Nutzungsrechte verletzt wurden, muss er die Plattform darüber informieren. Die Plattformen haben insoweit nach dem Gesetz für digitale Dienste (DSM-Richtlinie, DSA) keine generelle Überwachungspflicht Der Rechteinhaber hat das Recht, von der Social-Media-Plattform zu verlangen, die Veröffentlichung auf Social Media zu stoppen, wenn er der Ansicht ist, dass die Nutzung nicht zulässig ist. Die Plattform muss dem Verlangen des Rechteinhabers sofort Folge leisten und den Inhalt sofort sperren oder entfernen (§§ 7, 8 UrhDaG).

Wenn Rechteinhaber auf Social Media verlangen, dass bestimmte Inhalte entfernt werden, muss aber immer genau geprüft werden, ob diese Inhalte tatsächlich gegen das Urheberrecht verstoßen. Inhalte, die Sie legal hochgeladen haben oder deren Nutzung gesetzlich erlaubt ist, dürfen nicht einfach blockiert oder gelöscht werden (§ 7 Absatz 2 UrhDaG).

Warum Uploads in Social Media blockiert werden

Beim Hochladen von Inhalten auf Social-Media-Plattformen wie YouTube, Facebook oder TikTok kann es passieren, dass Ihr Beitrag gesperrt oder gelöscht wird. Doch warum passiert das? Hier erfahren Sie die wichtigsten Gründe und was Sie dagegen tun können.

Automatisches Blockieren

Social-Media-Plattformen können automatisierte Uploadfilter nutzen, um urheberrechtlich geschützte Inhalte zu erkennen und zu sperren (§ 7 UrhDaG). Diese Filter gleichen hochgeladene Dateien mit einer Datenbank ab, die von Rechteinhabern bereitgestellt wurde.

BEISPIEL

Bei YouTube gibt es das *Content-ID-System*. Hier werden hochgeladene Videos automatisch mit vorher registrierten Dateien verglichen. Gibt es eine Übereinstimmung, wird das Video blockiert. Das wird *Strike* genannt. Der Strike erfolgt sofort, ohne dass der Uploader vorher dazu gehört wird.

Nur Rechteinhaber mit ausschließlichen Nutzungsrechten können das Content-ID-System nutzen.

Einfache vs. ausschließliche Nutzungsrechte – was das bedeutet

Wenn Sie ein Foto, eine Grafik oder ein Design nutzen möchten, brauchen Sie eine *Lizenz* vom Urheber (zum Beispiel vom Fotografen oder Designer). Dabei gibt es zwei Arten von Nutzungsrechten: einfache und ausschließliche.

1. **Einfaches Nutzungsrecht – wenn mehrere es nutzen dürfen**
   - Wird oft bei Stockfotos oder Bilddatenbanken vergeben.
   - Sie dürfen das Bild nutzen, aber andere auch – der Urheber bleibt ebenfalls berechtigt, sein Werk weiterzuverwenden.
   - Der Urheber kann zudem gegen illegale Nutzungen durch Dritte vorgehen.
2. **Ausschließliches Nutzungsrecht – wenn nur eine andere Person außer dem Urheber es nutzen darf**
   - Wird oft an Musikverlage, Plattenlabel, Verwertungsgesellschaften vergeben.
   - Nur der Rechteinhaber, also der exklusive Lizenznehmer darf das Werk nutzen – manchmal noch nicht einmal der Urheber selbst, wenn er sich das nicht ausdrücklich vorbehält.
   - Rechteinhaber können anderen Nutzungsrechte an dem Werk einräumen oder sie davon ausschließen.
   - Sie dürfen rechtlich gegen Urheberrechtsverletzungen durch Dritte vorgehen.

Manuelle Meldung einer Urheberrechtsverletzung

Neben automatischen Filtern können Urheber auch manuell eine Urheberrechtsverletzung melden (§ 8 UrhDaG). Dies geschieht zum Beispiel per E-Mail oder über ein Kontaktformular der Plattform.

Gegenüber kommerziellen Nutzern sind Social-Media-Plattformen nicht automatisch für die Inhalte verantwortlich, die Sie hochladen. Sie haften erst, wenn:

- ✔ Sie wissen, dass der Inhalt rechtswidrig ist (zum Beispiel durch eine Meldung des Urhebers).
- ✔ Sie den Beitrag nicht unverzüglich, zum Beispiel innerhalb von 5 Tagen sperren oder entfernen, nachdem sie über die Rechtswidrigkeit informiert wurden.

Nach einer solchen Meldung sperrt oder entfernt die Plattform den betroffenen Inhalt. Allerdings reicht die Sperrung allein nicht aus – der Rechteinhaber muss gegebenenfalls rechtliche Schritte gegen den Uploader einleiten.

Wichtig:

- ✔ Sie müssen nachweisen, dass Sie der Rechteinhaber des Werkes sind.
- ✔ Falls die Nutzung erlaubt oder nur geringfügig ist, darf keine Blockierung erfolgen.
- ✔ YouTube hebt eine Sperrung in der Regel nach 10 Tagen wieder auf, wenn kein Nachweis vorliegt, dass gerichtlich gegen die Urheberrechtsverletzung vorgegangen wird.

Informationen, die der Nutzer bei einer Sperrung erhält

Wenn Ihr Inhalt (auf manuelles Verlangen des Rechteinhabers) gesperrt wird, informiert die Plattform Sie in der Regel darüber, ...

- ✔ welches Werk (inklusive Titel und URL) betroffen ist.
- ✔ wo genau im hochgeladenen Inhalt sich das geschützte Material befindet.
- ✔ wer der Rechteinhaber ist.
- ✔ dass der Rechteinhaber die Sperrung beantragt hat.

Counter Notification: Was Sie als Nutzer dagegen tun können

Falls Sie glauben, dass Ihr Beitrag zu Unrecht gesperrt wurde, können Sie Beschwerde erheben (§ 14 UrhDaG).

Auf YouTube heißt dieses Beschwerdeverfahren *Counter Notification*. Mit einer Beschwerde können Sie eine Überprüfung verlangen.

⚠ Der Rechteinhaber kann trotzdem rechtliche Schritte einleiten, zum Beispiel eine Abmahnung oder Schadensersatz fordern.

Memes: Witzige Bilder, große Wirkung

Ein Meme ist ein kulturelles Element, das sich vor allem in den sozialen Medien verbreitet – oft in Form eines Bildes, Videos oder kurzen Textes. Es trägt meist eine humorvolle, ironische oder satirische Botschaft in sich.

Wozu dienen Memes?

1. **Unterhaltung**

   Memes sollen vor allem unterhalten und zum Lachen anregen.

2. **Kultureller Kommentar**

   Sie reagieren oft auf aktuelle Ereignisse, Social-Media-Trends oder gesellschaftliche Themen und regen zum Nachdenken an – manchmal auch mit einem Augenzwinkern.

3. **Soziale Verbindung**

   Durch das Teilen und Anpassen von Memes können Sie Teil einer Gemeinschaft werden, die ähnliche Ansichten oder Erfahrungen teilt.

Memes sind eine moderne, digitale Form der Kommunikation, die Informationen, Meinungen und Witze auf eine leicht zugängliche und unterhaltsame Weise verbreiten.

Was dürfen Sie mit einem Meme machen?

Sie dürfen einen bereits veröffentlichten Post eines anderen in Social Media kopieren, verbreiten und öffentlich zeigen – sofern Sie es als Karikatur, Parodie oder Pastiche verwenden (§ 51 a UrhG). Das bedeutet:

- ✔ **Kopieren**

  Sie dürfen Stile, Elemente oder Merkmale eines Originals übernehmen und kreativ neu kombinieren.

- ✔ **Verbreiten**

  Sie können es liken, kommentieren, teilen, posten oder reposten.

- ✔ **Öffentlich zeigen**

  Sie dürfen es parodieren, karikieren oder satirisch nachbilden und in der Öffentlichkeit zeigen, beispielsweise in sozialen Medien hochladen.

Diese Erlaubnis gilt auch dann, wenn das Meme in seiner konkreten Gestaltung durch das Urheberrecht oder verwandte Schutzrechte geschützt ist.

Bei einer *Pastiche* ahmen Sie einen bestimmten Stil nach, aber Sie schaffen damit etwas Eigenes.

Was ist bei Memes rechtlich erlaubt?

Memes sind oft lustig oder satirisch – aber nicht jedes Meme ist automatisch erlaubt. Es gibt klare Regeln, wann Sie fremde Bilder, Texte oder Videos für ein Meme nutzen dürfen.

Wann die Nutzung eines fremden Werks erlaubt ist

Sie dürfen ein bereits existierendes Werk (zum Beispiel ein Bild, Video oder einen Text) nutzen, wenn dadurch ein neuer, eigenständiger Beitrag entsteht. Das bedeutet:

- ✔ Ihr Meme muss mehr sein als nur eine einfache Bearbeitung des Originals.
- ✔ Das ursprüngliche Werk darf nicht im Mittelpunkt stehen, sondern soll in den Hintergrund treten.
- ✔ Ein Meme sollte erkennbar Humor oder Satire enthalten.

BEISPIEL

Ein selbst erstelltes Meme – also ein originelles Bild oder Selfie in Verbindung mit einem öffentlichen Ereignis oder Trend, auf das Sie den humorvollen Spruch setzen, wie zum Beispiel:

»Montagmorgen – ich brauche Kaffee, keinen Wecker!«

Wann Sie eine Erlaubnis brauchen

Falls Ihr Meme keine Karikatur, Parodie oder Satire darstellt, sondern nur eine Bearbeitung oder Umgestaltung eines fremden Werks ist, brauchen Sie die Einwilligung des Urhebers (§ 23 UrhG). Diese darf nur der Urheber selbst erteilen.

- ✔ **Erlaubnis nötig**

  Sie verändern ein Foto oder einen Text, aber das ursprüngliche Werk bleibt erkennbar.

- ✔ **Direkte Kritik ist kein Meme im rechtlichen Sinne**

  Ihr Meme besteht nur aus Kritik an einer Person oder einem Werk, ohne Humor oder Satire.

BEISPIEL

Ein Gericht entschied, dass ein Meme, das lediglich ein kritisches Foto eines Rechtsanwalts zeigte, keine Parodie oder Satire war und deshalb nicht erlaubt ist (OLG Frankfurt a. M., Urteil vom 02.02.2023 – Aktenzeichen: 11 U 101/22).

Memes kommerziell nutzen

Ja, auch in der Werbung oder für Unternehmen können Memes erlaubt sein – aber nur, wenn sie satirisch sind.

Achten Sie bei Memes auf Folgendes:

- ✔ Ihr Meme sollte eine neue, humorvolle oder satirische Aussage haben.
- ✔ Das ursprüngliche Werk muss in den Hintergrund treten.
- ✔ Kritik allein reicht nicht – es muss ein witziger, satirischer oder ironischer Kontext erkennbar sein.
- ✔ Wenn keine Satire oder Parodie vorliegt, brauchen Sie eine Erlaubnis des Urhebers.

BEISPIEL

Erlaubt: Sie nutzen ein Meme, um sich humorvoll mit einem Werk auseinanderzusetzen, das für eine Umweltkampagne eingesetzt wird, aber Sie fördern fossile Brennstoffe.

Nicht erlaubt: Sie verwenden einfach ein bekanntes Meme-Bild für Werbung, ohne eine eigene satirische Botschaft hinzuzufügen.

Finger weg von werblichen Memes mit Prominenten. Wenn Sie Memes mit Bildern von Personen im werblichen Kontext zeigen, können Sie sich leicht eine Abmahnung und Klage auf Schmerzensgeld fangen, selbst wenn es sich um eine eindeutige »satirische Werbung« handelt (OLG Dresden, »Beewashing«-Urteil vom 18.07.2024 – Aktenzeichen 4 U 323/24 – Jan Böhmermann).

Das Zitatrecht – wann und wie Sie fremde Werke teilen dürfen

Das *Zitatrecht* erlaubt es Ihnen, Werke anderer Personen ohne deren Zustimmung – auch in den sozialen Medien – zu verwenden – aber nur unter bestimmten Bedingungen. Es ist eine wichtige Ausnahme im Urheberrecht und dient der Meinungsfreiheit (Art. 5 Abs. 1 GG, Art. 10 EMRK).

Sie dürfen nicht einfach fremde Werke teilen, nur weil sie Ihnen gefallen. Es muss einen Zweck geben, der das Zitat rechtfertigt (§ 51 UrhG).

Was muss ein Zitat erfüllen?

- **Beleg für eigene Gedanken**

  Sie dürfen fremde Inhalte nur dann teilen, wenn sie Ihr eigenes Werk oder Ihre Aussage erläutern, vertiefen oder belegen. Das Zitat muss ein Hilfsmittel für Ihre eigenen Ausführungen sein. Sie müssen sich mit dem Inhalt auseinandersetzen und einen Zusammenhang zwischen Ihrem Beitrag und dem Zitat herstellen. Das Zitat muss sich immer direkt auf Ihr Thema beziehen.

  BEISPIEL

  Ein Zitat aus einem Zeitungsartikel, das Ihre Argumente unterstützt.

- **Kurzer Textausschnitt oder Bild**

  Die Länge muss dem Zweck entsprechen. In einem wissenschaftlichen Artikel dürfen Zitate länger sein als in einem Social-Media-Beitrag. Erlaubt ist nur, was für die eigene Aussage notwendig ist. Ergänzungen und Hervorhebungen (zum Beispiel Pfeile oder Kreise auf einem Bild) sind nur erlaubt, wenn sie für Ihre Erklärung notwendig sind.

  Wenn Sie einfach ein Zitat auf Ihrem Social-Media-Profil veröffentlichen, weil Sie es schön finden, ist das nicht von der Zitierfreiheit gedeckt. In diesem Fall müssen Sie gegebenenfalls die Einwilligung des Urhebers einholen.

- **Keine Veränderung des Originals**

  Ein Zitat muss immer genau so wiedergegeben werden, wie es ursprünglich veröffentlicht wurde (§ 62 UrhG). Beim Bildzitat dürfen keine Farbänderungen, keine Ausschnitte verwendet werden. Sie müssen sich inhaltlich mit dem Bild auseinandersetzen, nicht nur zur Dekoration verwenden.

  Bloße Verlinkungen sind keine Zitate: Ein Link auf einen fremden Text oder ein Bild ist kein Zitat und muss daher auch nicht den Zitierregeln entsprechen.

- **Pflicht zur Quellenangabe:** Sie müssen immer den Namen des Urhebers und – wenn möglich – die Quelle angeben (§ 63 UrhG). Ein bloßer Link reicht oft nicht aus, da er verschwinden könnte.

Zitieren ist erlaubt, aber nicht wahllos. Sie müssen sich aktiv mit dem fremden Werk auseinandersetzen, es als Beleg für Ihre eigene Aussage nutzen und stets den Urheber nennen. Andernfalls kann Ihre Nutzung eine Urheberrechtsverletzung sein.

Private Chats veröffentlichen? Vorsicht ist geboten!

Direktnachrichten (DMs) und Messenger-Chats werden in Ihr Postfach auf Ihrem Social-Media-Account gesendet. Sie sind nicht öffentlich. Das bedeutet, dass Sie nicht einfach Screenshots oder Kopien davon in Ihrem Feed veröffentlichen dürfen.

Bevor Sie einen Chat veröffentlichen, stellen Sie sich diese Fragen:

- **Worum geht es in der Nachricht?**

  Handelt es sich um private oder intime Inhalte? Dann sollten Sie den Chat nicht veröffentlichen, um die Privatsphäre der beteiligten Personen zu schützen.

- **Gibt es ein öffentliches Interesse?**

  Wenn es sich um ein Thema handelt, das viele Menschen betrifft, kann eine Veröffentlichung gerechtfertigt sein – aber nur mit der Zustimmung des Absenders. Klären Sie vorher, ob und wie Sie den Chat teilen dürfen.

- **Müssen Sie sich verteidigen?**

  Falls Ihnen jemand öffentlich etwas vorwirft, dürfen Sie sich mit Beweisen aus dem Chat verteidigen. Achten Sie jedoch darauf, nur das Nötigste zu teilen.

- **Was ist Ihr Ziel?**

  Wollen Sie mit der Veröffentlichung nur Druck ausüben oder jemandem schaden? Dann lassen Sie es lieber bleiben – das könnte rechtliche Konsequenzen haben.

Stimme und gesprochene Worte sind besonders geschützt!

Die Stimme einer Person gehört zum allgemeinen Persönlichkeitsrecht. Sie dürfen Sprachnachrichten oder Aufnahmen daher nicht ohne Zustimmung veröffentlichen – weder im Original noch nachgesprochen oder verzerrt.

Wer dennoch private Chats oder Sprachnachrichten ohne Erlaubnis teilt, riskiert hohe Strafen – in manchen Fällen bis zu 10.000 Euro. Deshalb: Denken Sie lieber zweimal nach, bevor Sie einen privaten Chat öffentlich machen!

IN DIESEM KAPITEL

Lizenzfreie und lizenzpflichtige Bilder aus dem Social Web

Das Recht am eigenen Bild – warum es wichtig ist

Kapitel 6

Ein Bild sagte mehr … Bilder nutzen

Bilder, Videos – in der digitalen Welt sind sie nur einen Klick entfernt und verleihen jedem Post oder jeder Kampagne den letzten Schliff. Doch so einfach, wie das Beschaffen von Inhalten scheint, ist es rechtlich oft nicht. Vielleicht denken Sie: »Lizenzfrei bedeutet, ich kann alles machen, was ich will.« Falsch gedacht! Die Lizenzpflicht schlägt oft genau dann zu, wenn Sie es am wenigsten erwarten – und mit ihr drohen teure Abmahnungen oder Rechtsstreitigkeiten.

Lizenzfreie und lizenzpflichtige Bilder aus dem Social Web

Viele Bilderplattformen und Bildagenturen, vor allem aus den USA und England, werben mit »lizenzfreien« Bildern.

Doch Vorsicht: »lizenzfrei« bedeutet nicht, dass das Bild völlig ohne Erlaubnis nutzbar ist!

Verwechseln Sie nicht »lizenzfrei« mit »lizenzgebührenfrei«. Der englische Begriff *royalty free* wird häufig falsch als »lizenzfrei« übersetzt, meint aber nur, dass keine zusätzlichen Gebühren pro Nutzung anfallen. Das Bild bleibt trotzdem rechtlich geschützt, und Sie brauchen eine Lizenz von der Bildagentur, um es nutzen zu dürfen – auch wenn diese kostenlos ist.

Wann Bilder wirklich frei nutzbar sind:

- **Gemeinfreie Bilder (»public domain«)**

  Das sind Bilder, die tatsächlich keiner Lizenz mehr bedürfen. Das bedeutet, dass sie von allen frei genutzt werden dürfen – ohne Einschränkungen. In Deutschland passiert das aber erst 70 Jahre nach dem Tod des Urhebers.

- **Das Schutzrecht ist abgelaufen.**

  Einige spezielle Schutzrechte, wie Fotorechte oder Filmherstellerrechte, laufen schon 50 Jahre nach der Veröffentlichung ab. Dann dürfen die Werke ebenfalls frei verwendet werden.

Creative Commons Lizenzen

Creative Commons (CC)-Lizenzen sind von einer gemeinnützigen Organisation bereitgestellte, vorgefertigte Standardverträge, die es Urhebern ermöglichen, ihre Werke kostenlos zur Nutzung anzubieten. Das bedeutet: Ein Urheber kann entscheiden, dass andere sein Werk – zum Beispiel Bilder, Texte, Musik oder Videos – unter bestimmten Bedingungen nutzen dürfen – ohne dafür bezahlen zu müssen.

Wenn Sie als Nutzer ein Werk unter einer CC-Lizenz verwenden, müssen Sie sich an die festgelegten Regeln halten. Werden zum Beispiel im Lizenzvertrag »Credits« (also ein Hinweis auf den Urheber) verlangt, müssen Sie diesen Hinweis genau so umsetzen, wie es in der Lizenz steht. Wenn Sie diese Regeln nicht einhalten, riskieren Sie, dass Sie Ihre Nutzungsrechte verlieren. Das kann dazu führen, dass Sie sogar Schadensersatz zahlen müssen und alle Beiträge, in denen das Werk genutzt wurde, löschen müssen (sogenannte »Heimfallklausel«).

Wenn die CC-Lizenz die Nennung des Urhebers auf dem Bild verlangt, dürfen Sie die Urhebernennung nicht einfach nur in der Bildbeschreibung (Caption) unterbringen.

Es gibt verschiedene *CC-Lizenzen*, die unterschiedlich viel erlauben:

1. **CC BY** – Nutzung erlaubt, aber Sie müssen den Urheber nennen.
2. **CC BY-SA** – Nutzung erlaubt, aber bei Änderungen muss die neue Version wieder unter der gleichen Lizenz veröffentlicht werden.
3. **CC BY-ND** – Nutzung erlaubt, aber das Werk darf nicht verändert werden.
4. **CC BY-NC** – Nutzung erlaubt, aber nicht für kommerzielle Zwecke.
5. **CC0** – Sie können es nutzen, wie Sie es möchten, ohne den Urheber zu nennen.

Was Sie genau mit CC-lizenzierten Werken machen dürfen, sollten Sie in den Musterverträgen nachlesen (zuletzt abgerufen September 2024):

- `https://creativecommons.org/licenses/by/4.0/legalcode.de`
- `https://creativecommons.org/licenses/by-nc/4.0/legalcode.de`

- `https://creativecommons.org/licenses/by-nc-sa/4.0/legalcode.de`
- `https://creativecommons.org/licenses/by-nd/4.0/legalcode.de`
- `https://creativecommons.org/licenses/by-nc-nd/4.0/legalcode.de`
  `https://creativecommons.org/licenses/by-sa/4.0/legalcode.de`

Bevor Sie ein CC-lizenziertes Werk nutzen, schauen Sie genau, welche Bedingungen gelten!

Panoramafreiheit: Wann Sie Fotos und Videos frei nutzen dürfen

Wenn Sie ein Kunstwerk oder denkmalgeschützte Gebäude fotografieren, filmen oder zeichnen und in sozialen Medien veröffentlichen möchten, brauchen Sie in vielen Fällen keine Erlaubnis des Urhebers. Das nennt man *Panoramafreiheit* (§ 59 UrhG).

Was ist erlaubt?

- **Dauerhaft im öffentlichen Raum befindliche Kunstwerke sind okay.**

  Sie dürfen Sie ohne Lizenz fotografieren, zeichnen, filmen und zu jedem beliebigen Zweck, also auch für kommerzielle Zwecke in Social Media teilen und nutzen. Das gilt zum Beispiel für Statuen oder Skulpturen, die »sich bleibend im öffentlichen Raum befinden«, wie der Jurist sagt, also zum Beispiel in einem Park zu sehen sind.

- **Bauwerke und denkmalgeschützte Gebäude**

  Wenn sie mit ihrer Fassade an einer öffentlichen Straße oder einem öffentlichen Platz stehen, dürfen Sie ohne eine Lizenz fotografieren, teilen und zu beliebigen Zwecken nutzen.

Wo gibt es Einschränkungen?

- **Vorübergehende Kunstwerke sind geschützt.**

  Befindet sich ein Kunstwerk nur für eine begrenzte Zeit an einem öffentlichen Ort (zum Beispiel eine Ausstellung oder eine temporäre Installation), dürfen Sie es nicht einfach fotografieren und veröffentlichen.

BEISPIEL

Die berühmte Verhüllung des Berliner Reichstags durch den Künstler Christo.

- **Keine Aufnahmen von nicht-öffentlich zugänglichen Teilen eines Gebäudes.**

  Ein Innenhof, ein Privatgarten oder die Rückseite eines Gebäudes, die nicht von einer öffentlichen Straße oder einem öffentlichen Platz zu sehen sind, fällt nicht unter die Panoramafreiheit.

BEISPIEL

Das Hundertwasser-Haus in Wien steht dauerhaft an einer öffentlichen Straße. Trotzdem dürfen Sie es nicht von einem oberen Stockwerk eines gegenüberliegenden Hauses aus fotografieren und die Fotografie dann vervielfältigen. (Urteil des Bundesgerichtshofs vom 06.06.2003, Aktenzeichen: I ZR 192/00).

- **Luftaufnahmen sind nicht erlaubt.**

  Wenn Sie mit einer Drohne Kunstwerke oder Gebäude aus der Luft fotografieren, filmen und veröffentlichen wollen, benötigen Sie eine Erlaubnis. Diese Regel wurde 2024 vom Bundesgerichtshof bestätigt (BGH-Urteil vom 23.10.2024 – Aktenzeichen I ZR 67/23).

Solange sich ein Kunstwerk oder Gebäude dauerhaft im öffentlichen Raum befindet und von öffentlichen Wegen aus sichtbar ist, dürfen Sie es frei fotografieren und teilen. Doch es gibt Ausnahmen – insbesondere bei temporären Kunstwerken, privaten Bereichen oder Luftaufnahmen. Achten Sie darauf, um rechtliche Probleme zu vermeiden!

Stockfotos richtig nutzen: So vermeiden Sie rechtliche Fallstricke

Stockfotos sind eine einfache und kostengünstige Möglichkeit, Beiträge oder Werbematerialien ansprechend zu gestalten. Doch Vorsicht: Die Nutzung dieser Bilder ist an bestimmte Lizenzbedingungen der jeweiligen Stock-Plattform gebunden. Wer die Lizenzbedingungen nicht genau beachtet, riskiert Abmahnungen, hohe Geldstrafen oder sogar rechtliche Auseinandersetzungen.

Hier lernen Sie, wann ein Bildnachweis erforderlich ist und welche Fehler Sie unbedingt vermeiden sollten. So nutzen Sie Stockbilder rechtssicher und ohne böse Überraschungen!

Stockfoto-Lizenzen: Welche es gibt und worauf Sie achten müssen

Stockfoto-Plattformen sind Datenbanken, die eine riesige Auswahl an vorgefertigten Bildern anbieten, die Sie für Social Media oder andere Zwecke nutzen können. Doch nicht jedes Bild ist automatisch »frei verfügbar« – einige wichtige Regeln sollten Sie kennen!

Diese Fotos, Bilder, Grafiken, und Elemente sind urheberrechtlich geschützt, ebenso wie die Datenbank selbst (»Datenbankwerke«, §§ 87a–87e UrhG).

Die Lizenzen einer Stockfoto-Plattform werden meistens in zwei Hauptkategorien unterteilt:

- **Royalty-Free (RF): »Lizenzfrei« (aber nicht kostenlos!)**
  - Häufigste Lizenzart: Einmal bezahlen, dann mehrfach verwenden (ohne zusätzliche Gebühren).
  - Einschränkungen möglich (zum Beispiel keine Weitergabe, keine Verwendung für Logos).

BEISPIEL Shutterstock Standard-Lizenz, Adobe Stock Standard-Lizenz.

✔ **Rights-Managed (RM): »Lizenzpflichtig«**

- Eingeschränkte Nutzung, oft nach Zeit, Ort oder Medium festgelegt,
- Preis abhängig von Verwendungszweck (zum Beispiel Print vs. online),
- Exklusivrechte möglich (niemand anderes darf das Bild nutzen).

BEISPIEL Getty Images Rights-Managed-Lizenz.

✔ **Weitere Sonderlizenzen**

- **Editorial Use Only:** Nur für redaktionelle Zwecke (keine Werbung),
- **Extended License:** erlaubt mehr Nutzungsmöglichkeiten (zum Beispiel Merchandise, große Auflagen),
- **Creative Commons (CC):** Manche Plattformen bieten kostenlose Bilder mit Bedingungen (zum Beispiel Namensnennung), keine Weiterverbreitung oder Verkauf als eigenständige Datei, keine irreführende Verwendung (zum Beispiel als offizielles Markenlogo).

BEISPIEL Canva Free Content License, Pixabay License, Pexels License.

Oft gibt es Ausnahmen für Marken, Logos oder erkennbare Personen – immer die Lizenzbedingungen prüfen!

Nennung des Fotografen oder Urhebers:

Namensnennung kann für das Stockfoto Pflicht sein! Viele Stockfoto-Portale verlangen in ihren Nutzungsbedingungen, dass der Urheber eines Bildes (also der Fotograf und Urheber) unter seinem angegebenen Namen explizit genannt wird – oft als »Credit« direkt unter dem Bild.

Lesen Sie immer die Lizenzbedingungen der Plattform, bevor Sie Bilder nutzen: Manche Microstock-Portale (zum Beispiel »Shutterstock«, »Adobe Stock«) verlangen vielleicht die Urhebernennung nicht (etwa weil diese darauf gegenüber den Stockportalen wirksam verzichtet haben, OLG Frankfurt a. M. Urteil vom 29.09.2022, Aktenzeichen: 11 U 95/21), wollen aber, dass das Stock-Portal als Bildquelle genannt wird.

Jede Plattform hat ihre eigenen Lizenzbedingungen – lesen Sie also genau nach, bevor Sie ein Bild nutzen!

Redaktionelle vs. kommerzielle Verwendung

Bevor Sie ein Bild aus einer Stockfoto-Datenbank auf Social Media hochladen, sollten Sie genau prüfen, ob die Plattform den Upload für kommerzielle Zwecke erlaubt. Nicht alle Bilder dürfen uneingeschränkt genutzt werden!

Viele Bilddatenbanken bieten Fotos nur für die redaktionelle Nutzung an. Das bedeutet:

- ✔ **Erlaubt:** Nutzung zur Information oder Meinungsbildung, zum Beispiel in einem Blogbeitrag oder einem journalistischen Artikel.
- ✔ **Nicht erlaubt:** Bearbeitung des Bildes oder Verwendung für Werbung oder gewerbliche Zwecke.

Checkliste: Dürfen Sie das Stockbild nutzen?

- ✔ Verwenden Sie das Bild zur Information und Meinungsbildung Ihrer Nutzer?
- ✔ Nutzen Sie das Bild, um ein Produkt oder eine Dienstleistung zu bewerben?

Wenn Sie die erste Frage mit »Ja« und die zweite mit »Nein« beantworten, ist die redaktionelle Nutzung erlaubt.

Je mehr informative Inhalte Sie in Ihrer Bildbeschreibung (Caption) liefern, desto eher wird das Bild als redaktionell eingestuft und korrekt verwendet.

Selfies und Schnappschüsse: So vermeiden Sie teure Lizenzprobleme

Wenn Sie Selfies, Handy-Fotos oder Schnappschüsse von Freunden oder anderen aus dem Social Web auf Ihrem Profil teilen möchten, müssen Sie darauf achten, dass Sie dazu die Erlaubnis des Fotografen haben. Auch wenn es oft so aussieht, als wären diese Fotos einfach und wenig kreativ, schützt das Gesetz jeden, der ein Foto macht – das nennt man den *Lichtbildschutz* oder *Leistungsschutzrecht.*

Das bedeutet:

- ✔ **Erlaubnis einholen**

  Bevor Sie ein Foto, das jemand anderes gemacht hat, wiederveröffentlichen oder kopieren (»Copy & Paste«), müssen Sie sicherstellen, dass der Urheber zustimmt.

- ✔ **Rechtliche Risiken vermeiden**

  Werden Fotos ohne Erlaubnis genutzt, kann das teuer werden – Sie riskieren Schadensersatzforderungen und müssen ziemlich sicher den Beitrag löschen.

- **Unterschied zwischen Lichtbildern und Lichtbildwerken verstehen**

  Digitale Fotos können als einfache Lichtbilder gelten (§ 72 UrhG), bei denen die technische Leistung (das Auslösen der Kamera) geschützt ist, oder als Lichtbildwerke (§ 2 Abs. 1 Nr. 5 UrhG), wenn durch Komposition, Licht oder Perspektive ein kreativer Anteil vorhanden ist.

Bevor Sie Fotos, die nicht von Ihnen stammen, auf Social Media hochladen, holen Sie immer die Zustimmung des Fotografen ein, um rechtliche Probleme zu vermeiden. So können Sie Ihre Inhalte sicher und ohne böse Überraschungen teilen.

Reproduktionsfotografien: Was Sie beachten sollten

Wenn Sie selbst Fotos von gemeinfreien Kunstwerken machen – zum Beispiel von nichtmusealen Originalen (zum Beispiel private Sammlung), bei der der Urheberschutz längst abgelaufen ist – dürfen Sie diese Fotos im Social Web digitalisieren, nutzen und veröffentlichen.

Aber Vorsicht bei der Nutzung von Fotos aus einer Museumsausstellung:

- **Hausrecht in Museen**

  Museen haben das Recht, Foto- und Nutzungsregeln für ihre Ausstellungen festzulegen. Oft verbieten sie die kommerzielle Nutzung von selbst gemachten Fotos oder verlangen eine spezielle Genehmigung.

- **Reproduktion und Sammlungen**

  Das Museum hat unter Umständen eigene Schutzrechte (zum Beispiel Lichtbildschutz nach § 72 UrhG), wenn es neue Fotografien, Reproduktionen in 3D oder Restaurierung an ausgestellten Werken vornimmt. Manche Museen erteilen kostenpflichtige Lizenzen für die kommerzielle Nutzung von Bildern ihrer Exponate.

BEISPIEL

Wenn das Museum ein Foto von einem antiken Gemälde ausstellt, dürfen Sie es nicht einfach fotografieren und vervielfältigen (Landgericht Berlin, Urt. v. 31.05.2016 – 15 O 428/15).

Auch wenn das Kunstwerk selbst gemeinfrei ist, kann die Nutzung von Fotos aus einer Museumsausstellung für kommerzielle Zwecke ohne eine Genehmigung des Museums problematisch sein.

Filmausschnitte richtig nutzen – was Sie beachten müssen

Wenn Sie Ausschnitte aus Filmen, wie Teile von Kino- oder Fernsehfilmen oder sogar Trailer, in Ihren Beiträgen verwenden möchten, müssen Sie zwei Dinge beachten:

1. **Urheberrecht des Schöpfers**

   Derjenige, der den Film gemacht hat, hat Rechte an seinem Werk.

2. **Produktionsschutz der Filmhersteller**

   Das Unternehmen, das den Film produziert und die Bilder auf den Filmstreifen überträgt, hat ebenfalls eigene Rechte, die unabhängig vom Film selbst geschützt sind (§§ 94, 95 UrhG).

3. **Erstveröffentlichungsrecht der Rechteinhaber**

   Sie dürfen Ausschnitte von Filmen, Trailern oder Live-Übertragungen erst hochladen, wenn diese Inhalte durch den Rechteinhaber erstmals öffentlich gezeigt wurden. Bei Live-Sportübertragungen kann der Rechteinhaber verlangen, dass die Inhalte erst nach Ende der Veranstaltung genutzt werden dürfen.

Selbst wenn Sie nur kurze Ausschnitte oder einzelne Bild- und Tonfragmente nutzen – vor allem, wenn es um kommerzielle Zwecke geht – riskieren Sie ohne eine Lizenz rechtliche Probleme und können abgemahnt werden. Der Schutz der Filmhersteller gilt für alle Teile des Films, egal wie klein sie sind (BGH, Urt. v. 06.12.2017 – Aktenzeichen I ZR 186/16).

Bevor Sie Filmausschnitte in Ihren Beiträgen teilen, sollten Sie sich immer vergewissern, dass Sie die nötigen Rechte besitzen, um rechtliche Schwierigkeiten zu vermeiden.

Lizenzen für Presse- oder Zeitungsartikel – was Sie wissen sollten

So vermeiden Sie rechtliche Probleme und respektieren die Rechte der Presseverleger:

- **Presseprivileg**

  Wenn Sie einen veröffentlichten Zeitungs- oder Presseartikel in Ihrem Social-Media-Beitrag nutzen möchten, benötigen Sie eine Lizenz. Presseartikel sind urheberrechtlich geschützt, da sie als verlegerische Leistung gelten (Leistungsschutzrechte der Verleger – §§87 ff. UrhG).

- **Verlagsrechte**

  Die Rechte an einem Artikel liegen beim Verlag. Deshalb dürfen Sie den Artikel nicht einfach kopieren – also nicht abfotografieren, einscannen, einen Screenshot machen, abtippen oder in anderer Form auf Ihrem Profil nochmal veröffentlichen.

- **Quellenangabe**

  Sie dürfen jedoch gern den Artikel verlinken oder kurze Zitate daraus verwenden, solange Sie die Quelle und den Urheber korrekt angeben.

Beachten Sie, dass das Presseprivileg vor allem für Presseverlage gilt. Wenn Sie als Blogger, Unternehmen oder in einem anderen gewerblichen Kontext redaktionelle Beiträge erstellen, gelten die allgemeinen Urheberrechtsbestimmungen.

Das Recht am eigenen Bild – warum es wichtig ist

Social Media lebt von Menschen und ihren Bildern. Fotos von Personen gehören zu den am häufigsten geteilten Inhalten. Ein Klick – und schon ist ein Moment festgehalten: beim Sonnenbaden am Strand, im Büro oder als Redner auf einer Veranstaltung. Dank Smartphones und sozialer Medien kann dieses Bild dann beliebig oft gespeichert, geteilt, repostet, verlinkt, markiert oder sogar als Nachricht verschickt werden.

Doch genau davor schützt das *Recht am eigenen Bild*. Es stellt sicher, dass Sie selbst entscheiden dürfen, ob und wie Ihr Bild veröffentlicht wird. Dieses Recht ist ein wichtiger Teil des allgemeinen Persönlichkeitsrechts und unterliegt klaren gesetzlichen Regeln. So wird sichergestellt, dass niemand ungefragt mit einem Foto in den sozialen Medien und Internet landet.

Portraitaufnahmen: Rechte verstehen und richtig handeln

Es ist wichtig, zwischen dem *Recht am eigenen Bild* und dem *Urheberrecht* zu unterscheiden.

- ✔ Das **Recht am eigenen Bild** regelt, ob und wie ein Bild, auf dem eine Person zu sehen ist, veröffentlicht werden darf.
- ✔ Das **Urheberrecht** betrifft hingegen das Foto selbst – also das Werk, das Sie als Fotograf geschaffen haben.

Wenn Sie ein Foto aufnehmen, besitzen Sie als Fotograf das Urheberrecht. Das heißt, Sie haben das Recht an der Erstellung des Bildes. Aber das bedeutet nicht, dass Sie das Foto einfach ohne weitere Erlaubnis in den sozialen Medien veröffentlichen dürfen. Sie müssen immer auch die Zustimmung der abgebildeten Person einholen, sofern keine Ausnahme vorliegt, wie zum Beispiel bei einer Darstellung eines Ereignisses von öffentlichem Interesse.

Nehmen Sie zum Beispiel ein Foto von jemandem auf einer privaten Party. In diesem Fall brauchen Sie unbedingt die ausdrückliche Erlaubnis der Person, bevor Sie das Bild online stellen (§ 22 Kunsturhebergesetz – KUG). Und denken Sie daran: Es ist strafbar, heimlich Fotos zu machen – etwa durch ein Fenster – und diese dann zu veröffentlichen (§ 201a StGB).

Auch wenn es um Fotos Ihrer minderjährigen Kinder geht, müssen Sie darauf achten, dass Sie die Zustimmung des anderen Elternteils haben, bevor Sie die Bilder in den sozialen Medien teilen.

So vermeiden Sie rechtliche Probleme und respektieren das Recht am eigenen Bild

- **Recht am eigenen Bild**

  Holen Sie die Zustimmung der abgebildeten Person ein, auch wenn Sie das Foto selbst aufgenommen haben (§ 22 KUG).

- **Fotos von privaten Veranstaltungen**

  Beispielsweise bei einer Party brauchen Sie die ausdrückliche Zustimmung der abgebildeten Person, bevor Sie es online teilen.

- **Geheimfotografie ist strafbar.**

  Das heimliche Fotografieren von Personen (zum Beispiel durch ein Fenster) und die anschließende Veröffentlichung ist gesetzlich verboten und kann strafrechtlich verfolgt werden (§ 201a StGB).

- **Besondere Regelungen für Minderjährige**

  Beim Teilen von Fotos, auf denen minderjährige Kinder zu sehen sind, ist zusätzlich die Zustimmung der Eltern (beziehungsweise des anderen Elternteils) erforderlich.

Gruppenfotos in Social Media – was Sie beachten sollten

Viele denken fälschlicherweise, dass sie für ein Gruppenfoto, auf dem mehrere Personen zu sehen sind, keine Erlaubnis zur Veröffentlichung benötigen. Doch das stimmt so nicht! Wenn Sie ein Foto hochladen, auf dem Personen klar erkennbar sind, müssen Sie jede einzelne Person um ihre Zustimmung fragen. Dies gilt unabhängig davon, ob es sich um einen spontanen Schnappschuss oder ein sorgfältig inszeniertes Gruppenfoto handelt.

Bevor Sie ein Gruppenfoto in den sozialen Medien veröffentlichen, sollten Sie sich fragen:

- Könnte jemand anhand individueller Merkmale wie Gesicht, Frisur, Kleidung oder sogar einem Tattoo identifiziert werden?
- Würde ein Bekannter sagen: »Hey, bin das nicht ich oder ist das nicht jemand, den ich kenne?«

Falls ja, holen Sie besser vor dem Upload die Zustimmung der abgebildeten Personen ein. Selbst ein scheinbar unscharfes Bild, das dennoch Erkennungsmerkmale zeigt, kann das Persönlichkeitsrecht verletzen.

Sollten Sie selbst auf einem Gruppenfoto erscheinen, das ohne Ihre Einwilligung veröffentlicht wurde, können Sie verlangen, dass dieses Bild entfernt wird – Ihr Persönlichkeitsrecht und Datenschutz schützen Sie!

Überprüfen Sie jedes Gruppenfoto genau und stellen Sie sicher, dass alle abgebildeten Personen zugestimmt haben, bevor Sie das Foto online stellen. So respektieren Sie die Privatsphäre aller und vermeiden rechtliche Probleme.

Ausnahmen von der Einwilligungspflicht – wann Sie Fotos ohne Zustimmung veröffentlichen dürfen

Es gibt aber auch Fälle, in denen Sie ein Foto, auf dem Personen zu sehen sind, veröffentlichen dürfen, ohne eine Einwilligung einzuholen. Das Gesetz kennt hier einige Ausnahmen, bei denen das erlaubt ist – vor allem, wenn ein öffentliches Interesse besteht.

Doch wann dürfen Sie Fotos ohne ausdrückliche Zustimmung veröffentlichen?

1. **Bilder der Zeitgeschichte**

   Wenn ein Foto ein Ereignis zeigt, das von allgemeinem Interesse ist – wie eine wichtige politische Demonstration, eine Film-Premiere, eine Ausstellung oder ein Konzert –, dürfen Sie es auch ohne die Zustimmung der abgebildeten Personen veröffentlichen. Diese Bilder nennt man *Bildnisse der Zeitgeschichte.* Dabei überwiegt das Informationsinteresse der Öffentlichkeit das Persönlichkeitsrecht der Einzelnen.

2. **Personen als Beiwerk in Landschaftsaufnahmen**

   Wenn Sie ein Landschaftsbild machen und dabei zufällig Personen im Hintergrund zu sehen sind, dürfen Sie das Foto ebenfalls veröffentlichen – solange die Personen nur eine untergeordnete Rolle spielen und die Landschaft im Vordergrund steht. Wichtig ist, dass das Bild seinen Charakter nicht ändert, wenn die Personen nicht da wären.

3. **Fotos von Versammlungen**

   Bilder, die bei öffentlichen Veranstaltungen wie Demonstrationen, Sportveranstaltungen oder anderen großen Zusammenkünften gemacht werden, dürfen auch ohne Einwilligung veröffentlicht werden. Hier gelten die abgebildeten Personen als Teil eines Kollektivs, und das öffentliche Interesse an der Berichterstattung über die Veranstaltung überwiegt.

Auch wenn diese Ausnahmen gelten, bleibt das Persönlichkeitsrecht der Abgebildeten grundsätzlich bestehen (§ 23 Absatz 2 KUG). Das bedeutet, wenn Sie ein Foto verwenden möchten, sollten Sie immer genau prüfen, ob die abgebildeten Personen eindeutig erkennbar sind und ob die Veröffentlichung ihre Privatsphäre verletzen könnte. In solchen Fällen sollten Sie im Zweifel lieber um Erlaubnis fragen oder das Bild entsprechend bearbeiten (zum Beispiel durch Verpixeln).

IN DIESEM KAPITEL

Reels mit Musik – was Sie beachten sollten

Trend-Sounds & O-Töne in Social Media – was ist erlaubt?

Songs covern und live streamen – so bleiben Sie rechtlich sicher

Häufige Abmahngründe bei Videos mit Musik

Kapitel 7
Musik in sozialen Medien

Ob als Hintergrundmusik in Videos, als Sound für Reels oder als Teil eines Live-Streams – Musik spielt in sozialen Medien eine große Rolle. Doch Vorsicht: Nicht jede Nutzung ist automatisch erlaubt! Einige Influencer erhielten Abmahnungen von Plattenlabels wegen der Nutzung von Musik in ihren Videos – oft wurden ihre Inhalte daraufhin gesperrt.

Warum kam es dazu? Die Antwort darauf finden Sie in diesem Kapitel.

Reels mit Musik – was Sie beachten sollten

Social-Media-Plattformen wie Instagram, Facebook, TikTok oder YouTube bieten eine riesige Auswahl an Musik, die Sie direkt in Ihren Videos verwenden können. Über den Musik-Button in der App können Sie mit nur einem Klick Songs bekannter Künstler auswählen und in Ihre Reels, TikToks, YouTube-Videos oder Stories einfügen.

Musik macht Ihre Inhalte lebendiger und unterhaltsamer, aber es gibt auch Regeln, die Sie beachten sollten, um Urheberrechtsverletzungen zu vermeiden.

Audiovisuelle Kurzvideoformate in den gängigen sozialen Medien werden *User generated Reels*, *TikToks* oder *Shorts* genannt.

Richtungsweisend: die Jerusalema-Challenge

Es klang nach einer großartigen Idee: Eine Tanz-Choreografie zu einem bekannten Hit für einen guten Zweck – und dank TikTok sollte die Aktion viral gehen. Im Pandemiejahr 2020 tanzten Krankenschwestern, Ärzte, Feuerwehrleute und Polizisten zum Song »Jerusalema», um in schwierigen Zeiten Hoffnung und Freude zu verbreiten.

Viele der Teilnehmer gingen davon aus, dass TikTok und das Hashtag #JerusalemaChallenge die Nutzung des Songs automatisch erlauben würden. Doch sie täuschten sich – stattdessen erhielten sie Abmahnungen!

Bei der #JerusalemaChallenge wurde übersehen, dass die Urheber und Verlage einem Tanzvideo »zum guten Zweck« nicht zugestimmt hatten. Ob Ihre Musiknutzung in Social Media erlaubt ist, hängt von der Entscheidung der Rechteinhaber ab. Genauer – von den Urhebern, Verwertungsgesellschaften, Plattenlabel und Musikverlagen. Sie können bestimmen, dass Nutzer Musik in ihren Videos ohne ihre Zustimmung nicht für wirtschaftliche Zwecke verwenden dürfen.

Prüfen Sie genau, welche Nutzungsrechte Sie haben – dazu sollten Sie sich mit den Musikrichtlinien der Social-Media-Plattformen auseinandersetzen, um rechtliche Probleme zu vermeiden.

Egal ob Story, Shorts oder Reel: Solange Sie für private Inhalte Musik unterlegen, ist das in der Regel unproblematisch. Die Plattform stellt Ihnen für diese Zwecke eine Reihe von Musikstücken zur audiovisuellen Nutzung bereit.

Diese beiden Bedingungen müssen jedoch immer erfüllt sein:

1. Die Playlist-Musik wird ausschließlich auf der App und innerhalb der App verwendet.
2. Die Playlist-Musik wird nur für private Inhalte genutzt.

In den Musikrichtlinien beispielsweise von Meta und TikTok können Sie die Nutzungsbedingungen für eine audiovisuelle Nutzung nachlesen:

- ✔ `https://www.facebook.com/legal/music_guidelines`
- ✔ `https://www.tiktok.com/legal/page/global/music-terms-eea/de`

Crossposting (Musik beispielsweise von Instagram auf TikTok zu teilen oder umgekehrt) ist nicht gestattet.

Musik auf Social Media: Was ist erlaubt?

Wenn Sie Musik in nutzergenerierten Stories, Reels, Shorts oder Beiträgen auf Plattformen wie Facebook, Instagram, TikTok oder YouTube nutzen, brauchen Sie sich keine Sorgen über die Bezahlung von Lizenzgebühren zu machen. Das liegt an der *lizenzfreien Musik,* die die Social-Media-Plattformen über ihre Anwendungen bereitstellen.

Was bedeutet lizenzfreie Musik?

- **Für Sie als Nutzer**

  Die großen Plattformen haben Verträge abgeschlossen, über die sie Nutzungsrechte für die Musikstücke von Künstlern, Komponisten, Singer-Songwritern und anderen Urhebern erhalten. Das bedeutet, dass Sie als privater Nutzer diese Musik lizenzfrei (also kostenfrei) in Ihren Beiträgen verwenden können – ohne sich extra bei der GEMA oder einem Plattenlabel anmelden oder etwas zahlen zu müssen.

Wenn Sie in Ihrem Ladengeschäft Hintergrundmusik abspielen, ist das eine andere Situation. Hier müssen Sie in der Regel selbst Lizenzgebühren an die GEMA zahlen – denn es handelt sich um eine öffentliche Aufführung in Ihrem Ladengeschäft.

- **Für die Social-Media-Plattformen**

  Anbieter wie Meta (Facebook, Instagram), TikTok und YouTube zahlen pauschale Lizenzgebühren und Tantiemen unter anderem an die GEMA und beispielsweise an »Universal Music«. Dadurch wird den Rechteinhabern (zum Beispiel den Komponisten, Sängern und Songwritern) eine Vergütung für die Online-Nutzung ihrer Musik auf Social Media garantiert.

Wichtige Details zur lizenzfreien Musik auf Social Media:

- **Abgedeckt sind**

  Die nicht-kommerziellen Online-Nutzungsrechte an der von Künstlern, Komponisten, Texter und einiger weiterer Urheber-bereitgestellten Musik, soweit sie zum Beispiel durch die GEMA und gegebenenfalls die Plattenlabel (zum Beispiel der Plattenlabel »Universal Music«) vertreten werden. Die GEMA sorgt dafür, dass diese Urheber für die audiovisuelle Online-Nutzung ihrer Werke auf Social Media bezahlt werden.

- **Nicht abgedeckt sind**

  Die kommerziellen Online-Nutzungsrechte von ausübenden Künstlern und Urhebern, also den Sängern, Musikern (§ 73 UrhG). Diese liegen oft nicht bei den Verwertungsgesellschaften, wie zum Beispiel der GEMA, sondern bei den Plattenlabel und Musikverlagen (§ 85 UrhG).

Sie können als Privatnutzer die lizenzfreie Musik, die in den Playlists der Plattformen angeboten wird, für Ihren Videocontent nutzen, ohne sich bei der GEMA anmelden oder extra bezahlen zu müssen.

Die Untermalung von Videos mit der bereitgestellten Chart-Musik in Social-Media-Videos ist für Privatnutzer also unproblematisch – solange Sie die Musik für ein nutzergeneriertes Video verwenden.

Privatnutzer dürfen Musik aus den Plattform-Playlists für kurze Clips (in der Regel bis zu 15 Sekunden) verwenden.

Haben Sie vor, Musik in einem geschäftlichen Kontext zu nutzen? Dann lohnt sich nochmal ein genauer Blick auf die lizenzfreie Musik der Social-Media-Plattformen!

Was Sie als kommerzieller Nutzer beachten müssen

Sobald Sie einen Beitrag für geschäftliche Zwecke nutzen, gelten andere Nutzungsregeln. Als kommerzieller Inhalt gilt alles, was ein Produkt, eine Dienstleistung oder eine Marke bewirbt oder vermarktet. Dazu zählen unter anderem:

- ✔ Werbe- und Verkaufsbeiträge,
- ✔ Image- oder Branding-Postings,
- ✔ Event-Promotionen,
- ✔ Musikvideos von Influencern oder YouTubern (wie »Let's Player«), bei denen mit der Veröffentlichung Einnahmen erzielt werden.

Die Nutzungsbedingungen großer Social-Media-Plattformen wie Meta, Google und Bytedance schließen oft ausdrücklich die kommerzielle Nutzung in ihren Musikrichtlinien aus. Beispielsweise ist die Chart-Playlist für Werbeanzeigen in der Instagram-App gar nicht verfügbar. Wenn Sie also trotzdem Musik aus solchen Playlists für ihr kommerzielles Video verwenden, könnte das zum rechtlichen Problem werden.

Welche Lizenzen brauchen Sie?

Sie dürfen die lizenzfreie Musik auf Social Media mit Ihren nutzergenerierten Bild- und Videoinhalten verbinden. Wenn Sie aber diese Musik in einem kommerziellen Video verwenden wollen, das Sie zum Beispiel über Werbung monetarisieren oder als Influencer veröffentlichen, müssen Sie eine gesonderte Lizenz zur *Filmherstellung* und/oder *Synchronisation* einholen.

- ✔ **Synchronisationsrecht**

  Bezieht sich auf die Erlaubnis, ein Musikstück mit bewegten Bildern zu kombinieren (zum Beispiel für Filme, Serien, Werbespots, YouTube-Videos). Dafür müssen Sie vom Rechteinhaber des Musikstücks (zum Beispiel Komponist, Verlag) eine gesonderte Lizenz einholen. Gilt unabhängig davon, ob es sich um ein Originalstück oder eine Coverversion handelt.

- ✔ **Filmherstellungsrecht der Plattenlabels**

  Bezieht sich auf die Nutzung einer bestimmten Tonaufnahme (Master) in einem audiovisuellen Werk. Diese liegt beim Plattenlabel, das die Aufnahme produziert hat. Wird oft als »Master Use License« bezeichnet und muss separat erworben werden.

Plattenlabels können rechtliche Schritte einleiten, wenn ihre Rechte verletzt werden. Daher ist es wichtig, dass Sie als kommerzieller Nutzer immer die nötigen Lizenzen einholen, um Abmahnungen und rechtliche Konsequenzen zu vermeiden.

Kommerzielle Inhalte (zum Beispiel durch Werbung monetisierte Videos) benötigen eine kommerzielle Onlinenutzungs- und Filmherstellungslizenz für die Musiknutzung in Social Media. Diese Lizenzen erhalten Sie von den Plattenlabels, Musikverlagen – den Rechteinhabern der Musikaufnahmen. Ohne die erforderlichen Rechte riskieren Sie rechtliche Konsequenzen, da die Vermarktungs- und Aufzeichnungsrechte ausschließlich den Tonträgerherstellern zustehen.

Kommerzielle Musikbibliotheken für Social Media – das müssen Sie wissen

Darüber hinaus bieten die großen Social-Media-Plattformen auch oft selbst lizenzfreie Musik für eine kommerzielle und audiovisuelle Nutzung an. Beispiele sind:

✔ **Meta Sound Collection**

Sie bietet eine umfangreiche Bibliothek von lizenzfreien Musikstücken und Soundeffekten, die speziell für die Verwendung in Videos auf Facebook und Instagram konzipiert sind. Allerdings enthält diese Sammlung keine aktuellen Pop- oder Chart-Hits. Stattdessen umfasst sie eine Vielzahl von Genres und Stilen, die von unabhängigen Künstlern und Produzenten stammen.

`https://www.facebook.com/sound/collection/terms`

✔ **TikTok Commercial Music Library (CML)**

Sie bietet eine Sammlung von vorab freigegebener Musik für kommerzielle Inhalte an. Auch die CML enthält keine aktuellen Chart-Hits oder populären Mainstream-Songs. Stattdessen konzentriert sie sich auf Musik von aufstrebenden Künstlern. Um die verfügbaren Songs zu durchsuchen und die passende Musik für Ihre Inhalte zu finden, besuchen Sie `https://ads.tiktok.com/business/creativecenter/music/pc/en`

So sichern Sie sich bei der Nutzung kommerzieller Musikbibliotheken rechtlich ab

Wenn Sie Musik in Ihren Inhalten verwenden, müssen Sie immer nachweisen können, dass Sie zur kommerziellen Nutzung der Musikstücke berechtigt waren. Beachten Sie daher bei der Nutzung von Songs aus den Musikbibliotheken der Social-Media-Plattformen folgende Schritte:

- ✔ Notieren Sie sich den Anbieter, den Namen der Musikbibliothek sowie das Datum des Downloads und Uploads.
- ✔ Sichern Sie die Nutzungsbedingungen beziehungsweise Lizenzbedingungen zum Zeitpunkt des Downloads (zum Beispiel als PDF oder Screenshot).

- ✔ Erstellen Sie einen Screenshot der Benutzeroberfläche der Musikbibliothek der Plattform samt des darin enthaltenen, gewählten Musiktitels.
- ✔ Geben Sie den Urheber korrekt an: Nennen Sie den genauen Titel und den Künstler/Urheber sichtbar im Posting (meist unterhalb des Benutzernamens im Post angegeben).

So sind Sie im Falle einer Prüfung abgesichert und können nachweisen, dass Sie die Musik rechtskonform verwenden.

GEMA-freie Musik – Das müssen Sie wissen

Wenn Sie GEMA-freie Musik aus dem Internet für Ihre Videos verwenden möchten, ist das grundsätzlich möglich. Doch Vorsicht: »GEMA-frei« bedeutet nicht automatisch, dass die Musik völlig frei von Rechten ist.

Wichtiger Unterschied:

- ✔ **GEMA-freie Musik**

  Sie müssen keine Lizenzgebühren an die GEMA zahlen, aber es können trotzdem Nutzungsbedingungen gelten.

- ✔ **Gemeinfreie Musik**

  Diese Musik ist für jedermann frei nutzbar, weil der Urheberschutz oder andere Schutzrechte abgelaufen sind.

Bevor Sie Musik in Ihrem Video verwenden, prüfen Sie unbedingt:

- ✔ **Sind alle Rechte geklärt?**

  Neben dem Urheberrecht gibt es oft weitere Rechte, zum Beispiel von Sängern oder Musikverlagen. Diese müssen gegebenenfalls separat genehmigt werden.

- ✔ **Darf die Musik kommerziell genutzt werden?**

  Manche Tracks sind nur für private Inhalte freigegeben.

- ✔ **Ist die Nutzung für Film & Social Media erlaubt**?

  Achten Sie auf die Bedingungen zur kommerziellen Online-Nutzung und der kommerziellen Filmherstellung, damit Ihr Video rechtlich abgesichert ist.

Lesen Sie die Lizenzbestimmungen genau und sichern Sie sich Nachweise, falls Sie eine Erlaubnis benötigen. So vermeiden Sie Urheberrechtsverletzungen und mögliche Abmahnungen.

Finger weg vom Stream-Ripping!

Vielleicht haben Sie schon einmal von *Stream-Ripping* gehört – einer Methode, um Musik von Streaming-Plattformen wie YouTube oder Twitch herunterzuladen und zu speichern. Klingt praktisch? Ist aber verboten!

Mit spezieller Software kann Musik aus Streams kopiert und auf dem eigenen Computer gespeichert werden. Doch dabei handelt es sich um einen klaren Verstoß gegen das Urheberrecht. Diese Form der »geklauten Musik« ist nicht nur rechtswidrig, sondern kann auch strafrechtliche Konsequenzen haben.

Ein weit verbreiteter Irrtum: Nur weil ein Musik-Stream frei zugänglich ist, bedeutet das nicht, dass man die Musik einfach herunterladen und weiterverwenden darf. Ohne Erlaubnis der Rechteinhaber haben Sie weder das Recht, die Musik online zu nutzen noch sie für Videos oder Reels zu bearbeiten. Besonders teuer kann es werden, wenn Sie illegal heruntergeladene Musik in Social Media veröffentlichen.

Zudem wird beim Stream-Ripping oft der Kopierschutz umgangen, um die Musik zu speichern – ein weiterer klarer Gesetzesverstoß.

Trend-Sounds und O-Töne in Social Media – was ist erlaubt?

O-Töne und Trendsounds sind aus Social Media nicht mehr wegzudenken – sie machen Videos unterhaltsamer und sorgen dafür, dass Beiträge viral gehen. Doch bevor Sie einen beliebten Sound in Ihrem Beitrag nutzen, sollten Sie die rechtlichen Regeln kennen.

Trendsounds

Für Privatnutzer ist es völlig unproblematisch, einen Trendsound in einem Reel oder Video zu verwenden. Sie können Sounds aus der Musikbibliothek auf Social Media nutzen, ohne sich um rechtliche Fragen zu sorgen.

Für kommerzielle Nutzer ist Vorsicht geboten! Wenn Sie Trendsounds für Werbung, Marketing oder sonstige geschäftliche Zwecke verwenden, sollten Sie genau prüfen, ob Sie alle Nutzungsrechte dafür haben.

Warum ist das wichtig?

- Viele Sounds, Klingeltöne oder sogar Telefonmelodien sind urheberrechtlich geschützt.
- Auch kurze Soundschnipsel können in Verbindung mit spezieller Rhythmik, Melodie oder durch das Arrangement geschützt sein – unabhängig von ihrer Länge.

Der BGH (»Goldrapper«-Urteil, vom 16.04.2015, Aktenzeichen. I ZR 225/12) hat entschieden, dass selbst die Anordnung kleinster Musikelemente urheberrechtlich geschützt sein können.

Stellen Sie sicher, dass der verwendete Trendsound für kommerzielle Zwecke freigegeben ist. Im Zweifelsfall nutzen Sie lieber die speziell für kommerzielle Zwecke freigegebenen Sounds aus den Musikbibliotheken der Plattformen.

O-Töne

Ein »O-Ton« in sozialen Medien ist ein kurzer Audio-Clip – zum Beispiel eine berühmte Filmszene, ein Satz eines Prominenten oder ein witziger Spruch eines anderen Nutzers aus einem Video.

Vorsicht bei der Nutzung!

- Ein O-Ton kann urheberrechtlich geschützt sein, wenn er aus einem Film, Lied oder einer anderen rechtlich geschützten Produktion stammt.
- Auch die Stimme eines Menschen ist rechtlich geschützt. Das bedeutet: Sie dürfen den O-Ton einer anderen Person nicht einfach für kommerzielle Zwecke nutzen.
- Schauspieler, Musiker oder Sprecher haben besondere Rechte an ihren Aufnahmen (§ 73 UrhG).

Nutzen Sie O-Töne anderer nur, wenn sie ausdrücklich zur freien Verwendung freigegeben wurden. Im kommerziellen Kontext sollten Sie vorher die Erlaubnis einholen, um rechtliche Folgen zu vermeiden.

Songs covern und live streamen – so bleiben Sie rechtlich sicher

Wenn Sie einen Song in Ihren Social-Media-Videos nachspielen oder live streamen möchten, müssen Sie die Regeln des Urheberrechts beachten. Schon kleine Änderungen am Text, der Melodie oder Instrumentierung können bedeuten, dass Sie die Erlaubnis des Urhebers benötigen. In diesem Kapitel erklären wir Ihnen Schritt für Schritt, was Sie bei Coversongs und Live-Streaming mit Musik beachten müssen, damit Sie Ihre kreativen Ideen legal umsetzen können.

Songs covern auf Social Media – was Sie beachten müssen

Ein Cover bedeutet strenggenommen, dass Sie einen Song exakt so wiedergeben, wie er im Original ist. Wenn Sie jedoch Änderungen am Text, an der Melodie, Instrumentierung, Songstruktur oder dem Rhythmus vornehmen und der ursprüngliche Song dennoch erkennbar bleibt, handelt es sich um eine Bearbeitung. Für solche Bearbeitungen benötigen Sie grundsätzlich die ausdrückliche Erlaubnis des Urhebers (§ 23 UrhG) – und oft auch die Zustimmung des Plattenlabels oder Musikverlags.

Auf Social Media dürfen Sie Songs aus der Playlist nur dann in Form von Memes, Remixes oder Fan-Fiction nachspielen, wenn Sie sie originalgetreu wiedergeben und mit eigenen oder anderen Inhalten kombinieren. Diese spezielle Nutzung fällt unter die Schranken des Urheberrechts und ist ohne zusätzliche Lizenz, zum Beispiel der GEMA, erlaubt – solange Sie nicht kommerziell tätig sind.

Bei kommerziellen Nutzungen von Coversongs gelten jedoch die gleichen Regeln wie bei der kommerziellen und audiovisuellen Verwendung der Originalmusik. Das heißt, Sie brauchen dann das kommerzielle Nutzungsrecht sowie das Bearbeitungsrecht des Plattenlabels und/oder Musikverlags.

Außerdem können Urheber verlangen, dass ihre Werke nicht für bestimmte politische Zwecke genutzt werden. Beispielsweise kann ein Urheber die Löschung eines Beitrags fordern, wenn ein Politiker einen bekannten Song in einem Cover verwendet, um seine politische Botschaft zu verbreiten.

Achten Sie genau darauf, wie Sie Songs covern. Halten Sie sich an die Regeln, holen Sie sich bei Bedarf die erforderlichen Genehmigungen ein und vermeiden Sie so rechtliche Probleme!

Musik in Live-Streams – was Sie wissen müssen

Sie haben eine tolle Idee für ein Live-Format, Ihr Smartphone bereit, eine stabile Internetverbindung und einen Account bei YouTube Live, Facebook Live oder Instagram Live – also einfach auf »Start« klicken? Ganz so einfach ist es leider nicht.

Sobald in Ihrem Live-Stream Musik zu hören ist, kann das rechtliche Konsequenzen haben. Besonders, wenn Sie zum Beispiel eine volle Tanzfläche in einem Club filmen, wird mit hoher Wahrscheinlichkeit geschützte Musik im Hintergrund laufen. Bevor Sie live auf Social Media gehen, sollten Sie deshalb in den Musikrichtlinien prüfen, ob eine Live-Übertragung des Songs von der Social-Media-Plattform gestattet wird. Falls nicht, benötigen Sie eine Lizenz von der GEMA, um die Musik legal nutzen zu dürfen.

Doch damit nicht genug: In manchen Fällen brauchen Sie für Ihr Live-Streaming sogar eine Rundfunklizenz. Das liegt daran, dass Live-Übertragungen dem klassischen Rundfunk ähneln und dafür gelten bestimmte Regeln.

Verwechseln Sie Live-Streaming nicht mit On-Demand-Videos (wie hochgeladene YouTube-Videos) –für Live-Formate können andere gesetzliche Vorgaben gelten.

Wer regelmäßig und zu bestimmten, vorangekündigten Sendezeiten im Rahmen eines Sendeplanes live streamt, sollte sich vorab informieren, ob eine GEMA-Lizenz oder sogar eine Rundfunklizenz erforderlich ist, um rechtliche Probleme zu vermeiden!

Häufige Abmahngründe bei Videos mit Musik

Musik macht Videos lebendiger – aber Vorsicht! Wer Musik in seinen Videos nutzt, ohne die Rechte zu beachten, kann schnell eine Abmahnung erhalten. Hier sind die häufigsten Fehler:

- **Musik ohne Erlaubnis des Urhebers verwenden**

  Jedes Musikstück gehört jemandem – sei es einem Künstler, einem Label oder einem Verlag. Ohne deren Zustimmung dürfen Sie es nicht einfach nutzen.

- **Urheber nicht nennen**

  Wenn ein Musikstück verwendet wird, muss in vielen Fällen der Urheber genannt werden. Fehlt diese Angabe, kann das problematisch werden.

- **Keine Lizenzgebühr zahlen**

  Viele Musikstücke sind lizenzpflichtig. Wird die fällige Gebühr nicht entrichtet, droht eine Abmahnung.

- **Nutzungsrechte überschreiten**

  Selbst, wenn Sie eine Erlaubnis zur Nutzung haben, ist diese oft eingeschränkt – zum Beispiel nur für private Zwecke oder bestimmte Plattformen. Wer darüber hinausgeht, verletzt die Rechte des Urhebers.

- **Filmherstellungsrechte missachten**

  Manche Musik darf nicht einfach mit Videos kombiniert werden. Wenn das Video beispielsweise für kommerzielle Zwecke genutzt wird, sind spezielle Rechte erforderlich.

Nutzen Sie Musik aus offiziellen Quellen, um rechtliche Probleme zu vermeiden!

Musik in Social Media: privater Spaß oder kommerzielle Nutzung?

Bevor Sie ein Video mit Musik auf Instagram oder TikTok posten, sollten Sie sich genau überlegen, ob Ihre Nutzung als privat oder als kommerziell gilt – denn das entscheidet, ob Sie die nötigen Lizenzen haben oder nicht. Social-Media-Plattformen wie TikTok und Instagram können nicht selbst festlegen, was als kommerzielle Nutzung gilt. Das liegt allein im Ermessen der Rechteinhaber, also der Urheber und Musikverlage.

Bevor Sie also ein Musik-Reel veröffentlichen, stellen Sie sich diese Fragen:

- Möchten Sie das Video nur mit Freunden und Bekannten teilen oder verfolgen Sie damit auch kommerzielle Interessen?
- Bekommen Sie eine Entlohnung und fördern Sie direkt ein Produkt oder eine Marke?

Wenn Ihre Antworten auf diese Fragen auf kommerzielle Nutzung hindeuten, sollten Sie lieber auf die Musik aus der Social-Media-Bibliothek verzichten oder sicherstellen, dass Sie die entsprechenden Lizenzen besitzen. So bleiben Sie rechtlich auf der sicheren Seite und vermeiden teure Abmahnungen.

Wenn Sie einen rein privaten Account ohne geschäftlichen oder gewerblichen Bezug nutzen, haften Sie in der Regel nicht für die Musikwiedergabe in Ihren Videos auf Social Media. Achten Sie darauf, dass die verwendete Tonspur (Sound, Melodie) maximal 15 Sekunden dauert und weniger als die Hälfte des Originalsongs ausmacht. Kombinieren Sie die Musik mit Ihrem eigenen Videocontent, gilt die Nutzung als geringfügig – und ist laut Urheberrechts-Diensteanbieter-Gesetz (§§ 9, 10 Nr. 2 UrhDaG) mutmaßlich erlaubt.

Musiknutzung auf Social Media: Macht der Account-Typ einen Unterschied?

Ob Sie Musik auf Social Media nutzen dürfen, hängt nicht nur von Ihrem Account-Typ (privat, Creator oder Business) ab – entscheidend ist, »wie« Sie die Musik einsetzen.

Ein »Influencer-Account« enthält oft persönliche Inhalte. Doch selbst ein Musik-Reel von einer privaten Gartenparty kann als kommerziell gelten, wenn Ihr Kanal ansonsten geschäftliche oder influencer-typische Inhalte zeigt.

Wichtiger als die Account-Bezeichnung ist der *Zweck der Nutzung*:

✔ **Influencer-Inhalte**

Bevor Sie ein Video mit Musik auf Instagram oder TikTok posten, überlegen Sie kurz: Könnte das Musik-Reel mit Ihrem selbst gekauften Pullover oder den geschenkten Ohrringen als gewerblich eingestuft werden?

✔ **Werbe-Kooperation**

Falls Sie, die für private Nutzung freigegebene Chart-Musik aus der Plattform-Bibliothek für Werbung für andere Unternehmen und Marken nutzen, verstoßen Sie gegen die Musikrichtlinien der Social-Media-Plattform und handeln rechtswidrig.

✔ **Werbe-Unternehmen**

Sobald eine Firma Musik in einem Reel oder einer Story nutzt, ist das nicht mehr privat. In diesem Fall verzichten Sie besser auf den Einsatz von Musik aus der allgemeinen Musikbibliothek der Social Media Plattform.

Prüfen Sie immer, ob Ihr Video kommerziell ist – das entscheidet darüber, ob Sie eine spezielle Lizenz benötigen!

IN DIESEM KAPITEL

Künstliche Intelligenz für Content-Erstellung nutzen

Künstliche Intelligenz und Urheberrecht

Widerspruch gegen Text- und Data-Mining

Kapitel 8
Durch künstliche Intelligenz erzeugte Inhalte – alles nur geklaut?

Wer regelmäßig auf Social Media aktiv ist, postet oft neue Inhalte, um Follower zu erreichen und zu unterhalten. Mit *Künstlicher Intelligenz (KI)* wird genau das jetzt einfacher!

Falls Sie neugierig auf KI sind, aber unsicher, wie das Ganze funktioniert – keine Sorge! In diesem Kapitel erhalten Sie einen leicht verständlichen Überblick über den rechtlichen Rahmen für KI bei Ihrer Content-Erstellung für Social Media.

Künstliche Intelligenz für Content Erstellung – so nutzen Sie KI-Systeme sicher

KI wie ChatGPT, Midjourney und ähnliche Systeme können Sie für fast alles einsetzen – ob zum Schreiben von Social-Media-Beiträgen, zum Erstellen von Bildern für Ihre Posts oder zur Erledigung privater und beruflicher Aufgaben.

Diese Tools arbeiten, indem sie auf riesige Datenmengen zugreifen und Texte sowie Bilder erzeugen, die oft kaum von Menschen erstellten Inhalten zu unterscheiden sind. Sie geben dem System einfach eine Wortfolge – einen sogenannten *Prompt* – und es sucht aus dem Datenpool das Passende heraus.

Seit dem 1. August 2024 gilt in Europa die neue *KI-Verordnung (KI-VO)*, die schrittweise bis zum 2. August 2027 umgesetzt wird. Diese Verordnung betrifft alle KI-Modelle und -Systeme und stellt sicher, dass die Nutzung von KI unter klaren rechtlichen Rahmenbedingungen erfolgt.

Beachten Sie die Vorgaben der KI-Verordnung, um rechtlich auf der sicheren Seite zu bleiben, und profitieren Sie von den vielfältigen Möglichkeiten, die Ihnen diese Technologien bieten!

Künstliche Intelligenz nutzen – aber mit Bedacht!

Künstliche Intelligenz kann Ihnen viel Arbeit abnehmen und Prozesse erleichtern. Doch es gibt auch Regeln, die Sie kennen sollten.

Die KI-VO betrifft alle, die KI beruflich oder geschäftlich nutzen. Das bedeutet: Wenn Sie KI für Ihre Arbeit oder geschäftliche Zwecke einsetzen – zum Beispiel für Texte, Musik oder Bilder – müssen Sie sich an bestimmte Vorgaben halten.

Für private Zwecke gilt die KI-VO nicht. Nutzen Sie eine Fitness- oder Mental-Health-App nur für sich selbst, um Trainingsdaten oder Kalorien zu tracken, brauchen Sie sich keine Sorgen zu machen.

Seit dem 2. Februar 2025 gibt es eine weitere wichtige Regel: Wer KI beruflich einsetzt, muss sicherstellen, dass er und sein Team über das nötige Wissen und die richtigen Fähigkeiten im Umgang mit KI verfügen. Damit soll gewährleistet werden, dass KI verantwortungsvoll genutzt wird.

Wenn Sie eine privat gekaufte KI-Software für Ihr berufliches Social-Media-Marketing nutzen, gilt das als geschäftlicher Einsatz – nicht als private Nutzung!

Künstliche Intelligenz verantwortungsvoll nutzen

Der Einsatz von KI kann viele Vorteile bringen – doch er erfordert auch Sorgfalt und Verantwortung. Hier sind einige wichtige Punkte, die Sie beachten sollten:

✔ **Grundwissen über KI**

Sie und Ihre Mitarbeiter sollten verstehen, wie KI funktioniert und sie sinnvoll einsetzen können.

✔ **Chancen und Risiken kennen**

Neben den Vorteilen sollten Sie sich auch mögliche Probleme und rechtliche Vorgaben kennen und Ihre Mitarbeiter regelmäßig weiterbilden.

✔ **Kennzeichnungspflicht**

Rein KI-generierte Inhalte wie Texte, Bilder, Videos oder Musik müssen transparent als solche und ab 2. August 2026 – auch in Social Media – gekennzeichnet werden.

Kennzeichnen Sie Ihre durch KI erstellten Inhalte …

- ✔ am Anfang oder Ende einer Caption, mit dem Hinweis »dieser Text/dieses Bild wurde mit KI generiert« oder »KI-Inhalt«;
- ✔ mit einem Wasserzeichen auf Bildern und Videos;
- ✔ durch spezielle Hashtags in der Caption, zum Beispiel #KIgeneriert oder #KIInhalt;
- ✔ durch eine Umschaltfunktion (»Toggle«) zur Kennzeichnung von KI-generierten Inhalten.

- ✔ **Besondere Sorgfalt bei sensiblen Anwendungen**

  Wenn KI in Bereichen wie Bildung oder Personalwesen eingesetzt wird, darf sie keine diskriminierenden Entscheidungen treffen, zum Beispiel Bewerber nach Hautfarbe oder Herkunft aussortieren.

BEISPIEL

Wenn Sie Ihre Stellenausschreibungen von einer KI generieren lassen, haften Sie, wenn Ihre Stellenbeschreibung in Social Media gegen das Allgemeine Gleichbehandlungsgesetz verstößt.

Ein Verstoß gegen diese gesetzlichen Vorgaben kann Sie in Zukunft teuer zu stehen kommen – zum Beispiel durch Schadensersatzforderungen oder hohe Bußgelder.

Verwenden Sie KI fair, sicher und im Einklang mit gesetzlichen Vorgaben.

Social Scoring vermeiden

Social Scoring bezeichnet die Bewertung von Personen anhand ihrer digitalen Spuren, die sie im Internet und in den sozialen Medien hinterlassen. Dabei werden Daten aus sozialen Netzwerken, Online-Käufen, Suchanfragen oder anderen digitalen Aktivitäten analysiert und in einen Score umgewandelt.

Sie können anhand von Algorithmen und KI, datenbasierte, präzise Verhaltensmuster der Nutzer und Ihrer Mitarbeiter erstellen und daraus Bewertungen ableiten. Diese Bewertungen können zu Manipulationen und Klassifizierungen von Menschen führen und von diesen Klassifikationen deren soziale oder berufliche Behandlung abhängig gemacht werden.

Social Scoring ist verboten!

Missbräuchliches Social Scoring kann hohe Bußgelder zur Folge haben und bis zu mehreren Millionen Euro kosten.

Woran erkennen Sie hochriskantes Social Scoring?

- **Mangelnde Transparenz**

  Die Kriterien, wonach der Score berechnet wird, wird nicht offengelegt.

- **Diskriminierung**

  Menschen werden objektiv benachteiligt, weil der Algorithmus nachweislich fehlerhafte oder voreingenommene Bewertungen trifft.

- **Eingriff in die Privatsphäre**

  Ständige Überwachung und Bewertung des Verhaltens, die als bedrohlich empfunden wird.

Künstliche Intelligenz und Urheberrecht: Was erlaubt ist

Künstliche Intelligenz (KI) kann Texte schreiben, Bilder malen oder Musik komponieren – aber wem gehören diese Werke eigentlich? Und darf eine KI einfach auf bestehende Inhalte zugreifen?

Beim Thema KI und Urheberrecht gibt es viele offene Fragen. Einerseits nutzen KI-Systeme riesige Mengen an bereits existierenden Texten, Bildern und Songs als »Lernmaterial«. Andererseits stellt sich die Frage, ob die KI urheberrechtlich geschützte Inhalte aus dem Internet für ihr Training einfach verwenden darf – ohne eine Urheberrechtsverletzung zu begehen.

Eine zentrale Frage dabei ist, ob auch Ihre Nutzung eines KI-generierten Inhalts eine Urheberrechtsverletzung sein könnte. Das betrifft besonders die Werke, aus denen die KI beim Lernen Informationen übernommen hat – zum Beispiel Texte oder Bilder anderer Urheber.

Erfahren Sie nun, was beim Einsatz von KI erlaubt ist, welche Rechte Urheber haben und worauf Sie achten müssen, wenn Sie KI-generierte Inhalte in Social Media nutzen.

Wie KI-Systeme mit urheberrechtlich geschützten Inhalten arbeiten

KI-Modelle dürfen nach aktueller Rechtslage in Deutschland, Bilder, Texte und Musik, die von anderen geschaffen wurden, als Lernmaterial nutzen. Das bedeutet, dass KI-Unternehmen, zum Beispiel ChatGPT für Texte oder Midjourney für Bilder, rechtlich geschützte Inhalte für Trainingszwecke herunterladen, vervielfältigen, in ihre Systeme hochladen und verarbeiten dürfen. Dieser Prozess – das *Text und Data Mining* (§ 44 b UrhG) –, bei dem der Algorithmus aus bestehenden Daten, Informationen und Werken aus dem Internet lernt, ist legal und soll helfen, die KI-Technologie weiterzuentwickeln.

Wichtig ist, dass die Kopien dieser Werke nur zum Trainieren der KI erstellt und danach wieder gelöscht werden (§ 44 b Absatz 2 UrhG).

Die KI basiert auf maschinellem Lernen, dem sogenannten *Machine Learning* und *Natural Language Processing*. Dafür braucht sie viel Rechenleistung und riesige Mengen an Daten, aber die Art und Weise, wie sie diese Informationen verarbeitet und nutzt, ist unterschiedlich:

- **Nicht-generative KI**

  Sie analysiert und verarbeitet Daten und Informationen und wird oft für Aufgaben wie Bilderkennung und Sprachverarbeitung genutzt. Beispiele sind das KI-System »Siri« oder die Gesichtserkennung in Smartphones.

- **Generative KI**

  Sie kann aus den gelernten Mustern, die sie aus den verarbeiteten Daten und Informationen aus vielen verschiedenen Quellen gesammelt hat, eigene Endprodukte, zum Beispiel Texte oder Bilder, erzeugen.

BEISPIEL: Wenn die KI viele Bilder von Vögeln gesammelt hat, kann sie selbst feststellen, dass Vögel Flügel und Gefieder haben.

- **Sind KI-generierte Inhalte Plagiate?**

  Nicht unbedingt! Wenn generative KI einen neuen Text oder ein Bild erstellt, das nur einen bestimmten Stil oder ein Format eines Werkes übernimmt, handelt es sich nicht per se um ein Plagiat.

KI-Unternehmen wie »OpenAI«, die hinter ChatGPT stehen, betonen, dass ihre Technologie Inhalte nicht einfach kopiert, sondern auf neue Weise verarbeitet. Das wird *transformative use* genannt. Spezielle Filter sollen außerdem verhindern, dass die generative KI geschützte Inhalte eins zu eins nachbildet.

Wer auf Nummer sicher gehen will, sollte KI-generierte Inhalte generell prüfen und gegebenenfalls Quellen recherchieren.

Generative KI erstellt eigene Inhalte, nicht-generative KI analysiert und verarbeitet bestehende Daten.

Wem ein KI-generierter Text oder ein Bild gehört

KI-generierte Inhalte genießen keinen rechtlichen Schutz. Urheberschutz setzt nach dem Gesetz eine Leistung eines Menschen voraus. Das bedeutet, dass niemand – auch nicht derjenige, der den Prompt eingibt – als Urheber gilt.

Wenn Sie also ein KI-generiertes Bild auf Social Media posten und jemand anderes denkt, dass es auch gut in seinen Feed passt, kann er es, ohne Sie um Erlaubnis zu fragen, kopieren und nutzen.

Anders sieht es aus, wenn Sie die KI lediglich als Werkzeug nutzen und das Ergebnis kreativ weiterbearbeiten – zum Beispiel, indem Sie einen durch die KI-Software generierten Text umschreiben oder mit eigenen Inhalten kombinieren. In diesem Fall kann Ihr Werk als eigene Schöpfung gelten, weil eine persönliche geistige Leistung dahintersteckt.

Deep Fakes und KI-Inhalte: Was Sie wissen müssen

KI nutzt eine riesige Menge an geschützten Werken von Fotografen, Autoren, Musikern und anderen Kreativen als Trainingsmaterial. Dieser Prozess wird als *Deep Learning* bezeichnet.

Heute kann die KI auch täuschend echte Bilder eines Menschen erstellen. Ein bekanntes Beispiel ist das KI-generierte Bild des Papstes in einer Designerjacke – es sieht real aus, ist aber komplett künstlich erstellt.

Damit Menschen solche und andere Fälschungen erkennen, gibt es nach der KI-VO eine Kennzeichnungspflicht für KI-generierte Inhalte in der EU. Das gilt besonders für sogenannte *Deep Fakes* – also KI-erzeugte Medien, die echten Personen, Stimmen oder Ereignissen täuschend ähnlich sehen.

Deepfakes = Deep Learning + Fake.

Was bedeutet das für Sie?

Wenn Sie einen virtuellen Influencer in Social Media nutzen, der wie ein echter Mensch aussieht, aber nicht als KI-generiert gekennzeichnet ist, kann das rechtliche Folgen haben. Sie riskieren Bußgelder und Schadensersatzansprüche, weil die Nutzer getäuscht werden könnten (§ 18 Absatz 3 Medienstaatsvertrag. – MStV).

KI-generierte Musik und das Urheberrecht

Künstliche Intelligenz (KI) kann Ihnen als Komponist oder Texter helfen, neue Ideen zu entwickeln und vorhandene Materialien auf kreative Weise zu kombinieren. Aber wie sieht es mit den Rechten aus, wenn KI in den Musikprozess involviert ist?

- **Wer ist der Urheber eines KI-generierten Musikstücks?**

  Bisher stellt die KI – vor allem im Musikbereich – kein fertiges Endprodukt her. Stattdessen liefert sie einzelne musikalische Elemente, die Sie als Autor bearbeiten und zu einem vollständigen Stück zusammenfügen können.

  Das bedeutet: Derjenige, der der KI bestimmte Eingaben (sogenannte Prompts) gibt und die Ergebnisse weiterbearbeitet, gilt als Urheber des fertigen Musikstücks.

- **Was passiert, wenn die KI bestehende Werke verwendet?**

  Die KI nutzt oft geschützte Melodien als Ausgangsmaterial. Diese Melodien sind im Endprodukt aber meist nicht mehr erkennbar.

Meist gilt das dann nicht als Plagiat. Auch wenn die KI einen ähnlichen Sound, einen *Soundalike*, erzeugt, ist das normalerweise kein Problem – denn ein bestimmter Musikstil ist rechtlich oft nicht geschützt.

✔ **Warum wird KI mit geschützten Melodien trainiert?**

Geschützte Melodien dürfen im Text- und Data- Mining-Verfahren per Gesetz genutzt werden, um die KI zu trainieren. Nach deutschem und europäischem Recht ist diese Nutzung erlaubt.

Wie Sie sich beim Thema künstliche Intelligenz weiter rechtsicher verhalten, erfahren Sie in *KI und Recht für Dummies*.

Widerspruch gegen Text- und Data-Mining – so schützen Sie Ihre Inhalte

Im Gegensatz zu Social Media, wo Urheber eine Vergütung erhalten, wenn ihre geschützten Inhalte genutzt werden, bekommen Sie keine Bezahlung, wenn Ihre Werke zum Trainieren von KI verwendet werden. Das ist besonders für Urheber und Rechteinhaber problematisch. Allerdings erlaubt das Gesetz derzeit eine Ausnahme, die sogenannte »Schranke für das Text- und Data-Mining«. Dadurch darf die KI öffentlich geteilte Werke im Internet für ihr Training nutzen, ohne dass die Urheber zustimmen oder bezahlt werden müssen.

Allerdings haben Sie als Urheber eine Möglichkeit, sich gegen das Auslesen ihrer geschützten Daten zu schützen: Nach § 44b Abs. 3 UrhG können Sie sich die Nutzung ihrer Werke vorbehalten. Das heißt: kommerzielles Text- und Datamining ist ohne Ihre Zustimmung und eine Vergütung nicht zulässig. Dafür müssen Sie einen solchen Vorbehalt in maschinenlesbarer Form im WWW und in sozialen Netzwerken öffentlich anzeigen, damit KI-Systeme ihn erkennen und respektieren können.

✔ **GEMA hat Nutzungsvorbehalt für ihre Mitglieder erklärt.**

Wenn Sie Mitglied der GEMA sind, ist die Nutzung Ihrer von der GEMA vertretenen Musikstücke zu KI- Trainingszwecken bereits vorbehalten.

✔ **Eigenen Nutzungsvorbehalt erklären**

Wenn Sie selbst Ihre Werke online verfügbar machen, sollten Sie deutlich kennzeichnen, dass sie nicht kostenlos für das Training von KI genutzt werden sollen. Dazu müssen Sie einen maschinenlesbaren Hinweis auf Ihren Webseiten einfügen, damit KI-Unternehmen Ihre Werke nicht nach § 44b UrhG auslesen.

Für wissenschaftliche Zwecke ist das Text- und Data-Mining immer erlaubt (§ 60d Abs. 1 UrhG).

✔ **Textdatei**

Falls Sie Ihre Inhalte auf einer eigenen Website bereitstellen, können Sie den Nutzungsvorbehalt in einer sogenannten *robots.txt-Datei* festlegen. So erkennen Web-Crawler automatisch, dass Ihre Inhalte nicht für KI-Training genutzt werden dürfen.

Wenn Ihre Werke unter einer *CC 4.0-Lizenz* veröffentlicht wurden, sind sie für Data Mining freigegeben. Überprüfen Sie daher genau, welche Lizenz Sie Ihren Inhalten zuweisen.

✔ **Widerspruch auf Social Media**

Social-Media-Plattformen ermöglichen es Ihnen, der Nutzung Ihrer Inhalte für KI-Anwendungen in Social Media zu widersprechen. Dieser Widerspruch kann sich auf alle Ihre Werke beziehen – egal ob Bilder, Texte, Videos oder Musik (§ 44b Abs. 3 UrhG).

Wenn Sie widersprechen, dürfen Social-Media-Plattformen Ihre Inhalte nicht einfach für eine KI-Anwendung verwenden. Stattdessen sollten sie diese nur noch gegen Ihre Zustimmung nutzen. Sie können meist direkt über ein Online-Formular widersprechen. Das Formular wird nur angezeigt, wenn Sie in Ihrem Account auf Social Media eingeloggt sind.

Teil III

Posten, sparen, kassieren – so machen Sie mit Social-Media-Angeboten Geld

IN DIESEM TEIL …

Wenn Sie dieses Buch lesen, möchten Sie Social Media wahrscheinlich nicht nur als Hobby nutzen. Stattdessen möchten Sie Ihre Reichweite auch dazu nutzen, um Geld zu verdienen. In den folgenden Kapiteln erfahren Sie, wie Sie rechtlich auf der sicheren Seite bleiben, damit Ihr Online-Geschäft weder Ihrer Konkurrenz noch irgendwelchen Abmahnern ein Dorn im Auge sein kann.

IN DIESEM KAPITEL

Von Likes zu Leads – wie Gratisangebote Kunden anziehen

Kundenkommunikation statt Werbeflut – so gewinnen Sie wirklich Aufmerksamkeit

Kapitel 9
Freebies, Werbe-E-Mail und die Grenze zum Spam

Social Media ist ein Ort voller Möglichkeiten – für Unternehmen genauso wie für Privatpersonen. Wer geschickt agiert, kann hier Kunden gewinnen, Reichweite aufbauen und mit kreativen Ideen punkten. Begriffe wie »gratis«, »Schnäppchen« und »Freebie« locken dabei besonders viele Menschen an. Doch Vorsicht: Gerade im digitalen Raum gelten klare Regeln, und diese sollten Sie kennen, um rechtliche Stolperfallen zu vermeiden.

Dieses Kapitel zeigt Ihnen, wie Sie mit kostenlosen Angeboten umgehen, ohne dabei gegen rechtliche Vorgaben zu verstoßen. Außerdem erfahren Sie, welche Regeln Sie beachten müssen, wenn Sie Kunden in sozialen Netzwerken ansprechen möchten – denn auch hier gibt es Grenzen, die Sie nicht überschreiten sollten.

Wie Lockangebote erlaubt sind

Sie öffnen Ihre Lieblings-App und entdecken ein Posting mit einem verlockenden Schnäppchen. Neugierig klicken Sie darauf und geben Ihre E-Mail-Adresse an, um mehr zu erfahren. Das Angebot entpuppt sich als Werbung für ein hochwertiges Business-Coaching. In den Tagen danach erhalten Sie hilfreiche Newsletter mit spannenden Coaching-Angeboten, die Ihnen bei Ihrer beruflichen Weiterentwicklung weiterhelfen könnten. Ist das rechtens?

Freebie gegen Erhalt von Werbung – was erlaubt ist

Eine der wirkungsvollsten Methoden in Social Media, um den Verkauf Ihrer Produkte und Dienstleistungen in Social Media anzukurbeln, ist nach wie vor, Nutzer zunächst einmal mit einem kostenlosen Geschenk zu locken, einem sogenannten *Freebie* oder *Lead Magnet*. Dafür geben die Nutzer in der Regel ihre E-Mail-Adresse in einem Kontaktformular auf einer

Webseite ein, zunächst einmal, damit das kostenlose Angebot, etwa ein E-Book oder eine Checkliste, in ihrem Postfach zugestellt wird.

Was sind Freebies?

- *Freebies* sind kostenlose Angebote im WWW und in den sozialen Medien wie Proben, Gutscheine oder digitale Produkte (zum Beispiel E-Books, eine Checkliste), die Sie meist im Tausch gegen etwas Kleines (zum Beispiel eine E-Mail-Adresse) verschenken.
- Ziel: Mit dem Freebie Aufmerksamkeit erregen und gleichzeitig die E-Mail-Adresse für weitere Kontakte (zum Beispiel Newsletter), sogenannte *Leads* sammeln.

Koppelungsverbot: Wenn Werbung nicht zur Bedingung werden darf

Seit der Datenschutz-Grundverordnung (DSGVO) gelten für Lockangebote im Internet jedoch strengere Regeln. Das Angebot *Freebie* gegen Erhalt von Werbung ist seit dem Erlass der Datenschutzgrundverordnung nicht mehr ganz so einfach möglich.

Eine weitverbreitete juristische Meinung geht davon aus:

Nach der DSGVO besteht ein *Kopplungsverbot* für Freebies.

Das bedeutet, ein kostenloses Angebot bereitzustellen und dafür die E-Mail-Adresse für Werbezwecke zu verwenden, ist nicht datenschutzkonform. Dafür braucht es eine rechtliche Grundlage. Diese Rechtsgrundlage kann nur eine Einwilligung des Nutzers selbst sein (der das Freebie haben möchte), da der Erhalt der Werbung für die Ausführung des zugrundeliegenden Schenkungsvertrages (§ 516 BGB!) nicht zwingend notwendig ist.

Die Zustimmung zum Erhalt von Werbung (zum Beispiel eines Newsletters) darf nicht automatisch zur Bedingung für das kostenlose Angebot gemacht werden.

Freiwillige Einwilligung: Warum echte Wahlmöglichkeiten entscheidend sind

Das Koppelungsverbot der DSGVO verbietet aber nicht, dass Nutzer freiwillig zustimmen, einen Newsletter zu erhalten – auch wenn dieser nicht Teil Ihres ursprünglichen Vertrags ist. Das Gesetz besagt, dass es in Ordnung ist, wenn der Nutzer ohne Druck und Zwang, also wirklich freiwillig, einwilligt. Das heißt, wenn der Nutzer sich entscheidet, Ihren Newsletter zu abonnieren, dann ist das rechtlich zulässig (Art. 7 Abs. 4 DSGVO).

»Freiwillig« im Sinne der DSGVO bedeutet ohne »Zwang«.

Aber wann ist eine solche Entscheidung als »freiwillig« anzusehen?

Wenn ein Nutzer seine E-Mail-Adresse angibt, um ein Freebie zu erhalten, tut er das normalerweise freiwillig. Allerdings kann der Reiz des »kostenlosen Angebots« so groß sein, dass er die Adresse fast automatisch weitergibt – auch wenn er sie für ein Geschenk eigentlich nicht angeben müsste.

Das Oberlandesgericht Frankfurt am Main (Urteil vom 27.06.2019, Aktenzeichen: 6 U 6/19) hat entschieden: Es ist nicht automatisch unfreiwillig, wenn jemand seine Einwilligung in Werbung gibt, um an einem Gewinnspiel teilzunehmen. Allerdings darf die Teilnahme nicht nur als Köder dienen – es muss eine echte, freie Entscheidung sein.

Wenn Sie ein Gewinnspiel veranstalten, bei dem Sie konkret darauf hinweisen, dass eine Teilnahme nur möglich ist, wenn der Nutzer Werbung (zum Beispiel in Form eines Newsletters) erhält, kann der Nutzer selbst entscheiden, ob ihm das die Teilnahme wert ist – er gibt seine E-Mail-Adresse freiwillig preis. Dabei muss er eine echte und freie Wahl haben, ohne Druck oder Zwang.

Um sicherzustellen, dass die Einwilligung freiwillig ist, sollten Sie daher Ihre Nutzer klar, verständlich und umfassend über das kostenlose Angebot informieren:

- ✔ **Welche Art von Werbung** erhält der Nutzer? Zum Beispiel Newsletter oder Angebote zu bestimmten Produkten oder Dienstleistungen.
- ✔ **Welche Unternehmen** schicken die Werbung?
- ✔ **Wie oft wird der Newsletter verschickt?**
- ✔ **Ein Hinweis darauf, dass Nutzer die Einwilligung jederzeit widerrufen können.**
- ✔ **Nutzen Sie ein Double Opt-in:** Die Nutzer müssen ihre E-Mail-Adresse aktiv bestätigen, indem sie auf einen Link in einer Bestätigungs-E-Mail klicken.

BEISPIEL

Sie bieten ein kostenloses E-Book an. Nutzer geben ihre E-Mail-Adresse ein und erhalten das E-Book. Gleichzeitig fragen Sie, ob der Nutzer den Newsletter abonnieren möchte.

Doppelt gemoppelt hält besser: das Double Opt-in

Möchten Sie also ein Freebie nutzen, um neue Newsletter-Abonnenten zu gewinnen, brauchen Sie die freiwillige Einwilligung des Nutzers. Dafür ist ein sogenanntes *Double Opt-in* nötig, bei dem der Nutzer aktiv bestätigt, dass er Ihre E-Mails erhalten möchte.

Wenn ein Nutzer seine E-Mail-Adresse für ein Freebie eingibt, dürfen Sie ihm das versprochene Freebie per E-Mail schicken. Newsletter oder andere Werbung dürfen Sie erst senden, wenn der Nutzer den Bestätigungslink aus der Check-Mail angeklickt hat.

Beim *Double Opt-in* bekommt der Nutzer nach der Eingabe seiner E-Mail-Adresse eine Bestätigungs-Mail (sogenannte *Check-Mail*). In dieser Mail ist ein Link, den der Nutzer anklicken muss, um seine E-Mail-Adresse zu bestätigen. Erst nach diesem Klick gilt die Einwilligung als nachweislich erteilt.

Die Check-Mail selbst dient nur dazu, die E-Mail-Adresse zu bestätigen. Sie darf keine Werbung enthalten – weder im Text noch im Footer!

Daten haben ihren Preis – warum Freebies nicht kostenlos sind

Freebies stehen für »kostenlose« Leistungen, doch hier ist Vorsicht geboten! Wenn Sie ein Freebie, wie zum Beispiel einen Gutschein, im Austausch gegen eine E-Mail-Adresse anbieten, erwarten Nutzer, dass sie es tatsächlich kostenlos und sofort herunterladen können.

Allerdings sind personenbezogene Daten ein wertvolles Gut. Wenn Nutzer mit ihrer Zustimmung zur werblichen Nutzung ihrer Daten »bezahlen«, ist das Angebot rechtlich gesehen nicht mehr wirklich kostenlos. Viele Juristen sind der Meinung: Wenn Daten als Gegenleistung gefordert werden, handelt es sich nicht mehr um ein Gratis-Angebot.

Beachten Sie Ihre Wortwahl! Begriffe wie »kostenlos« oder »gratis« dürfen Sie nur verwenden, wenn Sie wirklich keine Gegenleistung – auch nicht in Form von Daten – verlangen. Andernfalls ist das irreführend und sogar unzulässig. Irreführende Werbung dieser Art steht auf der sogenannten schwarzen Liste (Nr. 20 des Anhangs zu § 3 Abs. 3 UWG).

Schnäppchen & Freebies: Zwei Wege, Kunden zu begeistern

Wer kennt es nicht? Mit Schnäppchen locken Sie Nutzer mit vergünstigten Produkten für kurze Zeit und sorgen dafür, dass Kunden schnell zuschlagen. Mit Freebies dagegen bieten Sie Inhalte oder Produkte an – kostenlos, aber nur im Gegenzug für eine E-Mail-Adresse. Das stärkt die Kundenbindung und schafft neue Kommunikationsmöglichkeiten in Social Media. Marketing kann so einfach sein – doch genauso schnell können Sie damit in rechtliche Schwierigkeiten geraten!

Die wichtigsten Aspekte bei der Gestaltung von Werbung mit diesen Lockangeboten daher hier im Überblick:

✔ **Transparenz ist das A und O**

- Nutzer sollten auf den ersten Blick verstehen, was sie erwartet.
- Geben Sie genug Informationen, damit Kunden entscheiden können, ob sich ein Klick oder das Eintragen der E-Mail-Adresse für sie lohnt.

✔ **Hinweise bei begrenztem Vorrat**

- Wenn Sie mit Schnäppchen werben, die nur in kleiner Stückzahl verfügbar sind, müssen Sie klar sagen, dass der Vorrat begrenzt ist.
- Formulierungen wie »nur noch wenige auf Lager« reichen nicht aus, da sie oft missverstanden werden. Geben Sie genaue Infos, wie viele Produkte verfügbar sind.

✔ **Genügend Vorrat bereithalten**

Sonderangebote müssen am ersten Tag der Aktion in ausreichender Menge vorhanden sein. Kunden sollen eine faire Chance haben, das beworbene Produkt zu kaufen.

✔ **E-Mail-Adressen rechtssicher nutzen**

- Wenn Sie E-Mail-Adressen sammeln, um später Werbung zu senden, brauchen Sie die Einwilligung der Nutzer.
- Nutzen Sie das Double-Opt-in-Verfahren, damit die Einwilligung sicher und nachweisbar ist.

Was sind Schnäppchen?

Schnäppchen sind besondere Aktionen, bei denen ein Produkt für einen bestimmten Zeitraum günstiger angeboten wird. Beispiel: Sie bieten die Aktion »Kaufe 1, erhalte 1 gratis« auf alle Jeans an. Kunden kaufen ein Paar Jeans zum vollen Preis und erhalten ein weiteres Paar kostenlos dazu.

Oft wird der Preis stark reduziert oder es gibt zusätzliche Vorteile. Ziel: Kunden dazu bringen, Produkte direkt zu kaufen. Beispiel: Wenn Sie nur drei reduzierte Jeans anbieten, die sofort ausverkauft sind, dürfen Sie nicht mit »Schnäppchenpreisen« werben. Solche Lockangebote, die Kunden in den Online-Shop ziehen sollen, obwohl nur wenige Stücke verfügbar sind, gelten auch in den sozialen Medien als unzulässig. Sie stehen sogar auf der »schwarzen Liste« des Gesetzes gegen den unlauteren Wettbewerb (Nr. 5 des Anhangs zu § 3 Abs. 3 UWG).

Wann E-Mail-Werbung erwünscht ist

Vielleicht stellen Sie sich oft die Frage: Wie darf ich potenzielle Kunden rechtssicher kontaktieren? Die Gerichte sehen fast jede E-Mail, die Ihr Logo enthält, bereits als Werbung an. Deshalb brauchen Sie in den meisten Fällen eine ausdrückliche Zustimmung – das *Double Opt-in*. Doch was, wenn dieses Verfahren nicht nötig ist und Ihre *Conversion Rate* darunter leidet?

Keine Sorge, es gibt noch eine Möglichkeit! Mit bestimmten Vorkehrungen können Sie in vielen Fällen dennoch rechtssicher Werbung versenden. Wie das funktioniert, erfahren in diesem Kapitel.

Ungewollte E-Mail-Werbung ist, rechtlich gesehen, eine *unzumutbare Belästigung* (§ 7 Absatz 2 UWG).

Gewünschte Nachricht oder Spam – was als Werbung erlaubt ist

Werbung in Social Media kann fair sein und begeistern – oder *Spam* sein und gegen Recht verstoßen. Entscheidend ist, dass Sie die Regeln für einen fairen, lauteren Wettbewerb einhalten.

Was ist Spam?

- **Unerwünschte Werbung**

  E-Mail, Telefon, SMS, Direct Message oder Chat, die Sie massenhaft an Ihre Kunden versenden, ohne dass der Kunde darin vorher (!) eingewilligt hat, diese zu erhalten (§ 7 Absatz 1 N. 2 UWG). Dazu gehören auch betrügerische Phishing- und Malware-Nachrichten. Solche Nachrichten sind nicht nur lästig, sondern oft auch illegal.

- **Unerwünschte PR eines Unternehmens**

  Möchten Sie Ihre Kunden nach einem Kauf um eine Bewertung bitten? Dann aufgepasst: Viele Gerichte sagen, dass das nur erlaubt ist, wenn der Kunde vorher ausdrücklich zugestimmt hat. Ohne diese Einwilligung riskieren Sie rechtliche Probleme (zum Beispiel Kammergericht Berlin, Urt. v. 16.01.2017 – Aktenzeichen 16 O 544/16, Bundesgerichtshof, Urt. v. 10.7.2018 – Aktenzeichen VI ZR 225/17).

Bitten Sie Ihre Kunden beim Bestellvorgang um ein Opt-in. Das geht entweder zusammen mit einer Newsletter-Einwilligung, oder als eigene Checkbox, die klar sagt, dass sie mit der Bewertungsanfrage einverstanden sind.

- **Ohne Nachweis**

  Eine E-Mail an einen Kunden darf nur mit dessen Einwilligung versendet werden. Genau deshalb ist das *Double-Opt-in-Verfahren* so wichtig: Falls Sie wegen unerlaubter E-Mail-Werbung abgemahnt werden, müssen Sie nachweisen können, dass der Empfänger dem Erhalt ausdrücklich zugestimmt hat.

Social-Media-Plattformen wie Instagram, LinkedIn oder Xing verbieten Spam ausdrücklich in ihren Nutzungsbedingungen.

Ausnahme von der Regel: ähnliche Dienstleistungen oder Waren

Gute Nachrichten: Wenn jemand bereits bei Ihnen gekauft hat, gibt es eine Ausnahme von der Zustimmungspflicht für Werbe-E-Mails. Sie dürfen *Bestandskunden* auch ohne vorherige Einwilligung per E-Mail über *ähnliche Produkte oder Dienstleistungen* informieren.

Aber Achtung – dabei gibt es wichtige Regeln (§ 7 Abs. 3 UWG!), die Sie unbedingt beachten müssen!

1. **Bestandskunde**

   Der Empfänger der E-Mail muss bereits Ihr Kunde sein. Das heißt, er muss von Ihnen etwas erworben haben. Nicht erforderlich ist, dass es sich um eine Leistung gegen Geld handelt. Ein Gratis-Angebot reicht aus. Sie dürfen sowohl kostenlose als auch kostenpflichtige Leistungen bewerben.

   BEISPIEL Hat ein Kunde ein Gratistool ausprobiert, dürfen Sie ihm Ihre kostenpflichtige Pro-Version per E-Mail anbieten (OLG München, Urteil vom 15.02.2018, Aktenzeichen.: 29 U 2799/17).

   »Warenkorbabbrecher« (Personen, die den Kauf nicht abgeschlossen haben) oder Käufer, die ihre Bestellung storniert haben, sind keine Bestandskunden. Solchen »Kunden« dürfen Sie keine Werbung per E-Mail ohne vorherige Zustimmung zusenden.

2. **Ähnlichkeit der Waren oder Dienstleistungen sicherstellen**

   Das beworbene Produkt oder die Dienstleistung muss klar mit dem vorher gekauften Produkt des Kunden zusammenhängen. Je ähnlicher die Produkte oder Dienstleistungen, desto besser.

   BEISPIEL

   - ✔ Ein Kunde, der ein E-Book gekauft hat, kann über einen passenden Online-Kurs informiert werden.
   - ✔ Hat jemand ein T-Shirt gekauft, können Sie Shorts oder Accessoires bewerben.

   Bei einer erworbenen Buchhaltungssoftware sind dagegen Büromöbel kein ähnliches Angebot.

   Produkte Dritter, die Sie auf Basis einer Provision vertreiben (zum Beispiel Affiliate-Marketing), gelten auch nicht als »ähnliche« Angebote und dürfen daher nicht beworben werden.

3. **Opt-out-Hinweis im Anmelde- oder Bestellformular**

   Weisen Sie bei der erstmaligen Speicherung der Käuferdaten darauf hin, dass der Käufer der Verwendung seiner Daten für künftige Werbung ohne besondere Kosten jederzeit widersprechen kann. Das wird *Opt-out* genannt.

   Ohne Double Opt-in fehlt oft der nötige Nachweis für eine rechtmäßige Werbung. Ein Hinweis kann daher den entscheidenden Unterschied machen – ob Sie einen Interessenten als Kunden gewinnen oder nicht. Deshalb sollten Sie bei jeder Datenspeicherung, die einen Kundenkontakt begründet (zum Beispiel beim Kauf oder der Newsletter-Anmeldung, nicht aber bei einer einfachen Serviceanfrage im Kontaktformular), klar darauf hinweisen, dass der Käufer der Nutzung seiner Daten für zukünftige Werbung widersprechen kann.

4. **Opt-out-Hinweis in jeder Werbung wiederholen**

   Sie müssen dafür sorgen, dass Ihr Kunde in jeder Werbe-E-Mail eine Abmeldeoption hat, durch einen bereitgestellten Abmeldelink und/oder durch die Sendung eines Widerspruchs an eine bereitgestellte E-Mail-Adresse.

Halten Sie sich an die Bewerbung Ihrer eigenen Produkte und sorgen Sie dafür, dass Ihre Angebote als Werbung für den Kunden in der Betreffzeile angekündigt werden. So bleibt Ihre Werbung rechtlich sicher und kundenfreundlich.

Rechtssichere Anfragen stellen – so machen Sie es richtig

Social-Media-Plattformen wie LinkedIn oder XING sind ideal, um berufliche Kontakte zu knüpfen und Kooperationen aufzubauen. Doch bevor Sie jemandem eine »Anfrage« schicken, sollten Sie wissen: Nicht jede E-Mail oder Direktnachricht (DM) ist erlaubt – und Spam kann teuer werden. Bußgelder von bis zu 7.500 Euro drohen, wenn Sie gegen rechtliche Vorgaben verstoßen.

Was gilt als Spam-Nachricht?

✔ **Kaltakquise in den sozialen Netzwerken**

  Das bedeutet: Wenn Sie einen anderen Social-Media-Nutzer per E-Mail oder DM unaufgefordert auf der Social-Media-Plattform anschreiben, um ihm Ihre Waren und/oder Dienstleistungen zum Kauf anzubieten, ist das oft Spam. Solche Nachrichten gelten in der Regel als unlautere Werbung – ähnlich wie »Cold Calls« oder unerwünschte Werbemails.

✔ **Zusatzwerbung in Service-Mails**

  Achten Sie darauf, dass Ihre Antworten auf Serviceanfragen, die Sie via Social Media erreichen, keine Rabatte oder Sonderangebote enthalten, die nicht in der E-Mail- oder DM-Anfrage angefragt wurden. Das bedeutet: Ihre Antwort sollte sich auf die gestellte Frage beziehen und nicht dazu genutzt werden, zusätzliche Werbeaktionen oder Rabattangebote zu platzieren – auch nicht, wenn Sie per automatisierter E-Mail- oder DM-Nachricht, wie Abwesenheitsnotizen oder Autoresponder, auf die Nachricht antworten (Urteil des BGH vom 15.12.2015, Aktenzeichen: VI ZR 134/15; OLG Nürnberg vom 25.10.2005, Aktenzeichen 3 U 1084/05). Halten Sie Ihre Kommunikation klar und transparent – Werbung und Service sollten strikt getrennt bleiben.

Wenn Sie per E-Mail auf eine Anfrage antworten, achten Sie darauf, dass auch im Footer (also am Ende der E-Mail) keine Werbung für Aktionen oder Rabatte steht. So vermeiden Sie rechtliche Stolperfallen!

Was ist erlaubt?

✔ **Gastbeiträge anfragen**

Möchten Sie jemanden bitten, einen Gastbeitrag auf Ihrem Profil zu veröffentlichen? Solche Anfragen sind zulässig, weil sie dem Informationsbedürfnis der Community dienen und daher keine Werbung im eigentlichen Sinn darstellen.

BEISPIEL

Sie fragen einen Experten, ob er auf Ihrem Profil etwas zu seinem Fachgebiet teilt, um Ihre Community zu informieren.

✔ **Serviceanfrage**

Wenn Sie eine Serviceanfrage stellen, dürfen Sie das tun.

BEISPIEL

Sie fragen einen Webdesigner, ob er Ihre Webseite überarbeiten kann, und erkundigen sich nach den Kosten.

Rechtlich gesehen handelt es sich hier um ein Angebot zur Bestellung einer Leistung, für die Sie zu einer Bezahlung oder Gegenleistung bereit sind. Solche Anfragen fallen regelmäßig nicht unter die Spamverbote (Oberlandesgericht Düsseldorf, Urteil vom 04.10.2005 – 20 U 64/05).

Anfragen zu Gastbeiträgen oder Bestellungen sind erlaubt.

Telefonwerbung und Kundeneinwilligung leicht erklärt

Ein Anruf bei Kunden kann mehr Ärger als Freude bringen, wenn Sie nicht vorher deren ausdrückliche Erlaubnis einholen. Ein Beispiel: Sie rufen einen Kunden an und überzeugen ihn, ein Jahres-Abonnement abzuschließen. Einige Tage später verschicken Sie die Auftragsbestätigung. Klingt harmlos? Leider nein! Besonders im B2C-Bereich (also bei Privatkunden) gelten strenge Vorgaben, die Sie unbedingt einhalten müssen, um Abmahnungen und hohe Bußgelder zu vermeiden.

Telefonwerbung

Worauf müssen Sie bei Telefonwerbung achten?

✔ **Cold Call**

Unangekündigte Werbeanrufe, sogenannte *Cold Calls,* gelten als *unzumutbare Belästigung* und sind verboten (§ 7 Abs. 2 Nr. 1 UWG). Sie dürfen nur dann anrufen, wenn der Kontakt vorher ausdrücklich zugestimmt hat. Ohne diese Zustimmung riskieren Sie Bußgelder von bis zu 300.000 Euro.

✔ **Wann ist ein Anruf erlaubt?**

- **Explizite Einwilligung:** Ist der Kontakt Verbraucher, muss vor dem Anruf immer die *ausdrückliche Einwilligung* des Kontaktes für werbliche Anrufe vorliegen. Es reicht nicht, dies während des Telefonats zu klären.
- **Mutmaßliche Einwilligung:** Bei geschäftlichen Kontakten können Sie von einer *mutmaßlichen Einwilligung* ausgehen, wenn das Unternehmen vermutlich Interesse an Ihrem Angebot hat. Beispiel: Sie haben für einen Kunden eine Webseite erstellt und bieten ihm den DSGVO-konformen Cookie-Banner für die Webseite an.

Kündigt ein Kunde sein Abo, können Sie nicht einfach annehmen, dass er Interesse an einem günstigen Angebot hat.

✔ **Vertragsschluss am Telefon**

Ein Telefonat kann einen Vertrag begründen, reicht aber nicht, um den Abschluss eines Vertrags auch sicher zu dokumentieren. Dafür gibt es zwei Lösungen:

- **Telefonaufzeichnung:** Sie können das Telefonat aufnehmen, benötigen dafür aber die Zustimmung des Kunden zu Beginn des Gesprächs.
- **Schriftliche Dokumentation:** Stellen Sie sicher, dass die Einwilligung und der Vertragsabschluss gut dokumentiert sind. Textform genügt.

Best Practice für WhatsApp-Kontakt

Möchten Sie Kunden über WhatsApp kontaktieren? Gehen Sie so vor:

✔ **Einwilligung aktiv einholen**

Teilen Sie auf Ihrer Webseite oder auch in Social Media einen Quellcode, über den der Kunde Sie per Textnachricht kontaktieren kann. Durch das aktive Versenden seiner Nummer gibt der Kunde seine Zustimmung.

✔ **Opt-out ermöglichen**

Weisen Sie den Kunden bereits vor der Speicherung seiner Daten darauf hin, dass er jederzeit gegen künftige Werbung widersprechen kann, und stellen Sie in Ihrem Profil einen jederzeit verfügbaren, unmittelbar erreichbaren Abmeldelink bereit.

✔ **Newsletter-Broadcast-Liste hinzufügen**

Nach der Einwilligung dürfen Sie die Telefonnummer des Kunden zu Ihrer Newsletter-Broadcast-Liste hinzufügen.

Ob Telefon, E-Mail oder WhatsApp: Holen Sie immer vorher die Zustimmung Ihrer Kunden ein, wenn Sie Werbung machen möchten. Das schützt nicht nur Sie vor rechtlichen Problemen, sondern sorgt auch dafür, dass Ihre Kunden die Kommunikation als angenehm und respektvoll wahrnehmen.

IN DIESEM KAPITEL

Gewinnspiele richtig planen – so klappt's!

Was bei Gewinnspielen sonst noch eine Rolle spielt

Teilnahmebedingungen – was Sie bei Gewinnspielen auf Social Media beachten sollten

Der glückliche Gewinner: das Gewinnspiel auflösen

Kapitel 10
Gewinnspiele in Social Media

Sie möchten mehr Interaktion mit Ihren Followern und gleichzeitig für Ihr Unternehmen oder eine Marke werben? Gewinnspiele, Preisausschreiben oder Verlosungen sind dafür eine tolle Idee!

Stellen Sie sich vor, Sie posten auf Social Media ein spannendes Kreuzworträtsel. Ihre Follower rätseln fleißig mit – und wer die richtige Lösung einsendet, hat die Chance auf einen tollen Preis.

Das macht nicht nur Ihren Social-Media-Kanal lebendiger, sondern sorgt auch dafür, dass Sie und Ihre Marke positiv in Erinnerung bleiben. Und wenn ein Unternehmen oder eine Marke die Preise bereitstellt, profitieren auch sie von der Aufmerksamkeit. Ein Gewinnspiel bietet also viele Vorteile – für Sie, Ihre Follower und Ihre Werbepartner!

Gewinnspiele machen Spaß, sollten aber auch rechtlich korrekt gestaltet sein. Denken Sie daran, Gewinnspiele so zu veranstalten, damit alles fair und transparent bleibt. So punkten Sie bei Ihren Followern und vermeiden rechtliche Stolperfallen.

Gewinnspiele richtig planen – so klappt's!

Einfach drauflos zu posten und auf den Spieltrieb Ihrer Follower zu setzen, reicht nicht aus, um ein Gewinnspiel erfolgreich zu machen. Es braucht ein paar gute Vorüberlegungen. Ein beliebter Ansatz ist es, Ihre Follower zu bitten, Inhalte zu erstellen, die mit Ihnen, Ihrer Marke oder Ihrem Unternehmen zu tun haben. Das könnte zum Beispiel ein Foto, ein Video oder ein kreativer Beitrag sein. Oft wird zusätzlich verlangt, dass die Teilnehmer kommentieren, liken oder Ihrem Account folgen, um mitzumachen.

Seien Sie kreativ! Auf Social Media sind Ihrer Fantasie keine Grenzen gesetzt. Gewinnspiele können vielfältig sein, zum Beispiel:

- ✔ Quiz oder Rätsel, bei denen die Nutzer ihr Wissen zeigen,
- ✔ Skilltests, die Herausforderungen enthalten,
- ✔ Chatbot-Contests, die Fragen direkt an Ihre Community stellen, oder
- ✔ Gewinnspiele, die mit einem wohltätigen Zweck verbunden sind.

Mit einer guten Planung und kreativen Ideen wird Ihr Gewinnspiel zum Erfolg!

Was müssen Sie also rechtlich beachten, wenn Sie ein Gewinnspiel anbieten möchten?

Glückspiel oder Gewinnspiel – das ist hier die Frage

Bevor Sie Ihr Gewinnspiel starten, sollten Sie sich fragen: Ist es wirklich ein Gewinnspiel oder fällt es aus rechtlicher Sicht unter ein Glücksspiel?

Ein Glücksspiel ist es, wenn drei Dinge zutreffen:

1. **Einsatz**

   Sie verlangen Geld oder einen anderen Wert für die Teilnahme.

2. **Verlustmöglichkeit**

   Es besteht die Chance, dass der Teilnehmer den Einsatz verliert.

3. **Zufall entscheidet**

   Der Ausgang des Spiels hängt nicht von Können oder Strategie ab, sondern vom Glück.

Sobald Nutzer etwas bezahlen müssen, um mitzumachen, können Sie sich also im Bereich des Glücksspiels bewegen – und das ist streng geregelt (§ 3 Glücksspielstaatvertrag – GlüStV 2021, § 284 Strafgesetzbuch – StGB).

Ein Entgelt für die Teilnahme am Gewinnspiel muss dabei nicht immer Geld sein. Es kann auch sein, dass die Teilnahme davon abhängt, dass Ihre Produkte gekauft oder Ihre Dienstleistungen in Anspruch genommen werden.

Achten Sie also darauf, dass Ihre Teilnahmebedingungen keine Teilnahmegebühr enthält, um rechtliche Fallstricke zu vermeiden.

Tombola: automatisches Los beim Einkauf

Wenn Sie eine Tombola für Ihre Kunden veranstalten und das Los automatisch durch den Kauf eines Produkts oder einer Dienstleistung vergeben wird, dann sollten Sie vorsichtig sein.

Warum? Weil das als Glücksspiel gelten kann. Sobald Kunden etwas bezahlen müssen, um an der Tombola teilzunehmen, können die Regeln für Glücksspiele greifen (§ 3 GlüStV 2021). Überlegen Sie sich also gut, ob und wie Sie diese Aktion umsetzen!

Kleine Teilnahmegebühr: Was ist erlaubt?

Wenn Sie für ein Gewinnspiel eine einmalige Teilnahmegebühr verlangen, die nicht mehr als 50 Cent beträgt, ist das in Ordnung. Juristisch gesehen gilt ein solches Entgelt als »nicht erheblich« (§ 11 Medienstaatsvertrag – MSTV).

BEISPIEL

Ihre Kunden nehmen per Telefonanruf oder SMS teil, und der Anruf kostet weniger als 50 Cent (wie bei kostenpflichtigen 0137-Telefonnummern).

Wenn Sie aber verlangen, dass die Teilnehmer viele Lose zu je 50 Cent kaufen müssen, um mitzumachen, dann wird das problematisch. Das wäre juristisch »erhebliches Entgelt« – und ein Gericht könnte das als unzulässig bewerten (LG Köln, Urteil vom 07.04.2009, Aktenzeichen: 33 O 45/09).

Portokosten gelten in der Regel nicht als Entgelt für eine Teilnahme, weil das Geld nicht an Sie als Veranstalter geht, sondern direkt an die Post oder den Versanddienstleister!

Werberichtlinien der großen Plattformen: Meta, Google & TikTok im Blick

Auch wenn Ihr Gewinnspiel viele Interaktionen für Social Media erzeugt, muss es den Regeln der Social-Media-Plattformen entsprechen. Die großen Plattformen wie Meta (Facebook, Instagram), Google (YouTube) und TikTok haben klare Werberichtlinien, die Sie als Veranstalter beachten müssen. Diese Richtlinien können Sie direkt auf Ihrem Computer oder Smartphone nachlesen.

- ✔ `https://de-de.facebook.com/business/help/345214789920228?id=434838534925385;`
- ✔ `https://support.google.com/adspolicy/answer/6018017?hl=de`
- ✔ `https://ads.tiktok.com/help/article/tiktok-advertising-policies?lang=de&redirected=2`

Danach dürfen Sie nicht einfach ein verbotenes Glücksspiel teilen.

Achtung: Glücksspiel im Spiel!

Wenn Sie in Ihrem Social-Media-Account eine Lotterie, Sportwette oder ein Pokerturnier teilen und dazu in Social Media einladen, betreten Sie den Bereich des Glücksspiels. Das bedeutet: Solche Aktivitäten unterliegen der staatlichen Zulassung.

Ohne eine staatliche Zulassung machen Sie sich strafbar – und das möchten Sie sicher vermeiden! Holen Sie also im Vorfeld eine behördliche Erlaubnis ein, bevor Sie solche Veranstaltungen teilen oder bewerben.

Wenn Ihr Gewinnspiel ein Glücksspiel ist und Sie keine staatliche Zulassung dafür haben, ist es illegal und strafbar (§ 284 Strafgesetzbuch – StGB).

Prüfen Sie im Voraus, ob Ihr Gewinnspiel auch sonst den plattformspezifischen Regeln entspricht – so bleiben Sie auf der sicheren Seite:

- **Facebook**
  - Die Teilnahme an Ihrem Gewinnspiel darf nicht davon abhängen, dass Nutzer einen Post Ihrer Fanpage oder Unternehmensseite in ihrem privaten Account teilen.
  - Sie dürfen keine Privatpersonen in einem Gewinnspiel verlinken, um sie in das Gewinnspiel einzubeziehen.
- **Instagram**

  Es ist nicht erlaubt, Nutzer dazu aufzufordern, Personen auf Bildern zu markieren, die dort gar nicht zu sehen sind.

Der Disclaimer – Haftung ausschließen

Um rechtlich auf der sicheren Seite zu sein, müssen Sie die jeweilige Plattform (wie Facebook, Instagram, YouTube) ausdrücklich von jeder Verantwortung für Ihr Gewinnspiel freistellen.

Das können Sie ganz einfach in Ihrer Beschreibung (Caption) angeben, zum Beispiel:

»Dieses Gewinnspiel steht in keiner Verbindung zur Plattform [Plattformname] und wird in keiner Weise von ihr gesponsert, unterstützt oder organisiert.«

So halten Sie sich an die Regeln und vermeiden unnötigen Ärger!

Was bei Gewinnspielen sonst noch eine Rolle spielt

Wenn Sie ein Gewinnspiel veranstalten, ist es wichtig, fair und transparent vorzugehen. Egal, ob Sie den Gewinner durch einen Zufallsgenerator, eine Ziehung oder durch Geschicklichkeit (zum Beispiel ein Rätsel) ermitteln – legen Sie die Methode vorher fest.

Das Gewinnspiel klar kennzeichnen

Auch bei Gewinnspielen gilt das Transparenz- und Trennungsgebot (§ 6 Absatz 1 Nr. 4 DDG, §§ 22, 19 Absatz 1, 11 Absatz 1 MStV). Das Gewinnspiel muss als solches klar erkennbar gemacht werden und vom übrigen Inhalt der Postings im Feed getrennt werden. Eine transparente Kennzeichnung wie »Gewinnspiel« am Anfang des Posts schützt also sowohl Sie als Veranstalter als auch die Teilnehmer vor Missverständnissen und möglichen Abmahnungen.

Gewinnspiele, die auf der Grundlage einer Werbekooperation gegen Bezahlung oder Gegenleistung veranstaltet werden, müssen auf Social Media mit »Werbung« oder »Anzeige« am Anfang des Posts gekennzeichnet werden. Nutzer müssen sofort erkennen, dass es sich um eine bezahlte Werbeaktion handelt und nicht um einen nutzergenerierten Beitrag.

Wie Sie Gewinner korrekt ermitteln

Nachdem Sie ein Gewinnspiel erfolgreich gestartet haben, kommt der spannendste Teil: die Ermittlung und Auswahl der Gewinner. Doch auch hier gibt es Regeln, die Sie beachten sollten, damit alles fair und rechtlich einwandfrei abläuft, denn egal, ob es um eine zufällige Verlosung oder die Auswahl nach bestimmten Kriterien geht – Transparenz und Gleichbehandlung stehen an erster Stelle. Im nächsten Abschnitt lernen Sie, wie Sie Gewinner korrekt ermitteln und worauf Sie achten müssen, um auch bei diesem Schritt auf der sicheren Seite zu sein.

Den Gewinner auswählen

Sie können den Gewinner auf verschiedene Arten bestimmen – wichtig ist nur, dass Sie die Methode vorab in Ihren *Teilnahmebedingungen* festlegen und der Teilnehmer weiß, wie der Gewinner ausgewählt wird:

- ✔ **Zufallsgenerator**

  Lassen Sie den Computer den Gewinner zufällig auswählen.

- ✔ **Ziehung**

  Zum Beispiel durch Losverfahren.

✔ **Geschicklichkeit oder Wissen**

Wer etwa ein Kreuzworträtsel richtig löst oder eine bestimmte Leistung erbringt, gewinnt.

Ein Gewinnspiel ist verbindlich

Sobald Sie ein Gewinnspiel starten, haben Sie, den ausgelobten Gewinn auch zu vergeben (§ 657 BGB). Die Teilnehmer haben in der Regel einen Anspruch darauf, dass ein Gewinner gekürt wird.

»Der Rechtsweg ist ausgeschlossen«

Vielleicht haben Sie schon oft den Satz gelesen: »Der Rechtsweg ist ausgeschlossen.« Damit möchten Veranstalter sagen, dass niemand vor Gericht klagen kann, wenn es Unstimmigkeiten gibt.

In einem Rechtsstaat ist es ein Grundrecht, klagen zu dürfen. Dieses verfassungsmäßige Recht können Sie niemandem nehmen – auch nicht durch diese Klausel!

BEISPIEL

- ✔ Sie versprechen ein iPhone als Gewinn, ziehen den Preis aber später zurück. Ein Teilnehmer könnte Sie verklagen, und ein Gericht würde entscheiden, ob Sie das iPhone doch herausgeben müssen.
- ✔ Gerichtsurteile zeigen: Teilnehmer hatten in der Vergangenheit Erfolg mit Klagen auf den Gewinn eines Autos oder anderer Preise (zum Beispiel vom Landegericht Hannover vom 30.03.2009, Aktenzeichen 1 O 77/08 Oberlandesgerichts Dresden vom 16.11.2010, Aktenzeichen 8U 210/10).

Kurz gesagt: Was Sie als Gewinn ausloben, müssen Sie ernst nehmen – Ihre Teilnehmer tun das schließlich auch!

Ihr Gewinnspiel hat Spielregeln! Sobald Sie einen Preis ausloben, sollten Sie ihn auch vergeben. Der oft genutzte Satz »Der Rechtsweg ist ausgeschlossen« schützt Sie nicht vor einer möglichen Klage.

Werbung im Gesundheitsbereich: Das müssen Sie wissen

Wenn Sie in einer Apotheke arbeiten, Arzt, Heilpraktiker und im Gesundheitsbereich tätig sind, gelten für Sie spezielle Regeln. Gewinnspielwerbung für Arzneimittel, medizinische Behandlungen oder Eingriffe wie Botox- oder Hyaluron-Behandlungen ist grundsätzlich verboten (§ 11 Heilmittelwerbegesetz).

Das bedeutet auch: Sie dürfen keine medizinischen Produkte oder Behandlungen als Preise bei Gewinnspielen ausloben.

Ein Preisausschreiben, bei dem Sie Kopfschmerztabletten als Gewinn anbieten, wäre nicht erlaubt (§ 11 Nr. 13 HWG).

Achten Sie also darauf, dass Ihre Gewinnspiele rechtskonform bleiben!

Gewinnspiele und Kaufanreize: Worauf Sie achten sollten

Sie können Gewinnspiele nutzen, um Ihre Follower zum Kauf Ihrer Produkte oder Dienstleistungen zu animieren – indem Sie die Teilnahme an den Erwerb einer Ware oder Dienstleistung koppeln (Urteil des EuGH vom 14.01.2010 – C-304/08).

Wenn Sie während der Fußball-EM versprechen, beim Kauf einer Einbauküche den Kaufpreis zu erstatten, wenn die deutsche Mannschaft gewinnt, könnte dies als manipulierend gelten. Solche Aktionen schaffen einen besonderen Anreiz, weil die Küche in vielen Haushalten der Mittelpunkt des Lebens ist und die deutsche Nationalmannschaft als potenzieller Titelanwärter gilt.

Andererseits hat der Bundesgerichtshof entschieden, dass die Aussicht auf 5.000 Euro in Goldbarren als Gewinn nicht unsachgemäß dazu verleitet, Gummibärchen zu kaufen (Urteil vom 12.12.2013, Az. I ZR 192/12 – »Goldbären«-Entscheidung).

Gewinnspiele können ein tolles Marketinginstrument sein – solange Sie dabei fair bleiben und keine unzulässige Einflussnahme auf Ihre Kunden ausüben.

Gewinne ohne Druck: Fair bleiben bei der Übergabe

Wenn Sie bei einem Gewinnspiel kleine Gewinne wie ein Shampoo ausloben und diese zur Abholung in Ihrem Geschäft bereitstellen, sollten Sie darauf achten, die Gewinner nicht unter Druck zu setzen.

Holt eine Gewinnerin ihr gewonnenes Shampoo in Ihrem Haarsalon ab, und Sie geben ihr zu verstehen, dass sie bei der Abholung doch gleich einen Termin für einen Haarschnitt vereinbaren sollte, kann das bei ihr das Gefühl auslösen, dass sie etwas schuldig ist – selbst wenn das gar nicht Ihre Absicht war.

Bleiben Sie fair und transparent. Machen Sie klar, dass der Gewinn kein »Haken« ist und keinerlei Verpflichtungen damit verbunden sind. So fühlen sich Ihre Kunden wohl und kommen gern wieder – ganz ohne Druck.

Gewinnspiel und Bewertungen: besser trennen

Wenn Sie ein Gewinnspiel veranstalten, sollten Sie die Teilnahme nicht an eine Bewertung knüpfen – auch dann nicht, wenn Sie keine Vorgaben zur Bewertung machen.

Warum?

- **Gefühl von Verpflichtung**

  Teilnehmer könnten sich gedrängt fühlen, eine positive Bewertung abzugeben, um ihre Gewinnchancen zu steigern. Das wirkt unfair.

- **Irreführung**

  Andere Nutzer könnten die Bewertungen als unabhängig wahrnehmen, obwohl sie in Wirklichkeit durch das Gewinnspiel beeinflusst wurden. Das täuscht und verstößt gegen das Verbot von Schleichwerbung (OLG Frankfurt am Main, Urteil vom 20.08.2020 – 6 U 270/19, Kapitel 2 dieses Buches: »Kennzeichnungspflicht auf Social Media«).

Trennen Sie Gewinnspiele strikt von Bewertungen. So bleiben Sie transparent und vermeiden rechtliche Probleme.

Wenn Sie eine Bewertung der Gewinner oder Teilnehmer einholen wollen, die tatsächlich das Produkt oder die Dienstleistung genutzt haben, und später für Werbung nutzen möchten, brauchen Sie dafür deren ausdrückliche Zustimmung. Das bedeutet: Der Teilnehmer muss aktiv einwilligen, zum Beispiel indem er ein Kästchen selbst ankreuzt (kein Häkchen darf vorher gesetzt sein). Außerdem sollten Sie das sogenannte *Double-Opt-in-Verfahren* nutzen: Der Teilnehmer bestätigt seine Zustimmung noch einmal über einen Link in einer E-Mail. Ohne diese Zustimmung dürfen Sie Teilnehmer nicht für eine Bewertung anschreiben.

Gewinnspiel & Newsletter: Nur mit Zustimmung erlaubt!

Wenn Sie eine Newsletter-Anmeldung an ein Gewinnspiel koppeln wollen, können Sie das tun (Oberlandesgericht Frankfurt, Urteil vom 27.06.2019, Aktenzeichen: 6 U 6/19). Da Sie die E-Mail-Adressen der Teilnehmer später allerdings werblich nutzen wollen, muss der Teilnehmer aber schon bei Anmeldung zum Gewinnspiel der werblichen Nutzung seiner E-Mail-Adresse ausdrücklich zustimmen. Ohne ein Opt-in (nicht vorangekreuzt!) und sogar das Double Opt-in dürfen Sie niemanden zu Ihrem Newsletter hinzufügen.

Vorsicht bei der Verlosung von gesponserten Markenprodukten

Wenn Sie bei einem Gewinnspiel in Social Media Preise anbieten, die von Marken und Unternehmen gesponsert wurden, müssen Sie darauf klar hinweisen. Solche Kooperationen gelten rechtlich als Werbung, und Ihre Follower sollen wissen, dass die Preise nicht von Ihnen selbst stammen. Das schafft Transparenz und erfüllt die Regeln zur Kennzeichnungspflicht.

Markenprodukte sind außerdem rechtlich geschützt. Wenn Sie solche Produkte verlosen möchten, müssen Sie aufpassen:

Nur weil Sie das Produkt verlosen dürfen, heißt das nicht, dass Sie das Markenlogo, den Markennamen oder die Produktbilder der Markenhersteller einfach in sozialen Medien verwenden dürfen.

Bevor Sie diese Dinge posten, brauchen Sie das ausdrückliche Einverständnis des Markeninhabers. Das schützt Sie vor rechtlichen Problemen und sorgt für klare Verhältnisse.

Teilnahmebedingungen – was Sie bei Gewinnspielen auf Social Media beachten sollten

Bei Gewinnspielen auf Social Media müssen Sie alle wichtigen Informationen zur Teilnahme leicht zugänglich und klar und verständlich angeben.

Am einfachsten geht das, indem Sie Teilnahmebedingungen erstellen und in Ihrem Social-Media-Profil verlinken. So weisen Sie sichtbar und deutlich auf Ihre Teilnahmebedingungen hin, alle Teilnehmer können dem Verweis folgen und die Teilnahmebedingungen einsehen und erfahren, worum es bei dem Gewinnspiel geht.

Hier die wichtigsten Punkte, die Sie klar und verständlich angeben sollten:

- **Ihr Name und Ihre Adresse**

  Geben Sie an, wer das Gewinnspiel veranstaltet. Sie können hierfür auch auf Ihr Impressum verlinken.

- **Beschreibung des Gewinnspiels**

  Beschreiben Sie genau, was Teilnehmer tun müssen – zum Beispiel ein Lösungswort eingeben, einen Kommentar schreiben, liken, folgen oder ein Foto hochladen.

- **Start des Gewinnspiels**

  Geben Sie den Startzeitpunkt genau an, am besten mit Datum und Uhrzeit. Oft beginnt das Gewinnspiel mit dem Posten des Beitrags.

- **Ende des Gewinnspiels**

  Geben Sie immer an, wann das Gewinnspiel endet – entweder ein festes Datum und Uhrzeit oder ein bestimmtes Ereignis (zum Beispiel wenn die erste richtige Lösung eingeht). Wichtig ist, dass das Ende objektiv nachvollziehbar ist.

- **Der Gewinn**

  Erklären Sie, welche Preise es gibt und ob Kosten für Abholung, Versand oder Anreise anfallen. Wenn ja, geben Sie auch die Höhe dieser Kosten an.

Mit diesen Informationen machen Sie Ihr Gewinnspiel transparent und vermeiden Missverständnisse.

Was Sie tun müssen, damit Ihr Teilnehmer in die Teilnahmebedingungen einwilligt

Es ist nicht nur wichtig, dass Sie Ihren Leser auf Ihre Teilnahmebedingungen hinweisen und er weiß, worauf er sich bei Ihrem Gewinnspiel einlässt, sondern auch dass er mit den Teilnahmebedingungen (und auch der Rechteeinräumung in die Datenverarbeitung – warum Sie auf die Datenverarbeitung hinweisen sollen, erfahren Sie weiter unten) einverstanden ist, denn nur so werden Ihre Teilnahmebedingungen erst wirksam.

✔ **Sprechen Sie die Sprache Ihrer Zielgruppe.**

Die Sprache Ihrer Teilnahmebedingungen sollte zu Ihrer Zielgruppe auf Social Media passen. Kommunizieren Sie mit Menschen aus der D-A-CH-Region (Deutschland, Österreich, Schweiz), dann sollten Ihre Teilnahmebedingungen auf Deutsch verfasst sein. Wenn Sie hingegen internationale Teilnehmer ansprechen möchten, schreiben Sie die Bedingungen besser auf Englisch.

✔ **Holen Sie die Nutzereinwilligung zu den Teilnahmebedingungen ein.**
Ihre Teilnahmebedingungen werden nur dann verbindlich, wenn die Nutzer bei der Teilnahme am Gewinnspiel darin einwilligen.

- **Ankündigung**

  Sie können in der Caption Ihres Gewinnspiel-Posts deutlich auf die Teilnahmebedingungen hinweisen. Das reicht aus.

  Am besten fügen Sie am Ende Ihrer Gewinnspiel-Ankündigung einen Hinweis ein und stellen einen klickbaren Link bereit, über den die Teilnahmebedingungen jederzeit eingesehen werden können:

  »Es gelten unsere Teilnahmebedingungen. Link in der Bio.«

- **Zustimmung**

  Der Nutzer muss den Teilnahmebedingungen zustimmen. Das passiert automatisch, wenn er nach einem klaren Hinweis und der Möglichkeit, die Bedingungen zu lesen, am Gewinnspiel teilnimmt – zum Beispiel durch Liken, Folgen oder das Kommentieren eines bestimmten Lösungswortes.

Wenn Sie ganz auf Nummer sicher gehen wollen, können Sie die Gewinnspielteilnahme so gestalten, dass der Nutzer eine zu markierende Checkbox mit dem Hinweis: »*Ich bin mit den Teilnahmebedingungen einverstanden*« anklicken muss, um teilzunehmen.

Datenschutz bei Gewinnspielen einfach erklärt

Gewinnspiele machen Spaß und sorgen für Aufmerksamkeit – doch sie bringen auch Verantwortung mit sich, vor allem beim Thema Datenschutz. Sobald Sie Teilnehmerdaten wie Namen, E-Mail-Adressen oder Telefonnummern sammeln, müssen Sie die Regeln der Datenschutz-Grundverordnung (DSGVO) beachten. Aber keine Sorge: Datenschutz bei Gewinnspielen klingt komplizierter, als es ist. In diesem Abschnitt erfahren Sie Schritt für Schritt, worauf Sie achten müssen, um die Daten Ihrer Teilnehmer sicher zu behandeln und gleichzeitig rechtlich auf der sicheren Seite zu bleiben.

✔ **Warum Datenschutz wichtig ist.**

Wenn Sie ein Gewinnspiel veranstalten, erfassen und speichern Sie persönliche Daten wie E-Mail-Adressen, Benutzernamen oder Postanschriften. Diese Daten fallen unter die Datenschutz-Grundverordnung (DSGVO). Das heißt, Sie müssen Teilnehmer über den Umgang mit ihren Daten informieren (Art. 13 DSGVO).

✔ **Wie Sie den Datenschutz einhalten.**

Der einfachste Weg:

- Nehmen Sie die Datenschutzerklärung direkt in die Teilnahmebedingungen des Gewinnspiels auf.
- Oder: Verweisen Sie in den Teilnahmebedingungen auf die Datenschutzerklärung auf Ihrer Webseite oder Landingpage und ergänzen diese um einen Abschnitt für Gewinnspiele.

✔ **Was in die Datenschutzerklärung für Gewinnspiele gehört.**

1. **Der Verantwortliche:**

   Name und Kontaktdaten des Verantwortlichen (zum Beispiel Ihr Unternehmen).

   Falls vorhanden, die Kontaktdaten des Datenschutzbeauftragten.

2. **Der Grund für die Verarbeitung der Daten:**

   Für die Durchführung des Gewinnspiels (zum Beispiel Gewinnerermittlung, Veröffentlichung von Gewinnern).

   Optional: Für den Versand von Newslettern – aber nur mit Zustimmung der Teilnehmer.

3. **Die Rechtsgrundlage:**

   Artikel 6 Abs. 1 Buchstabe b DSGVO (»Vertragserfüllung«), Artikel 6 Abs. 1 Buchstabe a DSGVO (»Einwilligung«).

4. **Wer die Daten bekommt:**

   Geben Sie an, ob Sie technische Dienstleister nutzen, zum Beispiel aus den USA (mit entsprechender Akkreditierung nach bilateralen Abkommen, EU-Standard-Vertragsklauseln, Auftragsverarbeitungsvertrag).

5. **Speicherfrist:**

   Wie lange speichern Sie die Daten? Beispiel: »Für 6 Monate ab dem Gewinnspielende.«

6. **Rechte der Teilnehmer:**

   Teilnehmer haben insbesondere das Recht auf (Art. 15–21 DSGVO):

- Widerruf einer Einwilligung
- Widerspruch gegen Direktwerbung,
- Auskunft,
- Berichtigung,
- Löschung,
- Beschwerde bei der Datenschutzbehörde.

Daten, die Teilnehmer für das Gewinnspiel angeben, dürfen nur für diesen Zweck verwendet werden. Eine Nutzung für andere Werbeaktionen ist ohne Einwilligung nicht erlaubt. Nach Ende des Gewinnspiels müssen Sie die Daten in der Regel löschen.

Beschränken des Teilnehmerkreises

Wenn Sie ein Gewinnspiel veranstalten, möchten Sie vielleicht nicht, dass jeder daran teilnehmen kann, sondern nur eine bestimmte Zielgruppe. Zum Beispiel könnten Sie das Gewinnspiel auf Kunden aus einem bestimmten Land, auf Erwachsene oder auf Follower Ihres Social-Media-Kanals beschränken. Das ist grundsätzlich möglich – aber nur, wenn Sie die Teilnahmebedingungen klar und transparent formulieren. Im Folgenden zeigen wir Ihnen, wie Sie den Teilnehmerkreis rechtlich korrekt einschränken können und was dabei zu beachten ist.

✔ **Wen können Sie ausschließen?**

Sie dürfen festlegen, wer an Ihrem Gewinnspiel teilnehmen darf. Zum Beispiel können Sie:

- Ihre eigenen Mitarbeiter oder
- Dienstleister, die das Gewinnspiel für Sie betreuen,

von der Teilnahme ausschließen.

✔ **Welche weiteren Einschränkungen sind möglich?**

Sie können den Teilnehmerkreis noch weiter eingrenzen:

- **Nach Alter:** Zum Beispiel können Sie festlegen, dass nur volljährige Personen teilnehmen dürfen.

- **Nach Wohnort:** Sie können das Gewinnspiel auf Teilnehmer aus bestimmten Ländern oder Regionen beschränken.
- **Auf Ihren Kundenkreis:** So können Sie nur Ihren Kunden die Teilnahme erlauben.

Warum die Volljährigkeit wichtig ist

Wenn Sie das Gewinnspiel für Erwachsene anbieten, sollten Sie in den Teilnahmebedingungen klar festlegen, dass nur volljährige Personen teilnehmen dürfen. Das schützt Sie vor rechtlichen Problemen und stellt sicher, dass alle Teilnehmer die Bedingungen rechtlich erfüllen.

Gewährleistung für Gewinne – so sichern Sie sich ab

Wenn Sie Produkte verlosen, die Sie selbst gekauft haben oder die von Sponsoren stammen, sollten Sie die Gewährleistung für diese Gewinne ausschließen.

✔ **Wie geht das?**

Fügen Sie einfach einen Hinweis hinzu, der klarstellt, dass das gezeigte Bild nicht genau das Produkt zeigt, das gewonnen werden kann. Nutzen Sie Formulierungen wie:

- »Abbildung ähnlich«
- oder »Modell ähnlich«.

✔ **Wo platzieren Sie den Hinweis?**

Den Zusatz sollten Sie direkt in der Bildunterschrift (Caption) unter der Abbildung des Produkts angeben. So sehen Ihre Teilnehmer den Hinweis sofort und es gibt keine Missverständnisse.

So reagieren Sie richtig bei Regelverstößen

Manchmal kommt es vor, dass Teilnehmer gegen die Regeln eines Gewinnspiels verstoßen – sei es durch Schummeln, unangebrachtes Verhalten oder das Missachten der Teilnahmebedingungen. In solchen Fällen sollten Sie wissen, wie Sie rechtlich korrekt handeln können.

Wenn Teilnehmer sich nicht an die Regeln halten:

Stellen Sie fest, dass ein Teilnehmer gegen die Nutzungsbedingungen der Social-Media-Plattform oder Ihr Gewinnspiel verstoßen, zum Beispiel durch:

✔ Belästigung anderer Teilnehmer,

✔ die Nutzung von Klick-Generatoren oder Chatbots,

✔ Manipulation von Votings,

dann sollten Sie umgehend handeln:

- ✔ Melden Sie den Teilnehmer bei der Social-Media-Plattform.
- ✔ Schließen Sie ihn vom Gewinnspiel aus.
- ✔ Blockieren Sie den Teilnehmer, um weitere Verstöße zu vermeiden.

Regeln in den Teilnahmebedingungen aufstellen

Um Streitfälle zu vermeiden, nehmen Sie Verhaltensregeln in Ihre Teilnahmebedingungen auf. Weisen Sie auch darauf hin, dass Sie für die Inhalte und das Verhalten der Teilnehmer keine Verantwortung übernehmen.

Folgende Regeln sind beispielsweise sinnvoll:

- ✔ Verbot der Belästigung anderer Nutzer.
- ✔ Ausschluss von Klick-Generatoren, Bots und anderen manipulativen Tools.
- ✔ Das Recht, Teilnehmer bei Missbrauch oder Regelverstößen vom Gewinnspiel auszuschließen.
- ✔ Jeder Teilnehmer ist für seine Inhalte selbst verantwortlich.
- ✔ Teilnehmer müssen für entstehende Kosten bei eigenem Verschulden aufkommen.

Machen Sie diese Regeln gut sichtbar, zum Beispiel in der Caption oder durch Verlinkung der Teilnahmebedingungen. So beugen Sie Problemen vor und handeln rechtlich sicher.

Haftung für Teilnehmerbeiträge – so bleiben Sie auf der sicheren Seite

Wenn Teilnehmer bei Ihrem Gewinnspiel eigene Inhalte wie Kommentare, Fotos oder Videos einreichen, stellt sich die Frage, wer haftet, falls diese Beiträge gegen Rechte Dritter verstoßen – zum Beispiel Urheberrechte oder Persönlichkeitsrechte.

- ✔ **Sie haften nicht automatisch für Teilnehmerbeiträge:**

  Als Veranstalter eines Gewinnspiels sind Sie rechtlich abgesichert, wenn Teilnehmer Inhalte wie Bilder oder Texte einreichen. Dank des sogenannten Haftungsprivilegs (§ 7 DDG, Artikel 4 bis 8 der Verordnung (EU) 2022/2065) müssen Sie nicht sofort für rechtswidrige Beiträge haften. Aber:

- ✔ **Sie haften nur**, wenn:
  - Sie wissen, dass die Inhalte rechtswidrig sind (zum Beispiel durch einen Hinweis vom Urheber).
  - Sie die Beiträge nicht innerhalb von 5 Tagen löschen, nachdem Sie über die Rechtswidrigkeit informiert wurden.

✔ **Wann das Haftungsprivileg nicht gilt:**

Sie verlieren diesen Schutz, wenn Sie sich die Inhalte »zu eigen machen«, das heißt, wenn:

- Sie selbst Beiträge der Teilnehmer hochladen oder in eine von Ihnen kuratierte Auswahl aufnehmen.
- Ihre Teilnahmebedingungen erlauben, dass Sie die eingereichten Inhalte kommerziell nutzen (zum Beispiel in Werbeanzeigen).

✔ **Urheberrechte beachten:**

Bevor Sie Teilnehmerbeiträge wie Bilder für Ihre Gewinnspielauswahl oder Werbung verwenden, sollten Sie sicherstellen, dass die Teilnehmer die Rechte an diesen Bildern besitzen. Verwenden Sie Tools wie die Rückwärtssuche von Google oder TinyEye, um zu prüfen, ob ein Bild von jemand anderem stammt.

Geben Sie in den Teilnahmebedingungen klar an, wie Sie mit den eingereichten Inhalten umgehen. Damit vermeiden Sie rechtliche Fallstricke und schaffen Transparenz für alle Teilnehmer.

Der glückliche Gewinner: das Gewinnspiel auflösen

Ob bei der Gestaltung der Teilnahmebedingungen oder der Übergabe des Gewinns – es ist wichtig, die gesetzlichen Vorgaben genau zu kennen. Unklare Gewinnspielaktionen können Abmahnungen, Bußgelder oder sogar Vertrauensverlust bei Ihren Nutzern nach sich ziehen.

And the winner is: Nennung des Gewinners

Bei Gewinnspielen auf Social Media verwenden Teilnehmer oft öffentlich sichtbare Klar- oder Benutzernamen. Daher kann davon ausgegangen werden, dass die Teilnehmer stillschweigend (konkludent) zustimmen, wenn ihr Name im Zusammenhang mit dem Gewinnspiel genannt wird. Wichtig ist:

✔ **Die Namensnennung**

Sie sollte nur auf der Plattform erfolgen, auf der das Gewinnspiel läuft.

✔ **Hinweis im Gewinnspiel-Post**

Teilen Sie den Teilnehmern bereits im Gewinnspiel-Beitrag mit, dass der Name des Gewinners veröffentlicht wird.

✔ **Passus in den Teilnahmebedingungen**

Formulieren Sie klar: »*Die Gewinner werden mit vollständigem Namen genannt.*«

✔ **Nennung auf anderen Kanälen**

Möchten Sie die Gewinner zum Beispiel auf Ihrer Webseite oder anderen Plattformen nennen, benötigen Sie das ausdrückliche Einverständnis der Teilnehmer. Ein einfacher Hinweis in den Teilnahmebedingungen reicht dafür nicht aus. Holen Sie das Einverständnis aktiv ein, zum Beispiel per E-Mail oder durch eine Checkbox.

Klare und transparente Kommunikation mit Ihren Teilnehmern schafft Vertrauen und schützt Sie vor rechtlichen Risiken.

Das Ende des Gewinnspiels

So teilen Sie das Ende Ihres Gewinnspiels richtig mit:

✔ **Das Ende bekannt geben**

Wenn Sie den Start Ihres Gewinnspiels öffentlich auf einer Plattform wie Facebook geteilt haben, sollten Sie auch das Ende genauso öffentlich mitteilen. Dies schafft Transparenz und Klarheit für alle Teilnehmer.

✔ **Gewinnspiel mit Frist**

Haben Sie von Anfang an eine Teilnahmefrist festgelegt, endet das Gewinnspiel automatisch mit dem Ablauf dieser Frist. In diesem Fall ist keine gesonderte Mitteilung nötig.

✔ **Gewinnspiel vorzeitig beenden**

Sie dürfen Ihr Gewinnspiel grundsätzlich jederzeit beenden (§ 658 BGB). Wenn Sie jedoch eine Teilnahmefrist gesetzt haben, dürfen Teilnehmer darauf vertrauen, dass diese Frist eingehalten wird. Eine vorzeitige Beendigung ist nur unter bestimmten Voraussetzungen möglich:

- **Vorbehalt in den Teilnahmebedingungen**

  Geben Sie in Ihren Teilnahmebedingungen an, dass Sie sich das Recht vorbehalten, das Gewinnspiel jederzeit ohne Angabe von Gründen vorzeitig zu beenden.

- **Information an die Teilnehmer**

  Teilen Sie das vorzeitige Ende deutlich mit. Posten Sie ein Update im Feed, in Ihrer Story oder Ihrer Timeline. Schreiben Sie außerdem unter den ursprünglichen Gewinnspiel-Post, zum Beispiel »*Update: Das Gewinnspiel ist vorzeitig beendet.*«

- **Gewinn bleibt bestehen**

  Eine vorzeitige Beendigung entbindet Sie nicht davon, den Gewinn für bereits registrierte Teilnehmer auszuloben. Der Widerruf gilt nur für neue Teilnehmer ab dem Zeitpunkt der Beendigung.

Klare und rechtzeitige Kommunikation zeigt Professionalität und sorgt für ein gutes Verhältnis zu Ihren Teilnehmern.

So händigen Sie den Gewinn richtig aus

Wenn ein Gewinner feststeht, stellt sich die Frage, wie Sie den Gewinn korrekt übergeben, damit alles rechtlich einwandfrei abläuft und keine Missverständnisse entstehen.

✔ **Gewinnausgabe ist Pflicht**

Wenn Ihr Gewinnspiel beendet ist und der Gewinner feststeht, sind Sie verpflichtet, den versprochenen Gewinn zu übergeben (§§ 657, 661a BGB). Bei Online- und Social-Media-Gewinnspielen wird der Gewinn in der Regel versendet.

✔ **Regelung in den Teilnahmebedingungen**

Legen Sie in Ihren Teilnahmebedingungen fest, wie die Gewinnausgabe erfolgt:

- Versand an die Adresse des Gewinners (versandkostenfrei oder zuzüglich Versandkosten).
- Abholung des Gewinns an einem festgelegten Ort.

Wollen Sie, dass der Gewinner die Portokosten übernimmt, müssen Sie das in die Teilnahmebedingungen schreiben und dem Teilnehmer vorab bekannt geben.

✔ **Aufbewahrungs- und Verjährungsfrist**

Gewinner haben grundsätzlich 3 Jahre Zeit, ihren Gewinn abzuholen. Diese Frist beginnt am Ende des Jahres, in dem der Gewinner ermittelt wurde. Beispiel: Wird der Gewinner im Mai 2024 gezogen, verjährt der Anspruch auf den Gewinn am 31.12.2027. Das bedeutet auch, dass Sie den Gewinn bei Selbstabholung so lange aufbewahren müssen.

✔ **Frist zur Rückmeldung setzen**

Damit Sie nicht jahrelang auf die Rückmeldung des Gewinners warten müssen, setzen Sie eine klare Frist zur Kontaktaufnahme oder Abholung des Gewinns.

- Eine übliche Frist bei Social-Media-Gewinnspielen beträgt 2 Wochen.
- Für zeitkritische Gewinne wie Tickets kann die Frist kürzer sein.

Klare und transparente Kommunikation, besonders in den Teilnahmebedingungen, erspart Ihnen viel Aufwand und Missverständnisse!

IN DIESEM KAPITEL

Vertrag geschlossen? Der magische Moment, wenn »Klick« zum Deal wird

Wenn Kunden einen Rückwärtsgang einlegen!

Die AGB: Ohne Vorabinfos kein Vertrag

Zurück auf Anfang: Alles über Widerrufsrechte!

Preise, Produktinfos und alles auf einen Blick – Was Ihre Kunden wissen müssen!

Kapitel 11
Social Media, Nutzererlebnis und Vertragsabschluss – wie Klicks rechtlich binden

Ein Klick – und schon ist es passiert: Ein Vertrag ist geschlossen. Der Vertragsabschluss erfolgt einfach digital. Ob beim Online-Shopping, der Buchung von Dienstleistungen oder dem Herunterladen von digitalen Produkten – die Schwelle zwischen unverbindlichem Interesse von etwas, das Sie auf Social Media teilen, und einem rechtlich bindenden Geschäft ist oft nur ein Mausklick entfernt.

Für Sie in den sozialen Medien und im Online-Handel bedeutet dies, dass sie ihre Prozesse sorgfältig gestalten müssen. Von der klaren Darstellung von Preisen und Leistungen über die transparente Kommunikation der Vertragsbedingungen bis hin zur deutlichen Kennzeichnung der Schaltflächen: Jeder Schritt zählt, um rechtliche Probleme und Abmahnungen zu vermeiden.

Vertrag geschlossen? Der magische Moment, wenn »Klick« zum Deal wird!

In diesem Kapitel lernen Sie, wie Sie auf Social-Media-Plattformen sicher online verkaufen können und dabei alle gesetzlichen Vorgaben einhalten. Erfolgreiche Verkäufe sind nicht nur eine Frage der Zahlen, sondern auch davon, die Regeln zu kennen und richtig anzuwenden.

So funktioniert ein Vertrag – im echten Leben und im Online-Shop

Ein Vertrag entsteht, wenn zwei sich einig sind – ganz einfach!

✔ **Was ist ein Vertrag?**

Ein Vertrag kommt durch zwei übereinstimmende Willenserklärungen zustande. Klingt kompliziert, ist aber ganz einfach: Eine Person macht ein Angebot, und die andere nimmt es an.

Ein Beispiel aus dem echten Leben:

✔ Sie sagen: »Ich verkaufe Ihnen mein Fahrrad für 300 Euro.«

✔ Der Käufer antwortet: »Ok, gekauft.«

Zack, der Vertrag steht!

- **Sie haben das Angebot gemacht** (Fahrrad für 300 Euro).
- **Der Käufer hat es angenommen.**

Ob Sie klären, wann gezahlt wird oder wie das Fahrrad übergeben wird, ist für den Vertrag erstmal egal – das regeln im Zweifel die Gesetze.

✔ **Und im Online-Shop?**

Im Online-Handel auf Social Media wird's ein bisschen technischer, aber das Prinzip bleibt gleich:

- Der Käufer scrollt durch Ihren Social-Media-Feed, entdeckt Ihren Verkaufsbeitrag, klickt den Link zum Shop und füllt das Bestellformular aus.
- Der Käufer gibt ein Angebot ab, indem er auf »Jetzt kaufen« klickt.
- Sie nehmen das Angebot an, indem Sie die Bestellung per E-Mail bestätigen.

Im echten Leben reicht eine ernst gemeinte Erklärung »Ok, gekauft.«

Im Online-Shop ist ein Klick auf den Bestellbutton erforderlich.

Der »zahlungspflichtig bestellen«-Button – warum er so wichtig ist

Wenn ein Nutzer online erklärt, er will etwas kaufen, heißt das noch nicht, dass er wirklich zur Zahlung verpflichtet ist. Damit es rechtlich klar und verbindlich wird, gibt es die sogenannte *Button-Lösung* (*§ 312 j Absatz 3 BGB*).

Was bedeutet das für Ihren Online-Shop?

✔ **Ein Bestellbutton ist Pflicht**

Sie brauchen eine Schaltfläche, die der Kunde anklicken kann, um sein Vertragsangebot abzugeben.

✔ **Beschriftung muss klar sein**

Der Button darf keine Zweifel lassen! Schreiben Sie zum Beispiel »zahlungspflichtig bestellen« oder »jetzt kaufen«. Andere Formulierungen, die deutlich machen, dass der Kunde jetzt eine Zahlungspflicht eingeht, sind auch erlaubt.

- **Gut lesbar und sichtbar**

  Achten Sie darauf, dass der Button nicht versteckt ist oder in winziger Schrift erscheint. Der Kunde muss klar erkennen, was er tut.

Ein unmissverständlich beschrifteter Bestellbutton ist das Herzstück, damit der Kunde weiß: »Wenn ich jetzt klicke, gehe ich eine verbindliche Bestellung ein.« Ohne einen korrekt beschrifteten Button riskieren Sie, dass kein rechtsgültiger Vertrag zustande kommt.

Die AGB: ohne Vorabinfos kein Vertrag

AGB – das steht für *Allgemeine Geschäftsbedingungen*. Klingt kompliziert? Keine Sorge, merken Sie sich ganz einfach: AGB sind die Regeln, die Sie als Verkäufer vorab für Ihre Verträge festlegen. Sie regeln alles drumherum, was nicht direkt mit der Leistung (zum Beispiel ein Produkt oder eine Dienstleistung) und der Gegenleistung (zum Beispiel dem Preis) zu tun hat. Gerade im Online-Handel, wo Sie oft viele Verträge mit unterschiedlichen Käufern abschließen, sind AGB besonders wichtig. Warum? Weil Sie Ihre Abläufe damit klar und einheitlich gestalten können. Ohne diese »Spielregeln« könnte es schnell unübersichtlich werden, was für Sie und Ihre Kunden nur Probleme schafft.

Kurz gesagt: Mit gut durchdachten AGB machen Sie Ihr Geschäftsleben einfacher und berechenbarer.

Infos, Infos, Infos – was Sie Kunden unbedingt sagen müssen!

Wenn Sie einen Online-Shop betreiben, sollten Sie wissen: Es reicht nicht, nur gute Produkte und wettbewerbsfähige Preisstrukturen zu haben. Sie müssen auch alle gesetzlichen Informationspflichten erfüllen. Das heißt, bevor ein Käufer etwas in Ihrem Shop bestellen kann, müssen Sie ihn umfassend informieren. Warum? Weil es das Gesetz so vorschreibt (§§ 312d, 312i, 312j BGB in Verbindung mit Art. 246a und Art. 246c EGBGB).

Aber keine Sorge, wir gehen gemeinsam die wichtigsten Punkte Schritt für Schritt durch:

- **Worum geht es?**

  Beschreiben Sie die wichtigsten Eigenschaften Ihrer Produkte oder Dienstleistungen, damit der Käufer weiß, was er bekommt.

- **Wer sind Sie?**

  Nennen Sie Ihren Namen, Ihre Geschäftsadresse und Ihre Kontaktdaten.

- **Wie funktioniert die Bestellung?**

  Erklären Sie die einzelnen Schritte bis zum Vertragsabschluss.

- **Was, wenn Sie sich vertippen?**

  Informieren Sie, wie der Käufer Fehler bei der Eingabe korrigieren kann.

- **Wird der Vertrag gespeichert?**

  Sagen Sie, ob und wie der Vertrag gespeichert wird und ob der Kunde ihn später abrufen kann.

- **In welcher Sprache?**

  Geben Sie an, in welchen Sprachen Bestellungen möglich sind.

- **Was kostet es?**

  Geben Sie Informationen zu den Berechnungen von Preisen und Versand an, sind diese inklusive Steuern und Gebühren, versandkostenfrei oder zuzüglich Versandkosten?

- **Wie kann bezahlt werden?**

  Zeigen Sie die verfügbaren Zahlungsarten.

- **Liefern Sie überall hin**?

  Machen Sie Angaben zu möglichen Lieferbeschränkungen.

- **Was passiert, wenn etwas schiefgeht?**

  Erklären Sie, welche Gewährleistung Sie bieten.

- **Halten Sie sich an bestimmte freiwillige Vorgaben?**

  Weisen Sie auf eventuelle Verhaltenskodizes hin, die Sie einhalten.

Wenn Sie insbesondere diese Informationen in Ihre AGB aufnehmen, erfüllen Sie damit zugleich die gesetzlichen Anforderungen. Das sorgt zugleich dafür, dass Ihr Online-Shop rechtlich auf der sicheren Seite ist – und Ihre Kunden sich gut informiert fühlen.

Welche Sprache sprechen Sie?

Wenn Sie Ihr Social-Media-Profil auf Englisch führen, aber deutsche Konsumenten ansprechen, sollten Ihre AGB auch auf Deutsch verfügbar sein. Dabei ist es egal, ob Ihr Unternehmen in Deutschland oder im Ausland sitzt. Fehlt die deutsche Übersetzung, könnten Ihre AGB komplett unwirksam sein (KG, Urteil vom 08.04.2016 – Az.: 5 U 156/14).

Unfaire AGB-Klauseln – Finger weg, sonst gibt's Ärger!

Sie dürfen Ihrem Vertragspartner keine beliebigen Bedingungen auferlegen – Ihre AGB müssen sich an die geltenden Gesetze halten. Kunden sind durch Gesetze vor unfairen Vertragsbedingungen geschützt. Ihre Kunden werden Ihre AGB im Zweifel prüfen und sich wehren, wenn Ihre AGB überraschende oder unklare Regelungen enthalten. Ebenso laufen Sie Gefahr, deswegen von Konkurrenten und Abmahnvereinen abgemahnt zu werden. Ihre Klauseln werden auch dann ungültig, wenn Sie mit Ihrem Kunden eine individuelle Vereinbarung treffen.

Wenn Ihre AGB-Klauseln nicht gültig sind, werden sie automatisch durch die gesetzlichen Regeln ersetzt.

Ohne Gewähr

Im Online-Handel und auf Social Media tragen Sie als Verkäufer grundsätzlich das Risiko dafür, dass die Ware sicher bei Ihrem Kunden ankommt. Sie tragen die sogenannte *Versandgefahr* (§§ 447, 475 Absatz 2 BGB).

✔ **Bieten Sie Verbrauchern in den AGBs einen versicherten Versand an?**

Wenn Sie als Verkäufer den »versicherten Versand« anbieten, täuschen Sie Konsumenten darüber, dass Sie ohnehin das Risiko tragen, dass die Ware nicht beim Empfänger ankommt. Eine solche Klausel ist nicht rechtskonform (Landgericht Hamburg – Beschluss vom. 06.11.2007, 315 O 888/07, Landgericht Saarbrücken – Urteil vom 15.09.2006, 7 I O 94/06 und Landgericht Landau, Urteil vom 17.02.2006, Aktenzeichen HK O 977/05).

Die Regelung eines versicherten Versands in AGB gegenüber Konsumenten kann daher abmahnbar sein.

Ein *Verbraucher oder Konsument* ist jede natürliche Person, die ein Rechtsgeschäft zu Zwecken abschließt, die überwiegend weder ihrer gewerblichen noch ihrer selbstständigen beruflichen Tätigkeit zugerechnet werden können (§ 13 BGB).

✔ **Schließen Sie in den AGBs eine gesetzliche Gewährleistung für Verbraucher aus?**

Regelungen, die dem Kunden Ansprüche bei Mängeln der Ware oder Leistung einräumen, zählen zu den grundlegenden Prinzipien der gesetzlichen Bestimmungen. Wenn Sie eine mangelhafte Leistung liefern, muss Ihr Kunde nicht voll zahlen. Sie wissen sicherlich, dass die Gewährleistung nicht vollständig ausgeschlossen werden darf. Das Verbot gilt auch, wenn Sie Ihrem Kunden die Rechte nicht direkt, sondern auf Umwegen wegnehmen.

BEISPIEL

Wenn Sie in Ihren AGB regeln, dass Verbraucher Transportschäden gelieferter Artikel innerhalb von 2 Wochen reklamieren müssen, ist das nicht rechtskonform (Landgericht Hamburg, Urteil vom 05.09.2003, Aktenzeichen: 324 O 224/03, Landgericht Frankfurt a. M., Urteil vom 09.03.2005, Aktenzeichen: 2-02 O 341/04).

Nach dem Gesetz haben Ihre Kunden grundsätzlich zwei Jahre Zeit, Mängel an gelieferten Waren bei Ihnen anzumelden. Wenn Sie in Ihren AGB eine »Anzeigepflicht« von 2 Wochen festlegen, ändern Sie damit die gesetzliche Gewährleistungsfrist zu Ungunsten des Kunden, der ein Verbraucher ist, und verstoßen gegen das Gesetz (§ 438 Abs.1 Nr. 3 BGB, 476 BGB).

Für digitale Produkte und Dienstleistungen, wie zum Beispiel Apps, Software oder Streaming-Abos, gilt grundsätzlich auch eine Gewährleistungsfrist von zwei Jahren. Das heißt, wenn nach dem Kauf ein Problem auftritt, haben Kunden zwei Jahre Zeit, um Ansprüche geltend zu machen. Die Frist beginnt ab dem Zeitpunkt, an dem das digitale Produkt/Dienstleistung bereitgestellt wird. (Regelungen nach §§ 327b, 327j, 327s BGB).

Die Aktualisierungspflicht

Wenn Sie digitale Inhalte verkaufen, sind Sie gegenüber Verbrauchern darüber hinaus verpflichtet, diese aktuell zu halten. Das bedeutet, dass Ihre digitalen Produkte auch dann weiterhin funktionieren müssen, wenn sich das digitale Umfeld ändert. Der Anspruch der Verbraucher auf Aktualisierungen erlischt 12 Monate nach Ablauf des festgelegten Aktualisierungszeitraums. Diesen Zeitraum sollten Sie in Ihren AGB klar festlegen – zum Beispiel basierend auf dem Preis des Produkts oder der üblichen Nutzungsdauer (§§ 327f, 327 j BGB).

Die Lieferung erfolgt innnerhalb von drei Werktagen: Lieferzeit

Auch zu Angaben über die Lieferzeit müssen Sie einiges beachten:

Sie können ein Lieferdatum nicht immer genau festlegen, das ist verständlich. Viele Unternehmen schreiben das auch ehrlich in ihre AGB. Allerdings entsteht dadurch nach der Rechtsprechung oft der Eindruck, dass Sie allein entscheiden können, wann geliefert wird – und das kann für Ihre Kunden problematisch sein.

Derartige Klauseln sind nicht wirksam:

- **»Liefertermine sind nur verbindlich, wenn schriftlich bestätigt«**

  Das sollten Sie nicht vereinbaren – Oberlandesgericht Frankfurt (Urteil vom 10.11.2005, Aktenzeichen 1 U 127/05) und auch Oberlandesgericht Hamm (Urteil vom 17. 03.2009, Aktenzeichen 4 U 167/08);

- **»Die Lieferung erfolgt in der Regel 3 Tage nach Zahlungseingang«**

  Das ist unwirksam nach Kammergericht Berlin, (Urteil vom 03.04.2007, Az.: 5 W 73/07);

- **»Lieferung voraussichtlich in 1–2 Werktagen«**

  Das ist unwirksam nach Oberlandesgericht Bremen (Urteil vom 05.10.2012, Aktenzeichen: 2 U 49/12).

- **»Lieferfrist auf Anfrage«.**

  Solche Formulierungen in AGB sind rechtlich angreifbar. Besonders für Online-Shops und Händler auf Social-Media-Plattformen wie Amazon und eBay sind unklare Lieferangaben ein häufiger Grund für Abmahnungen.

Die Beispiele zeigen, dass bei rechtssicheren Lieferzeitangaben viele Details beachtet werden müssen. Das heißt aber nicht, dass alle Formen von Lieferzeitangaben verboten sind – es kommt auf die richtige Formulierung an.

Die Angabe einer Lieferzeit mit dem Zusatz »circa«, ist erlaubt.

BEISPIEL

Es ist vollkommen in Ordnung, eine Lieferzeit von circa 2–4 Tagen zu vereinbaren (Oberlandesgericht München – Beschluss vom 08.10.2014, Aktenzeichen 29 W 1935/14).

Angaben wie »ca. 4 Tage« sind erlaubt, weil der Verbraucher daraus schließen kann, dass die Ware spätestens nach 4 Tagen bei ihm ankommt. Das Gleiche gilt für »circa eine Woche«, wie das Oberlandesgericht Bremen entschieden hat (Beschluss vom 18.05.2009, Aktenzeichen: 2 U 42/09). Auch Lieferzeitangaben mit einer Höchstdauer, wie zum Beispiel »Lieferzeit bis zu 5 Tage«, sind rechtlich in Ordnung.

Und noch eine Frage, die Sie sich im Zusammenhang mit Lieferungen vielleicht stellt:

Wem gehört das Eigentum, wenn der Käufer noch nicht bezahlt hat?

Wem die Ware gehört, wenn der Käufer noch nicht bezahlt hat, hängt von Ihrem Vertrag ab. Meist bleibt die Ware in Ihrem Eigentum (des Verkäufers), bis der Käufer den vollen Betrag bezahlt hat. Das nennt man

Eigentumsvorbehalt (§ 449 BGB). Sie können festlegen, dass die gelieferte Ware so lange noch Ihnen gehört, bis der Kunde komplett bezahlt hat. Den Eigentumsvorbehalt müssen Sie in Ihren AGB aber ausdrücklich vereinbaren. Damit sind Sie geschützt und verlieren Ihr Eigentum nicht, falls der Kunde insolvent wird.

Regeln zur Geltung der AGB

In AGB steht oft ein Satz wie: »Unsere AGB gelten auch für alle künftigen Geschäfte.« Damit soll erreicht werden, dass die AGB automatisch auch für spätere Geschäfte gelten, ohne sie erneut zu erwähnen. Solche Klauseln sind aber mindestens gegenüber Verbrauchern und wahrscheinlich auch gegenüber Unternehmen unwirksam.

Verbot von Aufrechnungen

Viele AGB und Verträge enthalten Klauseln, die dem Kunden verbieten, Forderungen miteinander zu verrechnen (Aufrechnungsverbot).

Eine Regelung in AGB, dass eine Aufrechnung nur mit unbestrittenen oder rechtskräftig festgestellten Forderungen zulässig ist, ist angreifbar.

Der Bundesgerichtshof hat entschieden (Urteil vom 07.04.2011, Aktenzeichen.: VII ZR 209/07), dass solche Verbote das Recht, Leistungen bei gegenseitigen Verträgen zurückzuhalten, einschränken. Das ist nicht erlaubt, und deshalb sind solche Klauseln unwirksam.

Nur wer schreibt, bleibt: die Schriftform

In vielen Verträgen und AGB gibt es sogenannte Schriftformklauseln, die so lauten:

> *»Änderungen oder Ergänzungen dieses Vertrages bedürfen zu ihrer rechtlichen Wirksamkeit der Schriftform, dies gilt auch für die Aufhebung dieses Schriftformerfordernisses.«*

Das bedeutet, dass Änderungen am Vertrag nur gültig sind, wenn sie schriftlich festgehalten werden. Das ist jedoch nicht richtig. Änderungen am Vertrag sind auch durch individuelle Absprachen immer möglich. Es gilt der *Vorrang der Individualabrede.*

Deshalb sind solche Klauseln unwirksam (BGH, Beschluss vom 25.01.2017, Aktenzeichen.: XII ZR 69/16). Außerdem sind Schriftformklauseln gegenüber Verbrauchern auch nach dem Gesetz (§ 309 Nr. 13 b) BGB) grundsätzlich unzulässig.

Fristen, Gewährleistung und Verjährung

Sie dürfen beim Verkauf gebrauchter Waren und im Verhältnis B2B die Gewährleistungsfrist bei Kauf- und Werkverträgen nicht auf weniger als ein Jahr verkürzen (§ 309 BGB Nr. 8 b ff., § 476 Absatz 2 BGB, Urteil des Bundesgerichtshofes vom 29.05.2013, Aktenzeichen VIII ZR 174/12). Aber selbst damit sollten Sie vorsichtig sein, denn eine Verkürzung der Gewährleistungsfrist kann auch als Einschränkung Ihrer Haftung angesehen werden. Eine Klausel wie »Die Verjährungsfrist beträgt ein Jahr« ist daher in den meisten Fällen unwirksam – selbst bei Verträgen mit Unternehmen.

Der Grund: Eine solche Verkürzung schränkt auch die Haftung für schwere Fehler (zum Beispiel grobe Fahrlässigkeit) ein, für die Sie als Ersteller der AGB eigentlich verantwortlich bleiben müssen.

Haftung: Nicht so leicht beschränkbar

Ihre Haftung für Vorsatz und Fahrlässigkeit können Sie kaum noch wirksam einschränken. Es gibt so viele Ausnahmen, dass solche Beschränkungen in der Praxis meist nicht greifen. Erlaubt ist nur, die Haftung für leichte Fahrlässigkeit bei unwichtigen Vertragspflichten einzuschränken – und auch das nur, wenn es nicht um Leben, Körper oder Gesundheit geht, keine Produkthaftung greift und keine Garantie abgegeben wurde. Das ist sehr schwer, rechtssicher zu formulieren. Keinesfalls sollten Sie einfache Klauseln wie »Die Haftung für einfache Fahrlässigkeit ist ausgeschlossen« in Ihren AGB verwenden. Damit werden Sie abgemahnt.

Haftungsbeschränkungen sind nur für leichte Fahrlässigkeit erlaubt. Für Schäden an Leben, Körper, Gesundheit oder bei Vorsatz und grober Fahrlässigkeit sind Haftungsbeschränkungen nach § 309 Nr. 7 BGB unzulässig.

Erfüllungsort: im Streitfall wichtig

In den Schlussbestimmungen von AGB steht häufig der Hinweis »Erfüllungsort ist der Sitz des Anbieters«.

Der *Erfüllungsort* ist wichtig, weil dieser auch bestimmt, wo im Streitfall geklagt werden kann.

Beachten Sie allerdings, dass es auch den sogenannten »Gerichtsstand des Erfüllungsortes« (§ 29 Zivilprozessordnung-ZPO) gibt. Das bedeutet: Wenn Sie AGB erstellen, können Sie festlegen, dass Sie an Ihrem eigenen Gerichtsort (zum Beispiel in Frankfurt am Main) klagen dürfen, anstatt am Wohnort des Kunden (zum Beispiel in Berlin). Solche Gerichtsstandsvereinbarungen sind aber nur mit Unternehmen erlaubt, nicht mit Verbrauchern (§ 29 Absatz 2 ZPO). Deshalb sind solche Klauseln in AGB gegenüber Verbrauchern unwirksam und können abgemahnt werden.

Die Was-passiert-wenn-Regel (Salvatorische Klausel)

Sicherlich wollen Sie – wie viele andere Unternehmen auch – eine Regelung in Vertrag und AGB aufnehmen, die sicherstellen soll, dass nach Recht und Gesetz unwirksame Regelungen trotzdem zumindest teilweise erhalten bleiben. Solche Klauseln stehen deshalb oft am Ende eines Vertrags und klingen zum Beispiel so:

> *»Wenn eine Bestimmung dieses Vertrags unwirksam ist, bleibt der Rest des Vertrags gültig. Die unwirksame Regelung soll durch eine gültige ersetzt werden, die dem ursprünglichen Zweck möglichst nahekommt.«*

Solche Klauseln in Verträgen und AGB werden *salvatorische Klauseln* genannt.

Nach dem Gesetz sind unwirksame Klauseln jedoch komplett ungültig. Sie werden automatisch durch die passenden gesetzlichen Regelungen ersetzt. Sie können Gerichten nicht vorschreiben, wie sie mit unwirksamen Klauseln umgehen sollen – besonders nicht in Ihren AGB. Deshalb sind salvatorische Klauseln selbst unwirksam (§ 307 BGB, Urteil des Bundesgerichtshofes vom 05.05.2015, Aktenzeichen: XI ZR 214/14).

AGB richtig einbinden – so geht's!

Sie haben Ihre Allgemeinen Geschäftsbedingungen (AGB) erstellt – super! Aber damit sie auch wirklich gelten, müssen Sie sie korrekt in den Vertrag einbinden (§ 305 BGB).

Denn: AGB gelten nur, wenn sie ein Teil des Vertrags sind.

Wie funktioniert das?

- ✔ **Hinweis bei Vertragsschluss**

  Sie müssen den Käufer darauf aufmerksam machen, dass Ihre AGB gelten. Das darf nicht versteckt sein.

- ✔ **Einblick ermöglichen**

  Der Käufer muss Ihre AGB einsehen können – einfach und ohne große Mühe. Zum Beispiel über einen gut sichtbaren Link beim Bestellvorgang.

- ✔ **Zustimmung einholen**

  Der Käufer muss zustimmen, dass Ihre AGB gelten. Dafür eignet sich eine Checkbox, die der Kunde aktiv ankreuzen muss, bevor er die Bestellung abschließt.

So stellen Sie sicher, dass Ihre AGB rechtlich wirksam sind und Teil des Vertrags werden!

AGB leicht zugänglich machen

Stellen Sie sicher, dass Ihre AGB für den Kunden leicht zu finden und gut lesbar sind. Warum ist das wichtig? Wenn der Nutzer Ihre AGB erst mühsam suchen oder sogar extra danach fragen muss, kann das rechtlich problematisch werden.

So machen Sie es richtig:

- ✔ **Direkt sichtbar**

  Platzieren Sie einen gut sichtbaren Link zu Ihren AGB, zum Beispiel auf der Bestellseite.

- **Keine Umwege**

  Der Kunde sollte mit einem Klick auf die AGB zugreifen können – keine langen Klickketten!

- **Leserfreundlich**

  Achten Sie darauf, dass die Schriftgröße angenehm lesbar ist. Vermeiden Sie »Kleingedrucktes«, das der Kunde erst vergrößern muss.

Das Ziel: Der Nutzer soll Ihre AGB ohne Aufwand einsehen können. So sind Sie rechtlich auf der sicheren Seite und sorgen für Vertrauen bei Ihren Kunden!

Den Kunden auf die AGBs hinweisen

Ihre Allgemeinen Geschäftsbedingungen (AGB) können Ihnen dabei helfen, wichtige gesetzliche Informationspflichten zu erfüllen.

- Fügen Sie beim Check-Out (also direkt vor dem Abschicken der Bestellung) eine Checkbox ein, die der Kunde aktiv anklicken muss.
- Weisen Sie in dieser Checkbox darauf hin, dass Ihre AGB gelten, und fügen Sie einen Link zu den AGB hinzu.

So sind Sie rechtlich auf der sicheren Seite!

AGB im B2B-Verkehr – so behalten Sie die Kontrolle!

Wenn Sie Geschäfte mit anderen Unternehmen machen, ist es besonders wichtig, Ihre AGB richtig einzubinden. Warum? Weil sonst die AGB Ihres Geschäftspartners gelten könnten – und das wollen Sie sicher vermeiden!

So machen Sie es richtig:

- **Deutlicher Hinweis bei der Bestellung**

  Platzieren Sie einen klar erkennbaren Text wie »Es gelten unsere AGB« direkt in der Nähe des Kaufbuttons. Damit stellen Sie sicher, dass Ihr Geschäftspartner Ihre AGB akzeptiert.

- **Per E-Mail**

  Verlinken Sie Ihre AGB in Ihrer E-Mail-Signatur, wenn Sie Verträge per E-Mail abschließen. Das ist für Unternehmen zumutbar und rechtlich wirksam.

Unternehmer ist jede natürliche oder juristische Person (zum Beispiel Einzelunternehmer, GmbH, AG) oder eine rechtsfähige Personengesellschaft (zum Beispiel GbR, OHG, KG), die bei Abschluss eines Rechtsgeschäfts in Ausübung ihrer gewerblichen oder selbstständigen beruflichen Tätigkeit handelt (§ 14 BGB).

Achtung vor fremden AGB

Ihr Geschäftspartner ist ebenfalls Unternehmer und wird wahrscheinlich eigene AGB nutzen. Diese kann er genauso leicht einbringen, zum Beispiel durch einen Hinweis in seiner E-Mail.

Und was passiert, wenn sich ihre AGB widersprechen?

In einem solchen Fall gelten keine der beiden AGB – es zählt dann nur das Gesetz. Das kann für beide Seiten Nachteile bringen. Deshalb ist es wichtig, Ihre AGB klar einzubinden, um rechtlich abgesichert zu sein.

Zurück auf Anfang: Alles über Widerrufsrechte!

Stellen Sie sich vor, ein Käufer überlegt es sich nach dem Kauf einfach anders – das ist sein gutes Recht! Wenn ein privater Kunde bei Ihnen einkauft, hat er 14 Tage Zeit, den Vertrag zu widerrufen (§ 355 BGB).

Das bedeutet:

- ✔ Der Kunde muss keinen Grund angeben, warum er den Kauf rückgängig macht.
- ✔ Sie müssen den vollen Kaufpreis zurückzahlen, sobald der Kunde die Ware zurückgeschickt hat.

Wichtig ist, dass Sie als Verkäufer diese Regeln beachten – so bleibt alles fair und im rechtlichen Rahmen!

So machen Sie alles richtig beim Widerrufsrecht!

Wenn private Kunden (Verbraucher) bei Ihnen einkaufen, müssen Sie sie über ihr Widerrufsrecht informieren – und zwar in einer klaren und verständlichen Widerrufsbelehrung. Das ist gesetzlich vorgeschrieben (§ 312d BGB, Artikel 246a EGBGB, Artikel 253 Anlage 1 EGBGB).

Wenn der Kunde eine Firma ist, also kein privater Verbraucher, besteht kein gesetzliches Widerrufsrecht. In diesem Fall ist auch keine gesetzliche Widerrufsbelehrung notwendig.

Tipp für die Umsetzung

Das Widerrufsrecht ist ein wichtiger Schutz für Verbraucher – und als Anbieter sollten Sie es nicht nur kennen, sondern auch korrekt umsetzen. Hier finden Sie praktische Tipps, wie Sie rechtliche Fallstricke vermeiden und Ihre Kunden klar und transparent über ihr Widerrufsrecht informieren können.

- Nutzen Sie den gesetzlichen Mustertext für die Widerrufsbelehrung. Übernehmen Sie ihn am besten unverändert.
- Veröffentlichen Sie die Widerrufsbelehrung gut sichtbar auf Ihrer Webseite.
- Nehmen Sie die Widerrufsbelehrung auch in Ihre AGB auf.
- Bei Bestellungen in Ihrem Online-Shop: Verlinken Sie die Widerrufsbelehrung auf Ihrer Seite so, dass Kunden sie vor dem Kauf einsehen können.

Mit diesen Schritten sind Sie rechtlich auf der sicheren Seite!

Warum Sie bei der Widerrufsbelehrung keine Fehler machen sollten

Wenn Sie die Widerrufsbelehrung nicht genau so formulieren, wie es das Gesetz vorgibt, kann das teuer werden.

Was passiert, wenn die Belehrung nicht korrekt ist?

- Die normale Widerrufsfrist von 14 Tagen verlängert sich um ein ganzes Jahr!
- Das bedeutet, dass Ihr Kunde den Vertrag auch noch ein Jahr und 14 Tage später widerrufen kann.
- Ob es sich dabei um eine Dienstleistung oder einen Warenkauf handelt, spielt keine Rolle: Die verlängerte Frist gilt in beiden Fällen.

Nutzen Sie unbedingt den gesetzlichen Mustertext für die Widerrufsbelehrung, ohne Änderungen vorzunehmen. So vermeiden Sie, dass die Widerrufsfrist unnötig verlängert wird!

Mustertexte finden Sie hier:

- `https://www.gesetze-im-internet.de/bgbeg/art_253anlage_1.html`
- `https://www.gesetze-im-internet.de/bgbeg/art_253anlage_2.html`

Dort, wo das Muster Gestaltungshinweise vorgibt, dürfen Anpassungen gemacht werden.

Zu groß? Zu klein? Gefällt mir nicht? Rücksendungen

Überlegen Sie sich, wie Sie bei einem Widerruf Rücksendungen handhaben wollen:

- **Rückerstattung des Kaufpreises als Gutschrift**

  Stellen Sie sich vor, Ihr Kunde macht von seinem Widerrufsrecht Gebrauch und schickt die Ware zurück. Nach dem Gesetz bedeutet das: Beide Seiten müssen zurückgeben, was sie erhalten haben. Sie müssen also das Geld spätestens 14 Tage nach dem Widerruf erstatten – am besten, sobald Sie die Ware zurückbekommen (§ 357 Absatz 1 BGB).

Wenn Ihr Kunde nun möchte, dass der Kaufpreis in seinem Kundenkonto gutgeschrieben wird, können Sie das tun. Es reicht jedoch nicht aus, den Kunden einfach nur darüber zu informieren. Sie brauchen dafür die ausdrückliche Zustimmung des Kunden. Diese Zustimmung müssen Sie zum Beispiel über eine Checkbox einholen, die der Kunde selbst aktiv anklicken muss – sie darf nicht schon vorher angekreuzt sein.

✔ **Rückerstattung der Hinsendekosten der Ware**

Wenn Ihr Kunde den Vertrag widerruft, müssen Sie ihm nicht nur den Kaufpreis zurückzahlen, sondern auch die Lieferkosten, die er bezahlt hat (§ 357 Absatz 2 Satz 1 BGB). Stellen Sie sich das so vor: Alles, was der Kunde an Sie gezahlt hat, geben Sie ihm im Fall eines Widerrufs zurück. Denken Sie daran, diese Rückerstattung vollständig und pünktlich zu machen – das gehört zu Ihren Pflichten.

Die Klausel in einer Widerrufsbelehrung: »Im Falle des Widerrufs hat der Verbraucher die Kosten der Hinsendung der Ware zu tragen« ist unzulässig.

Wenn Ihr Kunde den Vertrag widerruft, dürfen Sie den Kaufpreis auf keinen Fall um die Versandkosten für den Hinweg kürzen. Stattdessen müssen Sie den Kaufpreis sogar um diese Versandkosten erhöhen und vollständig zurückzahlen. Wenn Sie den Artikel allerdings ohne Versandkosten verschickt haben (also kostenlosen Versand angeboten haben), müssen Sie natürlich auch keine Versandkosten erstatten, da keine angefallen sind. Haben Sie in Ihrem Shop einen Standardversand und einen Premiumversand, zum Beispiel eine Expresslieferung gegen Aufpreis, und der Kunde hat sich ausdrücklich für den teureren Premiumversand entschieden, dann gilt: Bei einem Widerruf müssen Sie nur die Kosten des Standardversands erstatten, nicht aber die Mehrkosten für die Expresslieferung (§ 357 Absatz 2 Satz 2 BGB).

Erstatten Sie dem Kunden immer die Standardlieferkosten – wenn zusätzliche Kosten entstanden sind, die auf die Wünsche des Kunden zurückgehen, müssen Sie diese nicht übernehmen. Sie dürfen also keinesfalls die Erstattung des Kaufpreises des Verbrauchers bei einem Widerruf um etwaige Hinsendekosten kürzen. Vielmehr müssen Sie den Kaufpreis prinzipiell um diese erhöhen.

✔ **Rückerstattung der Hinsendekosten bei Abholung**

Stellen Sie sich vor, Sie bieten Ihrem Kunden standardmäßig an, die Ware bei Ihnen abzuholen. Wenn der Kunde sich aber dafür entscheidet, die Ware per Versand zu erhalten, und später den Vertrag widerruft, müssen Sie ihm trotzdem die Versandkosten für den Hinweg erstatten.

Warum? Weil die Abholung keine »Lieferung« oder »Versandart« ist, sondern eine persönliche Übergabe. Nach dem Gesetz müssen Sie die Hinsendekosten nur dann nicht erstatten, wenn der Kunde eine teurere Versandart als die von Ihnen angebotene günstigste Standardlieferung auswählt (§ 357 Abs. 2 Satz 2 BGB).

Sobald der Kunde sich für eine Lieferung entscheidet, zählen die Versandkosten zu den Erstattungen, die Sie bei einem Widerruf übernehmen müssen.

✔ **Rücksendung von Waren in der Originalverpackung**

Wenn Sie von Ihrem Kunden verlangen, dass er die Ware bei einem Widerruf nur in der Originalverpackung zurückschicken darf, machen Sie es ihm unnötig schwer. Das ist nicht erlaubt, weil es den Kunden benachteiligt. Nach der Rechtsprechung muss der Kunde solche Einschränkungen nicht akzeptieren. Er darf die Ware auch in einer anderen geeigneten Verpackung zurücksenden, solange sie dabei ordnungsgemäß zurückgegeben wird (Landgericht Konstanz, Urteil vom 05.05.2006, Az. 8 O 94/05 KfH; Landgericht Coburg, Urteil vom 09.03.2006, Az. 1 HK O 95/05; Landgericht Düsseldorf, Urteil vom 17.05.2006, Az. 12 O 496/05).

Kunden haben ein Recht auf ihr Widerrufsrecht, ohne durch zusätzliche Bedingungen wie die Originalverpackung eingeschränkt zu werden.

✔ **Erstattung der Rücksendekosten**

Wenn Ihr Kunde von seinem Widerrufsrecht Gebrauch macht und die Ware zurückschickt, müssen Sie ihn vorher darüber informieren (in der Widerrufsbelehrung), dass er die Kosten für den Rückversand selbst übernehmen muss. Diese Kosten sind das Porto oder die Gebühren, die entstehen, wenn der Kunde die Ware an Sie zurücksendet (§ 357 Absatz 6 Satz 1 BGB).

Wenn Sie den Kunden nicht rechtzeitig darüber informieren, dass er die Rücksendekosten selbst tragen muss, dann müssen Sie diese Kosten übernehmen. Achten Sie also darauf, Ihren Kunden klar und deutlich über diese Regelung zu informieren, nämlich in Ihrer Widerrufsbelehrung.

Wenn ein Kunde die Ware bei einem Widerruf zurückschickt, können Sie sich an der gesetzlichen Formulierungshilfe (Formulierungshilfe 5b des gesetzlichen Mustertextes nach Artikel 246a § 1 Absatz 2 Satz 1 Nummer 2 EGBGB) orientieren, um ihn darüber zu informieren, wer die Rücksendekosten trägt. Nutzen Sie dafür den Satz:

»Sie tragen die unmittelbaren Kosten der Rücksendung der Waren.«

Das bedeutet, dass der Kunde das Porto oder andere Rücksendekosten selbst bezahlen muss.

Sie können sich aber auch dafür entscheiden, die Rücksendekosten selbst zu übernehmen, zum Beispiel um mehr Kunden anzulocken oder den Verkauf zu fördern. In diesem Fall sollten Sie die Widerrufsbelehrung entsprechend anpassen und stattdessen schreiben:

»Wir tragen die Kosten der Rücksendung.«

Ihre Entscheidung über die Rücksendekosten ist verbindlich und in Ihrer Widerrufsbelehrung klar und eindeutig zu kommunizieren.

✔ **Rücksendung mit Retourenschein**

Grundsätzlich muss Ihr Kunde laut Gesetz die Rücksendekosten tragen, wenn er von seinem Widerrufsrecht Gebrauch macht. Wenn Sie als Händler aber die Rücksendekosten übernehmen möchten, können Sie das an bestimmte Bedingungen knüpfen. Zum Beispiel können Sie festlegen, dass Sie die Kosten nur übernehmen, wenn der Kunde einen von Ihnen bereitgestellten Retourenschein benutzt und die Ware mit einem bestimmten Paketdienst zurückschickt.

Sie müssen den Kunden darüber vorab, also schon vor Vertragsabschluss, in der Widerrufsbelehrung informieren. So weiß der Kunde genau, unter welchen Bedingungen Sie die Rücksendekosten übernehmen.

Widerrufsrecht bei digitalen Inhalten oder Dienstleistungen

Heutzutage werden über Social Media immer mehr digitale Inhalte und Dienstleistungen verkauft, wie zum Beispiel E-Books oder Online-Kurse. Wenn ein Kunde nach dem Kauf seine Meinung ändert, hat er das Recht, den Vertrag zu widerrufen. Das bedeutet, er kann den Kauf rückgängig machen und sein Geld zurückverlangen – auch wenn er das E-Book schon heruntergeladen oder den Online-Kurs gestreamt hat.

Konsumenten haben auch bei Produkten, die Sie nur digital zum Abruf bereitstellen, ein Widerrufsrecht. Die reguläre Widerrufsfrist beträgt 14 Tage.

✔ **Rückgaberecht für Bits und Bytes?**

Digitale Inhalte können vieles sein: zum Beispiel Software, Apps, digitale Spiele, Musik, Videos, E-Books oder auch virtuelle Währungen und Datenbanken. Es wäre ärgerlich, wenn Sie die digitalen Inhalte vollständig liefern und der Kunde dann widerruft – und Sie am Ende ohne Geld dastehen.

Zum Glück schützt die Rechtsordnung Sie in solchen Fällen. Wenn ein Kunde digitale Inhalte kauft, die er sofort nutzen kann, ist es möglich, dass er auf sein Widerrufsrecht verzichtet (§ 356 BGB).

Dafür müssen Sie vor Vertragsabschluss Folgendes tun:

- Den Kunden über sein Widerrufsrecht belehren.
- Den Kunden ausdrücklich bitten, auf dieses Recht zu verzichten.

Damit das Widerrufsrecht erlischt, müssen Sie den Kunden ausdrücklich darauf verzichten lassen. Am besten machen Sie das, indem Sie vor der Bestellung eine Checkbox einbauen, die der Kunde aktiv ankreuzen muss.

In einem kurzen Hinweistext erklären Sie dem Kunden Folgendes:

- Er stimmt zu, dass Sie mit der Lieferung oder Ausführung des Vertrags beginnen, bevor die Widerrufsfrist abgelaufen ist.
- Er bestätigt, dass er damit sein Widerrufsrecht verliert.

Also ein »Opt-in«. Wichtig: Die Checkbox darf nicht schon vorab angekreuzt sein! Nur so stellen Sie sicher, dass der Kunde bewusst zugestimmt hat.

Es ist wichtig, dass Sie den Verzicht des Käufers auf das Widerrufsrecht dokumentieren. Speichern Sie daher die Bestellung, in der der Käufer den Verzicht erklärt hat, gut ab. So können Sie im Streitfall nachweisen, dass das Widerrufsrecht erloschen ist und der Käufer darüber informiert wurde (§ 312f BGB). Diese Absicherung kann Ihnen viel Ärger ersparen!

✔ **Bei CD und DVD keine Chance auf Verzicht!**

Wenn Sie digitale Inhalte nicht als Download anbieten, sondern zum Beispiel auf einer CD oder DVD, ist es wichtig zu wissen: In diesem Fall können Sie das gesetzliche Widerrufsrecht nicht ausschließen.

Das bedeutet, der Kunde hat auch dann das Recht, den Kauf zu widerrufen. Deshalb sollten Sie vorher gut überlegen, ob Sie digitale Inhalte lieber als direkten Download anbieten möchten – denn nur dann können Sie den Verzicht auf das Widerrufsrecht verlangen.

✔ **Kein Zurück bei Service deluxe: So klappt's mit dem Widerrufsausschluss!**

Wenn Sie Dienstleistungen an Verbraucher anbieten, gibt es ein Risiko: Selbst wenn Sie die Dienstleistung vollständig erbracht haben, kann der Kunde innerhalb der Widerrufsfrist den Vertrag widerrufen. In diesem Fall müssten Sie das Geld zurückzahlen, ohne Ihre Leistung zurückzubekommen.

Damit das nicht passiert, gibt es eine gesetzliche Möglichkeit, das Widerrufsrecht frühzeitig erlöschen zu lassen (§ 356 Abs. 4 Nr. 2 BGB). Dafür müssen Sie Folgendes tun:

- **Den Kunden um Zustimmung bitten**, dass Sie mit der Dienstleistung vor Ablauf der Widerrufsfrist beginnen dürfen.
- **Sich bestätigen lassen**, dass das Widerrufsrecht erlischt, sobald die Dienstleistung vollständig erbracht ist.

Das machen Sie am besten mit einer Checkbox auf der Bestellseite, die der Kunde aktiv ankreuzen muss. Ohne das Häkchen kann er den Bestellbutton nicht anklicken.

Wenn Sie die Dienstleistung nicht vollständig innerhalb der Widerrufsfrist erbringen, bleibt das Widerrufsrecht bestehen. Haben Sie die Leistung nur teilweise erbracht, dann erlischt das Widerrufsrecht nur für diesen bereits erledigten Teil – vorausgesetzt, der Kunde wurde ordnungsgemäß belehrt und hat zugestimmt.

In diesem Fall haben Sie Anspruch auf einen sogenannten »Wertersatz« für den erbrachten Teil der Leistung (§ 357a Abs. 2 BGB). Dieser berechnet sich entweder …

- **anhand des Gesamtpreises:** der Gesamtpreis wird ins Verhältnis zur bereits geleisteten Arbeit gesetzt,
- **oder nach dem Marktwert**, falls der genaue Anteil nicht ermittelt werden kann.

So stellen Sie sicher, dass Ihre Arbeit nicht umsonst war!

✔ **Gratis, aber keine Rückgabe: So erlischt das Widerrufsrecht von selbst!**

Wenn Sie digitale Inhalte wie E-Books oder digitale Dienstleistungen kostenlos oder im Tausch gegen die persönlichen Daten des Nutzers anbieten, gibt es Besonderheiten beim Widerrufsrecht:

- **Bei digitalen Inhalten** wie einem E-Book erlischt das Widerrufsrecht, sobald Sie mit der Vertragserfüllung begonnen haben. Das bedeutet: Sobald Sie dem Nutzer zum Beispiel den Link zum Download per E-Mail geschickt haben, kann er den Vertrag nicht mehr widerrufen (§ 356 Absatz 5 Nr. 1 BGB).
- **Bei digitalen Dienstleistungen** erlischt das Widerrufsrecht, wenn Sie die Dienstleistung komplett erbracht haben (§ 356 Absatz 4 Nr. 1 BGB).

Sobald die Leistung erbracht oder der Zugang gewährt wurde, gibt es für den Nutzer kein Zurück mehr!

Widerrufsrecht bei Unternehmen

Wenn Sie Ihre Produkte vor allem an Gewerbetreibende verkaufen, müssen Sie kein Widerrufsrecht anbieten. Das heißt, Sie sind nicht verpflichtet, Ihren Kunden die Möglichkeit zu geben, den Kauf rückgängig zu machen, und brauchen auch keine Widerrufsbelehrung bei der Bestellung zu verlinken.

Sie sollten aber sicherstellen, dass Ihre Kunden wirklich Unternehmer sind. Es gibt ein paar einfache Schritte, die Sie einbauen können:

✔ **Bestätigung per Checkbox**

Lassen Sie Ihre Kunden aktiv ankreuzen, dass sie Gewerbetreibende sind und nur für geschäftliche Zwecke kaufen. Wichtig: Die Checkbox darf nicht schon vorab angekreuzt sein.

✔ **Pflichtfeld für Firmenname**

Fügen Sie ein Feld für den Firmennamen in das Bestellformular ein und machen Sie es verpflichtend. So wissen Sie direkt, dass der Kunde ein Unternehmen angibt.

✔ **Nachweise verlangen**

Bitten Sie Ihre Kunden um ihre Umsatzsteuer-Identifikationsnummer, Handelsregisternummer oder einen Gewerbenachweis.

✔ **Automatische Prüfung**

Nutzen Sie technische Tools oder Plugins, die automatisch überprüfen, ob der Kunde Unternehmer ist. Manche dieser Lösungen erlauben es sogar, Nachweise wie einen Gewerbeschein als PDF hochzuladen.

Mit diesen Maßnahmen sorgen Sie dafür, dass nur echte Gewerbetreibende Ihre Produkte kaufen und Sie nicht versehentlich Verbrauchern ein Angebot machen, das dann unter andere gesetzliche Regelungen fällt.

Sobald sich Ihr Angebot auch an Privatkunden (Verbraucher) richtet, gelten die Widerrufsregeln, und Sie müssen das Widerrufsrecht beachten.

Preise, Produktinfos und alles auf einen Blick – Was Ihre Kunden wissen müssen!

Im Zusammenhang mit dem Preis des Produkts sollten Sie eine Reihe von Dingen wissen:

Produktpräsentation im Online-Shop

Stellen Sie sich vor, Ihr Kunde steht direkt vor Ihnen in einem Laden und fragt Sie alles, was er über das Produkt wissen möchte. Genau so sollten Sie auch online handeln: Geben Sie alle wichtigen Informationen zum Produkt schon in der Produktbeschreibung an – so, als ob Sie dem Kunden persönlich antworten würden.

Der Kunde muss alles wissen, bevor er kauft! Es reicht nicht, ihm die Infos erst nach der Bestellung in der Bestellbestätigung oder bei der Lieferung der Ware zu geben. Das wäre so, als würden Sie im Laden die Fragen ignorieren und erst später antworten – das geht nicht!

Alles eine Frage der Menge

Stellen Sie sich vor, Sie verkaufen Produkte, die nach Gewicht, Volumen, Länge, Fläche oder Stückzahl angeboten werden – zum Beispiel Mehl in Kilopackungen oder Saft in Litern. In diesem Fall reicht es nicht, nur den Endpreis anzugeben.

Sie müssen auch den Preis pro Mengeneinheit (also pro Kilogramm, Liter, Meter, Quadratmeter oder Kubikmeter) anzeigen, und zwar direkt neben dem Endpreis, gut sichtbar. Dieser sogenannte Grundpreis muss bereits die Mehrwertsteuer und alle anderen Kosten enthalten, damit Ihre Kunden genau wissen, wie viel sie für eine bestimmte Menge zahlen.

Werbung mit den Preisen der Produkte

Wenn Sie Ihre Produkte auf Social Media bewerben, müssen Sie nicht unbedingt Preise nennen. Aber Achtung: Wenn Sie Preise angeben, müssen diese korrekt und vollständig sein. Das bedeutet:

- ✔ **Endpreise anzeigen**

  Die Preise müssen besonders gegenüber Verbrauchern immer den gesamten Betrag inklusive Mehrwertsteuer und aller zusätzlicher Kosten enthalten. Das schreibt die Preisangabenverordnung (PAngV) vor.

- ✔ **Hinweis auf Mehrwertsteuer**

  Wenn Sie Kleinunternehmer nach § 19 UStG sind und keine Umsatzsteuer berechnen, sollten Sie das in Ihrer Werbung erwähnen (zum Beispiel »Umsatzsteuer wird nicht ausgewiesen«).

- ✔ **Konsistente Preise**

  Der beworbene Preis muss genau mit dem Preis übereinstimmen, den Ihr Kunde später in Ihrem verlinkten Online-Shop sieht.

So stellen Sie sicher, dass Ihre Kunden von Anfang an Klarheit über die Preise haben und es keine bösen Überraschungen gibt!

Preise und zusätzliche Kosten (zum Beispiel Versandkosten) richtig ausweisen

Stellen Sie sich vor, Ihr Kunde steht kurz davor, eine Bestellung abzuschließen. Genau in diesem Moment müssen Sie ihm ganz klar zeigen, was alles an Kosten auf ihn zukommt. Dazu gehören:

- ✔ Der Gesamtpreis der Bestellung (inklusive aller enthaltenen Artikel),
- ✔ alle Versandkosten und, falls relevant, die Verpackungskosten, die Sie extra ausweisen müssen.

Diese Informationen müssen gut sichtbar, leicht zu finden und einfach zu lesen sein. Sie können das sicherstellen, indem Sie …

- ✔ schon auf der Produktseite auf die Versandkosten hinweisen und
- ✔ die Versandkosten auf der Bestellseite, bei der Bestellung anzeigen.

So vermeiden Sie Überraschungen für den Kunden und erfüllen gleichzeitig Ihre rechtlichen Pflichten (312j Abs. 2 BGB i. V. m. Art. 246a § 1 Abs. 1 S. 1 Nr. 4 EGBGB).

In Ihrem Online-Shop können Sie Ihre Kunden einfach und klar über die Endpreise informieren. Nutzen Sie dazu einen Link direkt bei der Preisangabe, zum Beispiel mit den Worten: »inkl. MwSt., zzgl. Versand« oder »inkl. MwSt., zzgl. Versandkosten«. Dieser Link sollte die Mehrwertsteuer und die Versandkosten erklären.

Ein Verweis auf Ihre »Allgemeinen Geschäftsbedingungen« reicht nicht aus, und Links wie »mehr Infos« oder das Einfügen von zusätzlichen Zwischenlinks erfüllen die Vorgaben nicht.

Selbst wenn Sie keine Versandkosten berechnen, müssen Sie das deutlich machen. Schreiben Sie dann zum Beispiel »inkl. MwSt., inkl. Versand« oder »inkl. MwSt., keine Versandkosten«. Auch hier können Sie einen Link hinzufügen, der weitere Details bietet.

So bleiben Ihre Preisangaben transparent und verständlich!

Mit vorherigen Preisen werben

Achten Sie darauf, bei Werbung mit Streichpreisen ehrlich zu bleiben. Geben Sie keinen höheren alten Preis an, als Sie tatsächlich zuvor verlangt haben. Laut Gesetz (§ 11 Abs. 1 PAngV) müssen die angegebenen Streichpreise echt sein und auch wirklich für das Produkt gegolten haben.

Wichtig: Sie müssen immer den niedrigsten Preis aus den letzten 30 Tagen vor der Preisermäßigung als Vergleichspreis angeben.

Wenn Sie ein T-Shirt zuerst für 150 EUR verkaufen, zwei Monate später für 100 EUR und dann zu »Black Friday« für 80 EUR, dürfen Sie nicht mehr mit den ursprünglichen 150 EUR als Streichpreis werben. Stattdessen müssen Sie die 100 EUR als Vergleichspreis angeben, weil das der niedrigste Preis der letzten 30 Tage war.

Das gilt für alle Arten von Preisermäßigungen – egal, ob es sich um »Statt«-Preise, durchgestrichene Preise oder Rabatte in Prozent handelt (zum Beispiel 10,00 EUR – 20 %). Bleiben Sie ehrlich und transparent, um das Vertrauen Ihrer Kunden zu gewinnen!

Streichpreise für Downloads – hier sind Sie frei!

Die Regeln für Werbung mit Streichpreisen gelten nur, wenn Sie Waren an Verbraucher verkaufen (§ 11 Abs. 1 PAngV).

Das bedeutet: Wenn Sie rein digitale Inhalte anbieten, wie zum Beispiel E-Books, Online-Kurse oder Musikdownloads, können Sie ohne Einschränkungen mit Streichpreisen werben. Hier müssen Sie nicht die letzten 30 Tage beachten oder nachweisen, dass der alte Preis tatsächlich verlangt wurde.

Trotzdem gilt: Ehrlichkeit ist das A und O! Auch bei digitalen Inhalten sollten Ihre Preise realistisch und nachvollziehbar sein, damit Ihre Kunden Ihnen vertrauen.

Bundles verkaufen

So geht's bei Bundles und Sets:

Wenn Sie Waren-Sets (auch »Bundles« genannt) verkaufen, müssen Sie den Grundpreis nur dann angeben, wenn die enthaltenen Produkte nicht annähernd gleich viel wert sind.

Sie bieten eine Flasche Wein für 100 Euro im Set mit einem Flaschenöffner für 4 Euro an. Der Flaschenöffner ist hier nur eine kleine Zugabe. In diesem Fall müssen Sie neben dem Gesamtpreis auch den Grundpreis für den Wein (zum Beispiel pro Liter) angeben (§ 4 PAngV).

Teil IV
Rechtsverstoß und Konsequenzen

IN DIESEM TEIL …

Wenn Sie an dieser Stelle im Buch angekommen sind, dann haben Sie sicherlich eines verstanden: Rechtsverstöße lauern in jeder Ecke. So schnell wie Ihr Posting auf Social Media hochgeladen und online ist, so leicht können Sie zum Täter oder auch zum Opfer von Persönlichkeits-, Urheberrechts- und/oder Wettbewerbsverstößen werden.

IN DIESEM KAPITEL

Der Kauf von Followern und warum das ein riskanter Weg ist

Social Bots – was Sie wissen sollten

Schutz vor Phishing-Angriffen

Kapitel 12
Tricksen, Täuschen, Tappen: Betrug und Manipulation

Social Media bietet viele Chancen, aber auch einige Risiken, die Sie kennen sollten, um sich und Ihr Profil zu schützen. In diesem Kapitel werfen wir einen Blick auf drei heikle Themen: Fake-Follower, Social Bots und Phishing-Angriffe. Wir zeigen Ihnen, wie diese Phänomene funktionieren, welche rechtlichen und wirtschaftlichen Konsequenzen sie haben können und wie Sie sich davor schützen können.

Vorsicht beim Kauf von Followern – warum das ein riskanter Weg ist

Follower sind das Aushängeschild für einen beliebten und erfolgreichen Social-Media-Account. Viele Follower machen Ihr Profil attraktiver, ziehen weitere Nutzer an und können Ihre Reichweite enorm steigern. Aber was tun, wenn die Zahlen nicht so schnell wachsen, wie Sie es sich wünschen? Der Gedanke, Follower oder Likes zu kaufen, scheint verlockend.

Doch Vorsicht: Das ist weder ratsam noch sinnvoll.

Warum der Kauf von Followern rechtlich problematisch ist

Social-Media-Plattformen wie Google, Facebook und Instagram verbieten Spam. Dazu zählt auch, wenn Nutzer absichtlich durch Fake-Follower in die Irre geführt oder getäuscht werden.

Regeln lesen oder Risiko eingehen

Gekaufte Follower können dazu führen, dass Sie gegen die Nutzungsbedingungen der Social-Media-Plattformen wie Facebook, Instagram oder Google verstoßen, die solche Verstöße ahnden. Das kann für Ihr Social-Media-Profil Konsequenzen haben, wie zum Beispiel eine Sperrung oder Einschränkung Ihres Kontos.

✔ **Aufnahme Ihres Accounts in die öffentliche Blacklist**

Wenn Ihr Social-Media-Account auf der schwarzen Liste steht, gesperrt oder sogar gelöscht wird, dann kann das ein echtes Problem sein. Rechtlich dagegen vorzugehen, bringt meist wenig Erfolg – die Plattformen haben in ihren Nutzungsbedingungen festgelegt, dass sie Accounts sperren oder entfernen dürfen. Das bedeutet: Ihre Inhalte, Ihre Reichweite und die mühsam aufgebaute Verbindung zu Ihren Fans sind im schlimmsten Fall für immer weg. Und in einigen Fällen bleibt der Account unwiederbringlich gelöscht.

✔ **Löschung von Likes, Kommentaren**

Oft sind das keine echten Menschen, sondern sogenannte Bots – also Profile, die nur dazu erstellt wurden, um »Gefällt mir« zu klicken. Plattformen erkennen regelmäßig unechte Profile und entfernen sie. Dabei verschwinden auch die Likes, Kommentare, die Sie bezahlt haben.

✔ **Sperrung oder Löschung von Fake-Accounts**

Accounts, die verdächtig wirken – zum Beispiel gekaperte oder gestohlene Accounts werden zeitweise oder dauerhaft gesperrt. Dabei verschwinden auch die Follower, die Sie bezahlt haben.

Echt riskant: Rechtsbruch

Der Kauf von Followern ist für sich genommen zwar nicht strafbar, problematisch wird es jedoch, wenn Sie das Profil nach dem Follower-Kauf für Werbezwecke nutzen und dadurch Geld verdienen. Sie täuschen dann Unternehmen oder Kunden über die echte Reichweite. Wenn das Ganze regelmäßig und in größerem Umfang passiert, kann es sogar juristische Konsequenzen nach sich ziehen:

✔ **Irreführung und Täuschung**

Wenn Sie für Ihr Unternehmen Fake-Follower kaufen, täuschen Sie einen größeren Erfolg vor, als Sie tatsächlich haben. Die Follower-Zahl ist in Social Media eine entscheidende Leistungskennzahl. Werbeunternehmen zahlen Influencer oft insbesondere basierend auf ihrer Reichweite. Werden Fake-Follower eingesetzt, kann das zum Vertragsbruch bei Werbepartnerschaften führen und ist sogleich aus wettbewerbsrechtlicher Sicht irreführend und damit unzulässige Werbung (§ 5 UWG).

- **Unzulässige bezahlte Nutzermeinungen**

  Gekaufte Likes, Kommentare und Nutzermeinungen von gekauften Followern können als versteckte bezahlte Meinungen gewertet werden – und müssten daher regelmäßig als Werbung gekennzeichnet werden.

BEISPIEL

Das Landgericht Stuttgart verurteilte bereits 2014 ein Unternehmen, das 14.500 Facebook-Likes gekauft hatte, um Beliebtheit und Größe vorzutäuschen (Beschluss des Landgericht Stuttgart vom 06.08.2014, Aktenzeichen: 37 O 34/14 KfH). Die Konsequenzen? Das Unternehmen musste …

- alle Gerichts- und Anwaltskosten tragen,
- die 14.500 Fake-Likes **manuell** von seiner Seite entfernen – ein langwieriger und mühsamer Prozess, da es hierfür keine automatisierten Lösungen gibt.

Besonders für geschäftliche Accounts ist Vorsicht geboten: Hier drohen wettbe werbsrechtliche Strafen. Wollen Sie auf der sicheren Seite bleiben, verzichten Sie auf gekaufte Follower.

Warum gekaufte Follower auch wirtschaftlich keinen Sinn ergeben

Follower zu kaufen, klingt im ersten Moment nach einer schnellen Lösung, um das eigene Social-Media-Profil »aufzuhübschen«. Doch aufgepasst: Auch wirtschaftlich gesehen ist das eine schlechte Idee.

Wer sind Ihre gekauften Follower überhaupt?

Das große Problem bei gekauften Followern: Sie haben keine Kontrolle darüber, wer sich hinter den Accounts verbirgt.

- Diese Accounts interessieren sich gar nicht für Ihre Inhalte.
- Ihre Werbung läuft größtenteils ins Leere, weil die Plattformen Ihre Beiträge an die gekauften, oft inaktiven Follower ausspielen – anstatt nur an die echten, treuen Fans.

Geldverschwendung bei Werbeanzeigen (Ads)

Wenn Sie später Ads schalten wollen, um Ihre Reichweite oder ein Angebot zu bewerben, zahlen Sie teuer drauf, denn Sie zahlen für die gekauften, uninteressierten Accounts mit.

BEISPIEL

Sie haben 500 echte Fans und kaufen 10.000 Follower dazu. Wenn Sie dann 100 Euro für eine Anzeige ausgeben, werden Sie bis zu 100 Euro verschwenden, weil die Ads auch an Ihre 10.000 gekauften Follower ausgespielt werden – die sich nicht für Ihr Angebot interessieren.

Ihre Statistiken werden unbrauchbar

Social-Media-Plattformen wie Instagram oder TikTok bieten Analyse-Tools, um Ihnen Einblicke in Ihre Zielgruppe zu geben, zum Beispiel …

- ✔ wann Ihre echten Fans online sind,
- ✔ welche Inhalte besonders gut ankommen.

Doch mit gekauften Followern verfälschen Sie diese Daten:

- ✔ Viele der Fake-Accounts kommen aus ganz anderen Zeitzonen, sodass Sie nicht mehr sicher wissen, wann Ihre echten Fans online sind.
- ✔ Die Interaktionen sind nicht mehr verlässlich. Sie können nicht erkennen, ob Ihre Inhalte Ihr eigentliches Publikum erreichen.

Authentizität ist auf Social Media der Schlüssel zum Erfolg. Gekaufte Follower mögen auf den ersten Blick verlockend erscheinen, aber sie sind rechtlich und wirtschaftlich ein Desaster: Sie verschwenden Geld, riskieren Ihre Reichweite und täuschen Ihre echten Fans.

Social Bots – was Sie wissen sollten

Social Bots sind clevere Programme, die künstliche Intelligenz (KI) nutzen, um in sozialen Netzwerken mit Nutzern zu interagieren. Vielleicht sind Ihnen schon mal Chat-Bots begegnet, die in den Direktnachrichten auf Plattformen wie Instagram oder WhatsApp standardisierte Fragen beantworten oder eine Newsletter-Anmeldung ermöglichen.

Wie funktionieren Social Bots?

Social Bots sind keine Magie, sondern smarte Tools, die auf Programmierung basieren. Sie bestehen aus:

- ✔ **einem Account**, über den Sie kommunizieren.
- ✔ **einer API-Schnittstelle**, die den Austausch mit anderen Systemen ermöglicht,
- ✔ **einer Programmierung**, die festlegt, wie der Bot reagieren soll.

BEISPIEL

»ManyChat«, eine Plattform, die Unternehmen hilft, automatisierte Nachrichten und interaktive Gespräche über Messenger-Dienste wie Facebook oder WhatsApp zu führen.

Ist der Einsatz von Social Bots legal?

Grundsätzlich gibt es kein Gesetz, das Social Bots verbietet. Allerdings können die *Nutzungsbedingungen* der jeweiligen Social-Media-Plattformen Einschränkungen vorsehen. Wenn Bots gegen Regeln verstoßen, kann das zu Sperrungen oder anderen Konsequenzen führen – aber es handelt sich dabei nicht um ein gesetzliches Verbot, sondern um eine privatrechtliche Vereinbarung.

Wo Bots verboten sind

Es gibt Bereiche, in denen Bots problematisch sind, etwa bei Online-Spielen:

Wenn Bots automatisierte Spielhandlungen ausführen, können sie gegen die Nutzungsbedingungen und das Urheberrecht der Spielehersteller verstoßen.

Gerichte haben in solchen Fällen schon entschieden, dass der Einsatz unlauter sein kann, weil er den Wettbewerb stört oder Markenrechte verletzt.

Bei Social Bots, die lediglich Inhalte verbreiten oder Nachrichten verschicken, – also das Programm lediglich anwenden –, ist dies jedoch selten der Fall.

Datenschutz beim Einsatz von Social Bots

Sobald Social Bots Nutzerdaten sammeln, verarbeiten oder weiterleiten, muss der Nutzer vorher informiert werden. In der Regel ist eine *Einwilligung* erforderlich, um den Datenschutz einzuhalten. Mit anderen Worten:

Nutzer müssen wissen, was der Bot mit ihren Daten macht, und dem zustimmen.

Social Bots dienen der automatisierten Kundenkommunikation. Aber: Schauen Sie sich die Regeln der Social-Media-Plattform genau an, um Ärger zu vermeiden und holen Sie die Einwilligung Ihrer Nutzer ein, wenn es um die Verarbeitung von Daten geht.

So schützen Sie sich vor Phishing-Angriffen

Phishing funktioniert oft nach dem gleichen Schema: Sie erhalten über Messenger eine Nachricht, klicken darauf und landen auf einer täuschend echt aussehenden Webseite, die vorgibt, zur Social-Media-Plattform zu gehören. Dort sollen Sie Ihre Zugangsdaten eingeben. Tun Sie das, können Betrüger Ihr Konto übernehmen und unter Ihrem Benutzernamen und Ihrer in Social Media hinterlegten Identität handeln – und Straftaten begehen, zum Beispiel Identitätsklau.

Warum das gefährlich ist

Diese Nachrichten werden massenhaft verschickt. Sobald die Betrüger Ihre Zugangsdaten haben, können sie Sie in wenigen Minuten von Ihrem eigenen Account aussperren.

Plattformen wie Meta, Google oder andere Social-Media-Dienste kontaktieren Sie niemals über Messenger, um sensible Daten abzufragen oder Rechtsverletzungen zu ahnden.

Was tun, wenn es passiert ist?

Phishing ist strafbar. Sie können eine Strafanzeige erstatten. Die Täter machen sich unter anderem wegen Datenfälschung (§ 269 StGB) strafbar, da sie gefälschte Webseiten oder Nachrichten verwenden, um Sie zu täuschen. Weitere Straftatbestände betreffen Marken- und Urheberrechtsverletzungen sowie Datenmanipulation und Betrug.

Wie Sie sich schützen können

Hier ein paar Tipps, wie Sie sich davor schützen können:

- ✔ **Prüfen Sie Nachrichten kritisch.**

  Offizielle Nachrichten kommen nicht über Messenger, sondern über die registrierte E-Mail-Adresse.

- ✔ **Achten Sie auf die Webadresse.**

  Kleine Schreibfehler (zum Beispiel »`www.inst@gram.com`« statt »`www.instagram.com`«) sind ein Hinweis auf Betrug.

- ✔ **Aktivieren Sie die Zwei-Faktoren-Authentifizierung (2FA).**

  Der Vorteil der *Zwei-Faktoren-Aktivierung* (2FA) ist, dass Betrüger neben Ihrem Passwort auch einen zusätzlichen Code benötigen, um Zugang zu Ihrem Account und Ihren Daten zu erhalten. Die Funktion können Sie in Ihren Privatsphäre- und Sicherheitseinstellungen in der App freischalten.

- ✔ **Ignorieren Sie verdächtige Links.**

  Klicken Sie nicht auf Links in zweifelhaften Nachrichten. Besuchen Sie lieber die offizielle Webseite der Social-Media-Plattform.

- ✔ **Löschen Sie Phishing-Nachrichten.**

  Entfernen Sie verdächtige Nachrichten von unbekannten Absendern und blockieren Sie diese Nutzer, um weitere Spam-Versuche zu verhindern.

- ✔ **Informieren Sie die Plattformen.**

  Informieren Sie Meta, Google und Co. über verdächtige Nachrichten, damit andere Nutzer geschützt werden.

- ✔ **Überprüfen Sie Ihre Konten regelmäßig.**

  Kontrollieren Sie, ob unberechtigte Interaktionen stattfinden. Ändern Sie bei Verdacht sofort Ihr Passwort und melden Sie den Vorfall der Social-Media-Plattform.

Phishing kann jeden treffen – seien Sie wachsam und handeln Sie bei Verdacht sofort. Mit ein paar Vorsichtsmaßnahmen, wie der Aktivierung von 2FA und der Vermeidung, auf unsichere Links zu klicken, können Sie Ihr Konto wirksam schützen.

IN DIESEM KAPITEL

Haftung für repostete Inhalte

Abmahnung erhalten – was nun?

Tot stellen und nicht reagieren – keine gute Lösung

Wenn jemand Ihre Rechte auf Social Media verletzt

Kapitel 13
Haftung für Inhalte, Abmahnung und Schmähkritik

In sozialen Netzwerken wird oft schnell und unüberlegt gepostet. Dabei kann es passieren, dass verletzende Kommentare auftauchen oder jemand einfach Ihr Bild ohne Erlaubnis teilt. Doch wer trägt die Verantwortung? Die Person, die den Beitrag veröffentlicht hat, oder die Social-Media-Plattform, die das erst möglich macht? Diese Frage ist entscheidend, wenn es darum geht, sich zu wehren und Inhalte entfernen zu lassen.

Wenn Sie etwas in sozialen Netzwerken posten, sind Sie selbst dafür verantwortlich – das gilt für Texte, Bilder und Kommentare. Das Gesetz (§ 7 Abs. 3 DDG) macht klar: Nutzer haften für ihre eigenen Inhalte, nicht die Social-Media-Plattform.

Haftung für repostete Inhalte

Sie können nicht nur für Ihre eigenen Inhalte haften, sondern auch für fremde Inhalte, die Sie reposten. Aber wann passiert das auf Social Media?

Grundsätzlich ist das Liken, Reposten und Teilen von Beiträgen auf Social Media erlaubt und sogar erwünscht.

Aber Vorsicht: Wenn ein Beitrag rechtswidrige Inhalte enthält – etwa Beleidigungen oder Verleumdungen – und Sie ihn durch Ihr Like oder Teilen unterstützen, kann das als *Zu-eigen-machen* gewertet werden. Das bedeutet, dass Sie möglicherweise rechtlich dafür verantwortlich gemacht werden, als wäre es Ihr eigener Beitrag.

Deshalb lohnt es sich, genau hinzuschauen, bevor Sie einen Beitrag reposten. Seien Sie auch vorsichtig, welche Beiträge Sie sonst in sozialen Medien liken oder positiv kommentieren. Ein Like oder ein zustimmender Kommentar kann auch so verstanden werden, dass Sie sich die gelikte oder kommentierte Aussage zu eigen machen. Wenn diese Aussage ehrverletzend ist, könnte das rechtliche Folgen für Sie haben, bis hin zu einer Strafe wegen übler Nachrede (so im Ergebnis: Urteil des Landgerichts Meiningen vom 5. August 2022, Aktenzeichen 6 Qs 146/22).

Wann Social-Media-Plattformen für Inhalte haften

Die Social-Media-Plattformen, auf denen Sie posten, haften grundsätzlich nicht für rechtswidrige Inhalte, die von ihren Nutzern erstellt wurden. Für Social-Media-Plattformen gilt insoweit ein *Haftungsprivileg* (§ 7 DDG, Artikel 4 bis 8 der Verordnung (EU) 2022/2065).

Allerdings gibt es Ausnahmen davon:

- ✔ Wenn die Plattform weiß, dass ein Beitrag rechtswidrig ist (zum Beispiel, weil der Urheber sich beschwert hat), kann sie haftbar gemacht werden.
- ✔ Wenn die Plattform einen klar rechtswidrigen Beitrag zum Beispiel nicht innerhalb von 5 Tagen entfernt oder sperrt, nachdem sie darauf hingewiesen wurde.

Sobald Sie eine Plattform über einen Rechtsverstoß informieren, muss sie den Inhalt prüfen und gegebenenfalls löschen – das nennt man *Notice-and-take-down-Verfahren*.

Plattformbetreiber können ebenfalls haftbar sein, wenn sie sich fremde Inhalte *zu eigen machen*. Das passiert zum Beispiel, wenn sie …

- ✔ Beiträge vor der Veröffentlichung prüfen und dann erst freigeben,
- ✔ sie fremde Beiträge redaktionell in eigene Inhalte einbinden.

BEISPIEL

Ein Nutzer lädt ohne Erlaubnis ein Risotto-Foto auf die Online-Plattform »Chefkoch« hoch. Wenn »Chefkoch« die Rezepte vorab kontrolliert und mit eigenem Logo freigibt und online stellt, macht sich die Plattform den Inhalt zu eigen – und haftet für das unerlaubt genutzte Bild (Urteil vom Bundesgerichtshof vom 12.11.2009, Aktenzeichen I ZR 166/07).

Meinungsfreiheit - wo liegen die Grenzen?

Jeder darf seine Meinung äußern – das ist durch *Artikel 5 des Grundgesetzes (GG)* geschützt. Dabei kann es sich um:

- ✔ **Tatsachen** handeln (also überprüfbare Fakten),
- ✔ **Meinungen** (subjektive Ansichten) oder
- ✔ **Werturteile** (persönliche Bewertungen).

Doch diese Freiheit gilt nicht uneingeschränkt! *Artikel 5 Absatz 2 GG* setzt klare Grenzen: Wer mit seiner Meinung die Rechte anderer verletzt – zum Beispiel durch Beleidigung, Verleumdung oder üble Nachrede –, überschreitet das Erlaubte und kann dafür zur Verantwortung gezogen werden. Man spricht dann von *Schmähkritik.*

Kritik ja, Rufmord nein!

Die Meinungsfreiheit hat also Grenzen – nämlich immer dann, wenn sie in das private oder intime Leben einer Person eingreift oder den guten Ruf eines Unternehmens schädigt.

Abmahnschreiben erhalten – Was nun?

Trotz aller Vorsicht kann es passieren, dass Sie versehentlich die Rechte anderer verletzen. In solchen Fällen ist es üblich, dass die Betroffenen einen Anwalt einschalten, der Sie darauf hinweist.

Wenn Sie eine Abmahnung erhalten, bewahren Sie einen kühlen Kopf und handeln Sie sofort. Wenden Sie sich an einen Anwalt oder Anwältin, um Ihre Rechte zu wahren und strategisch auf das Schreiben zu reagieren. So können Sie den Schaden begrenzen und weitere Probleme vermeiden.

Was eine Abmahnung ist

Eine Abmahnung ist ein offizielles Schreiben eines Anwalts, das Sie auf eine Rechtsverletzung aufmerksam macht. In diesem Schreiben wird häufig …

- ✔ **die Rechtsverletzung erläutert:** zum Beispiel eine Urheberrechtsverletzung oder ein Markenrechtsverstoß,
- ✔ **eine Frist gesetzt:** innerhalb dieser Zeit sollen Sie reagieren, zum Beispiel eine Unterlassungserklärung abgeben oder Schadenersatz leisten.

Wie sollten Sie reagieren?

Wenn Sie eine Abmahnung erhalten, ist das oft ein ziemlicher Schock – man spürt sofort, wie der Puls in die Höhe schnellt. Nachfolgend erfahren Sie Schritt für Schritt, was Sie tun können, um sich zu schützen und rechtlich korrekt zu reagieren.

- ✔ **Ruhe bewahren.**

  Eine Abmahnung ist unangenehm, aber kein Grund zur Panik.

- ✔ **Nichts vorschnell unterschreiben oder zahlen.**

  Unterschreiben Sie die geforderte Unterlassungserklärung nicht sofort. Oft enthalten solche Schreiben Klauseln, die Ihnen langfristig schaden können.

- **Schnell handeln.**

  Ignorieren Sie das Schreiben nicht! Es sind Fristen gesetzt, die Sie unbedingt einhalten müssen, um weitere rechtliche Konsequenzen zu vermeiden.

- **Einen Anwalt/Anwältin einschalten.**

  Suchen Sie schnellstmöglich einen Anwalt und Spezialisten für das jeweilige Thema auf. Ihr Anwalt/Ihre Anwältin prüft die Vorwürfe und klärt, wie Sie am besten vorgehen.

Warum ist ein Anwalt wichtig?

Ein erfahrener Anwalt/Anwältin kann:

- Die Rechtmäßigkeit der Abmahnung überprüfen.
- Sie vor ungerechtfertigten Forderungen schützen.
- Eine modifizierte Unterlassungserklärung verfassen, falls nötig.
- Ihnen helfen, unnötige Kosten zu vermeiden.

Werden auch kleine, private Accounts abgemahnt?

Ja, auch kleine, private Accounts können abgemahnt werden. Viele glauben, dass Abmahnungen nur große Unternehmen oder bekannte Influencer betreffen, aber das ist ein Irrtum. Es kommt nicht auf die Größe Ihres Accounts an, sondern darauf, ob Sie gegen geltendes Recht verstoßen haben.

Typische Gründe für Abmahnungen bei privaten Accounts sind:

- **Urheberrechtsverletzungen**

  Das Teilen von Bildern, Videos, oder Musik ohne die Erlaubnis des Rechteinhabers.

BEISPIEL

Sie reposten ein schönes Bild von Pinterest auf Ihrem Social-Media-Account, ohne den Fotografen zu nennen.

- **Markenrechtsverletzungen**

  Nutzung von Markenlogos oder geschützten Namen ohne Zustimmung.

BEISPIEL

Ein privater Account verkauft handgemachte T-Shirts und nutzt dabei ein geschütztes Logo.

- **Fehlende Kennzeichnung von Werbung**

  Wenn Sie fremde Produkte »empfehlen«, ohne es als Werbung zu kennzeichnen – selbst, wenn Sie dafür nicht bezahlt wurden (lesen Sie zu diesem Punkt das Kapitel 2 dieses Buches: »Kennzeichnungspflicht auf Social Media«).

- **Persönlichkeitsrechtsverletzungen**

  Veröffentlichen von Fotos oder Videos anderer Personen ohne deren Zustimmung.

Doch warum geraten auch kleine Accounts ins Visier?

- **Automatisierte Tools**

  Rechteinhaber nutzen oft Software, die Verstöße im Internet automatisch aufspürt – unabhängig von der Account-Größe.

- **Gleichheitsgrundsatz**

  In Deutschland gelten die gleichen Regeln für kleine private Accounts wie für große Unternehmen oder Influencer.

- **Einen Präzedenzfall schaffen**

  Manchmal setzen Anwälte gezielt bei kleinen Accounts an, um ein Exempel zu statuieren.

Begrenzte Abmahnkosten für Privatpersonen

Wenn Sie als Privatperson eine Abmahnung wegen einer Urheberrechtsverletzung erhalten, müssen Sie sich keine Sorgen über extrem hohe Kosten machen. Das Gesetz deckelt den Streitwert in solchen Fällen auf 1.000 Euro (§ 97a Absatz 3 UrhG). Dadurch belaufen sich die Anwaltskosten, die Sie im schlimmsten Fall zahlen müssen, auf etwa 160 Euro – auch wenn die abmahnenden Urheber selbst mehr an ihre Anwälte zahlen. Diese Regelung gilt allerdings nur unter bestimmten Bedingungen: Sie dürfen das urheberrechtlich geschützte Werk nicht für gewerbliche oder selbstständige Zwecke genutzt haben. Außerdem darf es keine vorherige Verpflichtung geben, das Werk nicht mehr zu verwenden – sei es durch einen Vertrag oder eine gerichtliche Entscheidung.

Zweck und Inhalt

Wenn Sie abgemahnt wurden, wird der Rechtsanwalt oder die Rechtsanwältin der Gegenseite in der Regel vorschlagen, dass Sie den beanstandeten Inhalt löschen und sich verpflichten, zukünftig keine ähnlichen Verstöße mehr zu begehen. Dafür müssen Sie eine sogenannte *Unterlassungserklärung* abgeben, die Erklärungen werden schon für Sie vorformuliert. Diese müssen Sie unterschreiben und zurücksenden.

- **Die Unterlassungserklärung hat einen klaren Zweck.**

  Eine Unterlassungserklärung soll verhindern, dass der gleiche Verstoß noch einmal passiert. Wenn Sie diese Erklärung unterschreiben, erkennen Sie an, dass Sie für den Verstoß verantwortlich sind, und verpflichten sich, diesen in Zukunft nicht zu wiederholen. An Ihre unterzeichnete Unterlassungserklärung sind Sie Ihr Leben lang gebunden.

Tun Sie es trotzdem, droht Ihnen eine Vertragsstrafe, die sehr hoch ausfallen kann.

- **Unterlassungserklärungen werden eher zugunsten des Abmahnenden formuliert.**

  Daher sollten Sie die Erklärung nicht blind unterschreiben. Vorgefertigte Unterlassungserklärungen enthalten oft nachteilige Formulierungen, die Ihnen langfristig Probleme bereiten könnten.

- **Eine Abmahnung verfolgt das Ziel, ein teures Gerichtsverfahren zu verhindern.**

  Wenn Sie die Unterlassungserklärung annehmen, bleibt es bei den Abmahnkosten. Weigern Sie sich jedoch und die Gegenseite klagt, wird es richtig teuer: Es kommen weitere Anwalts- und Gerichtskosten auf Sie zu.

Wenn Sie die Forderung erst während eines laufenden Gerichtsverfahrens anerkennen, können Sie nicht mehr erreichen, dass die Gegenseite die Gerichtskosten trägt (§ 93 ZPO).

Löschen Sie sofort den beanstandeten Rechtsverstoß. Lassen Sie die Unterlassungserklärung immer von einem Anwalt prüfen. Handeln Sie zügig, um zusätzliche Kosten zu vermeiden.

Wer die Kosten trägt

Wenn Sie eine Abmahnung erhalten, entstehen vor allem die Gebühren für den Anwalt, den der Abmahnende eingeschaltet hat. Zunächst zahlt der Abmahnende die Anwaltskosten, da er den Anwalt beauftragt hat. Aber: Ist die Abmahnung berechtigt, kann der Abmahnende von Ihnen als Abgemahnten verlangen, diese Kosten zu erstatten.

Warum? Der Gedanke dahinter ist, dass Ihr rechtswidriges Verhalten die Kosten für die Abmahnung erst verursacht hat – also haben Sie dafür auch die Kosten zu tragen.

Die Höhe der Kosten richtet sich nach dem *Streitwert* und wird nach dem Rechtsanwaltsvergütungsgesetz (RVG) berechnet. Das bedeutet: Je schwerwiegender der Verstoß, desto höher können die Anwaltskosten ausfallen.

BEISPIEL

Beispiel für eine Unterlassungserklärung bei Urheberrechtsverletzung

Abgabe einer strafbewehrten Unterlassungsverpflichtungserklärung

[Ihr Name], [Ihre Adresse]

Hiermit verpflichte ich, [Ihr Name], mich gegenüber [Name des Rechteinhabers], es ab sofort zu unterlassen, das Werk oder Teile daraus

Abbildung des Werkes.

über das WWW, den sozialen oder vergleichbaren Netzwerken zum elektronischen Abruf bereitzuhalten.

Für jeden einzelnen Fall der schuldhaften Zuwiderhandlung gegen diese Unterlassungsverpflichtung verpflichte ich mich zur Zahlung einer angemessenen Vertragsstrafe, deren Höhe von [Name des Rechteinhabers] nach billigem Ermessen festzusetzen und im Streitfall vom zuständigen Gericht zu überprüfen ist.

[Ort und Datum der Unterzeichnung]

[Ihr Name]

Selbstverteidigung bei einer Abmahnung

Wenn Sie eine Abmahnung erhalten, könnten Sie auf die Idee kommen, selbst eine Unterlassungserklärung zu schreiben, um die Sache schnell aus der Welt zu schaffen. Aber Vorsicht! Das ist keine gute Idee. Solche Erklärungen sind meistens juristisch nicht wirksam. Fehler können Sie teuer zu stehen kommen – sei es durch eine falsche Formulierung oder weil wichtige Details fehlen.

Lassen Sie sich lieber von einem Anwalt beraten, der genau weiß, worauf es ankommt. So schützen Sie sich vor unnötigen Risiken und hohen Folgekosten.

Eine Unterlassungserklärung klingt vielleicht einfach, ist es aber nicht. Damit sie rechtlich wirksam ist, muss sie strafbewehrt sein – das bedeutet, dass Sie eine Vertragsstrafe zahlen müssen, wenn Sie gegen die Erklärung verstoßen.

Das Problem: Die Formulierung ist entscheidend!

- ✔ **Zu weit gefasst.**

  Sie verpflichten sich zu mehr, als nötig wäre. Das kann später teuer und unnötig kompliziert werden.

- ✔ **Zu eng gefasst.**

  Die Erklärung ist unwirksam, und Sie riskieren weitere rechtliche Schritte.

Eine Unterlassungserklärung sollte immer von einem Anwalt geprüft und auf Ihren konkreten Fall angepasst werden. Nur so gehen Sie auf Nummer sicher und vermeiden kostspielige Fehler.

Tot stellen und nicht reagieren – keine gute Lösung!

Wenn Sie auf die Abmahnung nicht reagieren und die gesetzte Frist verstreichen lassen, kann es passieren, dass ein Gerichtsverfahren gegen Sie eingeleitet wird. Der Abmahner wird dann meist den schnellsten Weg wählen, um seine Ansprüche durchzusetzen: eine *einstweilige Verfügung*. Bei besonders schweren Rechtsverletzungen, die schnell gestoppt werden müssen – wie zum Beispiel eine beleidigende Aussage auf Instagram –, kann sogar direkt ein Eilverfahren gegen Sie eingeleitet werden, ohne dass Sie zuvor eine Abmahnung erhalten.

Einstweilige Verfügung

Wenn der Anwalt des Abmahnenden einen Antrag beim Gericht gegen Sie stellt, geht es immer um Ansprüche, die nicht auf Geld gerichtet sind – also um die Unterlassung oder die Beseitigung eines rechtswidrigen Verhaltens. Ein Beispiel dafür wäre das Verbot, ein Foto einer anderen Person ohne Erlaubnis zu veröffentlichen. Schadenersatz kann in diesem Verfahren nicht verlangt werden. Das Gericht entscheidet in der Regel innerhalb weniger Tage – ohne mündliche Verhandlung und ohne eine ausführliche Beweisaufnahme. Der Abmahnende muss seinen Anspruch lediglich glaubhaft machen, zum Beispiel durch eidesstattliche Versicherungen. So wird ein schneller Rechtsschutz möglich. Eine ausführliche Beweisaufnahme wird erst später in einem Hauptverfahren erfolgen.

Wann wird eine einstweilige Verfügung vom Gericht erlassen?

Eine einstweilige Verfügung wird vom Gericht nur erlassen, wenn die Sache für den Antragsteller – also die Person, die die Unterlassung oder Beseitigung verlangt – dringend ist. Es muss für den Antragsteller unzumutbar sein, auf ein Urteil im regulären Klageverfahren zu warten. Das ist bei Rechtsverstößen im Internet und in den sozialen Medien in der Regel der Fall.

Die Gerichte gehen dabei meist davon aus, dass die Dringlichkeit nur innerhalb von 4 Wochen nach Kenntnis der Rechtsverletzung besteht. Das bedeutet: Wenn der Antragsteller länger als 4 Wochen wartet, nachdem er von der Rechtsverletzung erfahren hat, wird das Gericht in der Regel keine einstweilige Verfügung mehr erlassen, weil die Sache dann nicht mehr als dringend angesehen wird.

Wie können Sie sich gegen eine einstweilige Verfügung wehren?

Wenn eine einstweilige Verfügung gegen Sie ergangen ist, haben Sie die Möglichkeit, zu kämpfen und *Widerspruch* einzulegen oder durch eine *Abschlusserklärung* das Verfahren gegen Sie endgültig zu befrieden. Dafür sollten Sie unbedingt einen Anwalt einschalten, der Ihre Interessen vertritt.

✔ **Widerspruch gegen die einstweilige Verfügung vor Gericht einlegen.**

In diesem Fall wird das Gericht eine mündliche Verhandlung ansetzen, bei der Ihre Sicht der Dinge angehört wird. Mit dem Widerspruch wehren Sie sich gegen die Verfügung, wenn Sie der Meinung sind, dass diese ganz oder teilweise unberechtigt ist. Das Gericht prüft den Fall dann erneut und entscheidet, ob die Verfügung bestehen bleibt, geändert oder aufgehoben wird.

Ein Widerspruch bringt zusätzliche Kosten mit sich. Wenn das Gericht Ihren Widerspruch ablehnt, müssen Sie diese Kosten tragen. Deshalb sollten Sie gut abwägen, ob der Widerspruch Aussicht auf Erfolg hat.

✔ **Abschlusserklärung abgeben.**

Wenn Sie der Meinung sind, dass die einstweilige Verfügung zu Recht gegen Sie ergangen ist, und Sie eine Klage vermeiden sowie weitere Kosten sparen möchten, können Sie die Verfügung in der Regel innerhalb von vier Wochen, nachdem sie Ihnen zugestellt worden ist, als endgültige Regelung akzeptieren. Bevor es zu einer *Abschlusserklärung* kommt, erhalten Sie meist ein *Abschlussschreiben* von der Gegenseite. In diesem Schreiben werden Sie dann dazu aufgefordert, zum Beispiel innerhalb einer Frist von zwei Wochen eine Erklärung abzugeben – in der Regel ist diese bereits vorformuliert. Der Inhalt einer solchen Abschlusserklärung unterliegt strengen Regeln. Mit dieser Erklärung:

- verzichten Sie auf die rechtlichen Abwehrmöglichkeiten (zum Beispiel Widerspruch oder Anträge nach §§ 924, 926, 927 ZPO),
- erkennen Sie die einstweilige Verfügung als endgültige Regelung an – so, als wäre bereits ein Urteil ergangen,
- tragen Sie die Kosten für das anwaltliche Abschlussschreiben.

Verpassen Sie diese Fristen, kann eine Klage drohen.

Kurz gesagt: Wenn Sie ein solches Schreiben erhalten, sollten Sie es nicht ignorieren, sondern sich schnellstmöglich rechtlichen Rat holen!

Mit der Abschlusserklärung akzeptieren Sie die Verfügung und ersparen sich damit ein weiteres Verfahren sowie zusätzliche Kosten. Wichtig ist jedoch, dass Sie diese Entscheidung gut abwägen und die Erklärung möglichst kurzfristig abgeben.

Wie können Sie nach einer Abmahnung vorbeugen?

Falls Sie eine Abmahnung erhalten haben, auf die Sie aber nicht reagiert haben, oder befürchten, dass eine einstweilige Verfügung in einer Angelegenheit beantragt werden könnte, können Sie durch einen Anwalt eine *Schutzschrift* einreichen. Darin legen Sie Ihre Sicht der Dinge dar und versuchen, das Gericht davon zu überzeugen, die Verfügung nicht zu erlassen.

Allerdings ist die Schutzschrift keine Garantie dafür, dass die Verfügung verhindert wird – es kommt auf eine überzeugende Argumentation an.

Klage: das Hauptsacheverfahren

Wenn Sie gegen Regeln verstoßen, beispielsweise im Internet, gibt es verschiedene rechtliche Maßnahmen, die gegen Sie eingeleitet werden können. Neben einem Abmahnschreiben oder einer einstweiligen Verfügung kann auch eine Klage eingereicht werden. Dieses Verfahren nennt man *Hauptsacheverfahren*.

Warum ein Hauptsacheverfahren neben einer einstweiligen Verfügung eingeleitet wird

Die einstweilige Verfügung ist nur eine vorläufige Maßnahme, um schnell Schutz zu bieten und wird nach einer Zeit auch aufgehoben. Der Antragsteller, also die Person, die die einstweilige Verfügung beantragt hat, hat weiterhin das Recht, ein Hauptsacheverfahren einzuleiten. In diesem Verfahren wird der Streit endgültig geklärt und rechtskräftig durch ein Urteil entschieden. Das Hauptsacheverfahren ist unabhängig von einem einstweiligen Rechtsschutz (zum Beispiel einer einstweiligen Verfügung). Oft laufen beide Verfahren parallel.

Im Hauptsacheverfahren können Ansprüche wie Unterlassung, Beseitigung und Schadensersatz wegen einer Rechtsverletzung geltend gemacht werden. Das bedeutet:

- ✔ Jemand kann verlangen, dass Sie bestimmte Handlungen unterlassen.
- ✔ Gegebenenfalls müssen Sie auch etwas durch ein aktives Tun beseitigen.
- ✔ Außerdem müssen Sie die verursachten (Vermögens-)Schäden (Schadensersatz) ausgleichen.

Doch welches Gericht ist zuständig?

- ✔ **Sachlich zuständig**

  In der Regel ist das Landgericht verantwortlich, da der Streitwert meist über 5.000 Euro liegt.

- ✔ **Örtlich zuständig**

  Sofern es um einen Verstoß im Internet geht, ist in der Regel das Gericht an Ihrem Wohnsitz zuständig. Man spricht vom *allgemeinen Gerichtsstand*.

Wenn jemand Ihre Rechte auf Social Media verletzt

Umgekehrt kann es natürlich auch passieren, dass jemand anderes Ihre Rechte verletzt.

Möchten Sie gegen jemanden vorgehen, der einen rechtswidrigen Beitrag über Sie veröffentlicht hat? Dann können Sie unter anderem Unterlassung, Beseitigung, Löschung oder Schadensersatz fordern.

Welche Gesetze greifen, hängt vom Verstoß ab – zum Beispiel das Urheberrecht (§ 97 UrhG) oder das Gesetz gegen unlauteren Wettbewerb (§ 8 UWG), das Datenschutzrecht (Art. 82 DSGVO) oder das Bürgerliche Recht (§§ 823, 1004 BGB).

BEISPIEL

Urheberrechtsverletzungen auf YouTube, Markenrechtsverletzungen auf eBay, Hatespeech auf LinkedIn oder X, rechtsverletzende Suchvorschläge bei Google.

Anonyme Rechtsverletzer

Das Problem: Oft sind Social-Media-Nutzer anonym unterwegs. Wer unter einem falschen Namen postet, lässt sich schwer identifizieren. Persönliche Daten können zwar beim Plattformbetreiber angefragt werden, aber nur mit einem gesetzlichen Anspruch. Die Anonymität wird rechtlich geschützt (§ 3 Abs. 3 des Telekommunikation-Digitale-Dienste-Datenschutz-Gesetz – TDDDG, BGH-Urteil vom 23.6.2006, Aktenzeichen VI ZR 196/08).

Liegt eine Straftat wie zum Beispiel eine Beleidigung oder Betrug vor, können Sie Strafanzeige stellen. Die Ermittlungsbehörden können dann die Identität des Täters klären – und Sie erhalten über die Akteneinsicht möglicherweise die benötigten Informationen, um Ihre Ansprüche durchzusetzen.

Was Sie gegen Schmähkritik tun können

Wenn Sie selbst oder Ihr Unternehmen durch eine Aussage in den sozialen Netzwerken angegriffen oder geschädigt werden, sollten Sie gut überlegen, ob und wie Sie dagegen vorgehen. Dabei hilft es, sich folgende Fragen zu stellen:

- ✔ **Ist der Inhalt tatsächlich rechtswidrig oder einfach nur unschön?**

  Nicht jede negative Aussage über Sie oder Ihr Unternehmen ist gleich ein Rechtsverstoß – wahre Tatsachen müssen Sie akzeptieren, auch wenn sie unbequem sind. Manche Kommentare sind schlicht unschön, andere hingegen klar beleidigend oder sogar falsch. Was tun?

- Unwahre Behauptungen oder Beleidigungen? Setzen Sie ein klares Statement – Fakten helfen, Gerüchte zu entkräften.
- Konstruktive Kritik? Vielleicht einfach stehenlassen – das zeigt Souveränität.

Ob Sie auf einen Shitstorm reagieren oder nicht, hängt von der Situation ab. Eine durchdachte Stellungnahme kann Vertrauen schaffen und sogar für Aufmerksamkeit sorgen.

Wer sich unüberlegt verteidigt oder in hitzige Diskussionen verwickelt, kann den Ärger noch verschlimmern und sein Image beschädigen. In einem Fall führte die Reaktion eines Unternehmens auf die Vorwürfe, die in Social-Media-Posts viral gingen, dazu, dass es nur noch mehr Schmähkritik hagelte und das Unternehmen nach einem heftigen Shitstorm seine beliebten Produkte aus dem Sortiment nehmen musste.

✔ **Handelt es sich um falsche Behauptungen, Verleumdung oder gezielte Beleidigungen?**

Besonders in sozialen Medien verbreiten sich falsche oder verletzende Aussagen rasant. Das kann nicht nur persönlichen Stress verursachen, sondern auch wirtschaftliche Schäden anrichten. Doch Sie müssen das nicht einfach hinnehmen!

- **Beitrag melden (Notice-and-take-down-Verfahren).**

  Melden Sie den Beitrag direkt bei der Social-Media-Plattform. Diese wird über die Rechtsverletzung informiert (Notice) und aufgefordert, den Beitrag zu entfernen (Take-down). Aber ein Problem bleibt: Müssen Social-Media-Plattformen nicht nur gemeldete Falschzitate löschen, sondern auch von sich aus nach ähnlichen Beiträgen suchen und diese entfernen? Die Rechtsprechung ist sich hier noch nicht einig: Auf der einen Seite spricht die DSGVO für eine weitgehende Löschpflicht. Andererseits schützt das Gesetz für digitale Dienste die Plattformbetreiber davor, eigenständig nach kerngleichen Falschnachrichten suchen zu müssen.

Social-Media-Plattformen übernehmen keine Verantwortung für Falschinformationen

Für Facebook, Instagram, TikTok & Co. besteht keine generelle Überwachungspflicht, in Social Media übermittelte oder gespeicherte Informationen auf eine mögliche Rechtsverletzung eigenständig zu überprüfen (gemäß Digital Services Act). Das heißt, Sie müssen etwaige Falschnachrichten oder Beleidigungen auf den Plattformen selbst aufspüren und bei der Plattform melden.

- **Löschung und Unterlassung fordern.**

  Mit anwaltlicher Hilfe können Sie verlangen, dass der Beitrag gelöscht und künftig nicht erneut veröffentlicht wird. Sie können den Verfasser auch direkt anschreiben und um Korrektur oder Löschung bitten. Falls das nicht hilft, bleibt der Gang vor Gericht – vorausgesetzt immer, Sie kennen den Namen und die Kontaktdaten des Verfassers oder der einzelnen Verfasser. Das kann auf Social Media schnell zum Problem werden.

Es bleibt abzuwarten, wie der Europäischen Gerichtshof (EuGH, Rechtssache C-492/23) über die Frage entscheidet, wie weit die Löschpflichten von Plattformbetreibern wie Facebook, Instagram und TikTok reichen, wenn falsche Zitate über jemanden in Social Media verbreitet werden – das Urteil könnte weitreichende Folgen für den Umgang mit Falschinformationen auf Social Media haben.

- **Schadensersatz geltend machen.**

  Falls Sie durch Fake-News oder Verleumdung finanzielle Verluste erlitten haben, können Sie eine Entschädigung verlangen. Das kann Anwaltskosten, Umsatzeinbußen oder sogar Schmerzensgeld umfassen, falls Ihre Gesundheit beeinträchtigt wurde.

✔ **Handelt es sich um eine Straftat?**

Wenn eine Straftat vorliegt (zum Beispiel Beleidigung oder Verleumdung, §§ 185,186, 187 Strafgesetzbuch), können Sie eine Anzeige erstatten, damit die Behörden ermitteln. Im Zweifel können Sie im Strafverfahren die persönlichen Daten des Verursachers ermitteln lassen und diese nutzen, um Ihre zivilrechtlichen Ansprüche geltend zu machen.

Keine vorschnellen Reaktionen! Überlegen Sie in Ruhe, ob und wie Sie vorgehen.

Teil V
Top-Ten-Teil

Der **Top-Ten-** Teil

web Extras

Besuchen Sie uns doch einmal auf
http://www.facebook.de/fuerdummies!
https://www.instagram.com/furdummies/

IN DIESEM TEIL ...

Zum Abschluss lohnt sich ein Blick auf die häufigsten Fehler im Bereich Social Media – und natürlich auf praktische Tipps, wie Sie diese vermeiden können.

IN DIESEM KAPITEL

Abmahnfallen, in die Sie nicht tappen sollten

Kapitel 14
Zehn Folgen fehlender oder fehlerhafter Angaben

Vermeiden Sie diese zehn Abmahnfallen in Social Media.

Abmahnfalle 1: Ihre Beiträge enthalten Werbung

Wenn Sie in einem Beitrag Werbung machen und das nicht als solches kennzeichnen, täuschen Sie Ihre Follower. Sie erwecken den Eindruck, dass Ihr Beitrag neutral und glaubwürdig ist, obwohl dahinter kommerzielle Interessen stecken. Damit tappen Sie in die Abmahnfalle, weil das Gesetz gegen den unlauteren Wettbewerb (UWG) verlangt, dass ein kommerzieller Zweck stets offengelegt wird.

Als Influencer sollten Sie immer transparent sein – markieren Sie Ihre Beiträge als Werbung, wenn Sie dafür bezahlt werden. Bekommen Sie für einen Beitrag eine finanzielle oder andere Gegenleistung? Falls ja, müssen Sie den Beitrag als Werbung deutlich kennzeichnen.

Die Kennzeichnung muss so erfolgen, dass klar erkennbar ist, welcher Teil des Inhalts Werbung ist, und sie muss vom restlichen Inhalt deutlich getrennt werden.

Erhalten Sie keine Gegenleistung, sondern wollen nur Ihre Bekanntheit steigern, entfällt die Kennzeichnungspflicht.

Abmahnfalle 2: Adresse auf Anfrage

Wenn Sie selbstständig sind und Ihr Geschäftssitz Ihre Wohnadresse ist, dann muss diese auch in Ihrem Impressum stehen. Die »Adresse auf Anfrage« ist eine Abmahnfalle. Das Gesetz verlangt eine *ladungsfähige Anschrift* – also eine Adresse, unter der Sie tatsächlich anzutreffen sind, auch für behördliche oder gerichtliche Schreiben.

Dürfen Sie stattdessen eine virtuelle Adresse nutzen?

Ja, aber nur unter bestimmten Bedingungen:

- ✔ **Vollständige Adresse**

  Ihre Adresse darf kein chiffriertes Postfach sein, etwa Postfach 123456, 12345 Musterstadt, sondern es muss sich um eine vollständige Adresse mit Namen, Straße, Hausnummer, Postleitzahl und Ort handeln.

- ✔ **Briefkastenadresse**

  Ihre Briefkastenadresse muss tatsächlich Ihrer geschäftlichen Postanschrift entsprechen. Das bedeutet, es muss Ihr Wohnsitz oder der Sitz Ihrer Niederlassung oder Ihrer Geschäftsverwaltung beziehungsweise Betriebsstätte sein und die Postzustellung muss jederzeit sichergestellt sein (Oberlandesgericht Frankfurt am Main, Urteil vom 18.02.2021 – Az.: 6 U 150/19).

- ✔ **Persönlich anzutreffen**

  Sie müssen in Ihren Büroräumlichkeiten tatsächlich anzutreffen sein und es müssen Ihnen dort Briefe zuverlässig zugestellt werden können. Sie können auch die Adresse einer Vertrauensperson angeben, wenn Sie dieser Person eine rechtlich gültige Empfangsvollmacht erteilt haben (§ 167 Absatz 1 BGB). Das bedeutet, dass diese Person dann unter der angegebenen Adresse in Ihrem Namen berechtigt ist, Ihre Post entgegenzunehmen und für oder gegen Sie rechtsverbindliche Erklärungen abzugeben (BGH, Urteil vom 07.07.2023 – Az.: V ZR 210/22).

Eine ladungsfähige Anschrift setzt die Angabe Ihrer vollständigen Adresse voraus. Gültig: Max Mustermann, Musterstraße 1, 12345 Musterstadt.

Abmahnfalle 3: Falscher Link im Social-Media-Profil

Wenn Sie Social Media geschäftlich nutzen, brauchen Sie ein Impressum und eine Datenschutzerklärung – genau wie auf einer Website. Das gilt zum Beispiel, wenn Sie auf Instagram Werbung für Ihr Unternehmen, Ihre Dienstleistungen oder andere Firmen machen.

Damit Nutzer und Behörden diese Informationen schnell finden, müssen Sie einen gut erkennbaren Link bereitstellen. Vermeiden Sie unklare Beschriftungen oder Bezeichnungen der Links, wie etwa »mehr Infos«, oder »Lesezeichen«. Verwenden Sie besser sogenannte *sprechende Links*, also Links mit klaren Bezeichnungen wie:

- ✔ **Impressum**

  Hier sollten alle gesetzlichen Pflichtangaben zu Ihrem Unternehmen stehen.

- **Datenschutzerklärung**

  Hier erklären Sie, welche Daten Sie erfassen und wie Sie diese nutzen.

Achten Sie darauf, dass die Links direkt anklickbar sind und klar erkennbar machen, wohin sie führen. So erfüllen Sie die gesetzlichen Vorgaben und vermeiden Abmahnungen.

Abmahnfalle 4: Nicht notwendige Cookies ohne Einwilligung

Wenn Ihre Website ohne Zustimmung nicht notwendige Cookies setzt, kann das abgemahnt werden! Ein Cookie-Banner, der trotz Auswahl von »Nur notwendige Cookies« oder »Einstellungen speichern« dennoch alle Cookies lädt, verstößt gegen das Datenschutz- und Wettbewerbsrecht. Das Landgericht Frankfurt am Main hat dies bereits als irreführend eingestuft (Urteil vom 19.10.2021, Az. 3–06 O 24/21).

Worauf Sie achten sollten:

- **Kennzeichen Sie nur wirklich notwendige Cookies als notwendig.**

  Dazu gehören nur Cookies, die für den Betrieb der Website unerlässlich sind.

- **Wahren Sie Transparenz.**

  Nutzer müssen klar erkennen, welche Cookies gesetzt werden.

- **Machen Sie die Datenschutzerklärung und das Impressum leicht erreichbar.**

  Laut Gesetz (§ 5 DDG) müssen diese Pflichtinformationen »leicht erkennbar, unmittelbar erreichbar und ständig verfügbar« sein. Der Cookie-Banner darf sie nicht verdecken.

Wählen Sie einen Cookie-Banner, der klare Auswahlmöglichkeiten bietet und einen direkten Link zu Datenschutzerklärung und Impressum enthält. So vermeiden Sie Abmahnungen!

Abmahnfalle 5: Falscher Benutzername

Ihr Social-Media-Benutzername (auch *Handle* genannt) ist Ihre digitale Identität. Je mehr Reichweite und Bekanntheit Sie damit aufbauen, desto wertvoller wird Ihr Profil. Doch Vorsicht: Eine Abmahnung wegen einer Namens-, Marken- oder Kennzeichenrechtsverletzung kann Sie teuer zu stehen kommen!

Was passiert bei einer Abmahnung?

- ✔ Ihr Benutzername wird gesperrt und gelöscht.
- ✔ Ihre *Personal Brand* leidet, da Ihr Name nicht mehr genutzt werden kann.
- ✔ Sie müssen Marketingmaterialien anpassen, was Zeit und Geld kostet.
- ✔ Ihre Inhalte, Backlinks und Follower gehen möglicherweise verloren.
- ✔ Besonders bitter: Ihr Benutzername könnte sogar an die Konkurrenz gehen!

Prüfen Sie vorab, ob Ihr gewünschter Benutzername bereits als Marke oder Unternehmensname geschützt ist. So vermeiden Sie teure Fehler und können langfristig auf Ihre digitale Identität setzen!

Abmahnfalle 6: Stockbilder falsch nutzen

Wenn Sie Bilder aus Bildagenturen, Bilddatenbanken oder Stock-Plattformen verwenden, sollten Sie genau prüfen, ob und wie Sie *Credits* vergeben müssen.

Worauf müssen Sie achten?

- ✔ Hat der Urheber ein Benennungsrecht am Bild?
- ✔ Muss die Stock-Plattform in der Bildunterschrift erwähnt werden?
- ✔ Ist eine Nennung direkt im Bild erforderlich?

Wann der Urheber genannt werden muss, hängt von der Lizenz ab! Während einige Bilddienste eine Nutzung ohne Namensnennung anbieten, fordern andere eine deutliche Urheberangabe – zum Beispiel in der Bildunterschrift oder im Bild.

In den Lizenzbedingungen der jeweiligen Plattform steht, ob eine Nennung des Urhebers und/oder der Bildplattform erforderlich ist. Lesen Sie diese genau durch, bevor Sie ein Bild verwenden!

Eine typische Angabe könnte so aussehen: Foto: Max Mustermann / Adobe Stock.

Prüfen Sie immer die Lizenzbedingungen für die Nutzung von Stockbildern und setzen Sie die Credits korrekt um. So bleiben Sie rechtlich auf der sicheren Seite!

Abmahnfalle 7: Nicht rechtssichere Leads

Ein Newsletter ist für jedes Online-Business ein wichtiges Werkzeug, um mit Interessenten und Kunden in Kontakt zu bleiben. Doch dabei gibt es rechtliche Regeln, die unbedingt beachtet werden müssen.

Besonders wichtig: Sammeln Sie Ihre E-Mail-Kontakte immer rechtssicher! Das bedeutet, dass Sie das sogenannte Double Opt-in-Verfahren nutzen müssen. Andernfalls riskieren Sie teure Abmahnungen – sowohl von Kunden als auch von der Konkurrenz. Schon wenige Verstöße können Ihre Mailingliste erheblich entwerten.

Außerdem verstoßen Sie ohne gültige Einwilligung gegen die DSGVO. Das kann nicht nur Abmahnungen, sondern auch hohe Bußgelder nach sich ziehen.

BEISPIEL

Wenn Sie 500 Personen ohne korrekte Einwilligung per E-Mail anschreiben, kann die Datenschutzbehörde ein Bußgeld von bis zu eine Million Euro verhängen – abhängig von der Größe Ihres Unternehmens und dem Ausmaß des Verstoßes.

Sichern Sie Ihre Leads durch ein Double-Opt-in-Verfahren ab, um Abmahnungen und hohe Strafen zu vermeiden!

Abmahnfalle 8: Online – Gewinnspiel ohne Informationen

Wenn Sie online ein Gewinnspiel veranstalten, gibt es eine wichtige Regel zu beachten: Die Teilnahmebedingungen müssen leicht zugänglich sein!

Laut § 6 Abs. 1 Nr. 4 DDG müssen Sie einen gut sichtbaren Link zu den Teilnahmebedingungen bereitstellen. Am besten ist dieser Link – genau wie beim Impressum – mit maximal zwei Klicks erreichbar.

Falls die Teilnahmebedingungen schwer zu finden sind, ist Ihr Gewinnspiel nicht rechtssicher. Achten Sie also darauf, dass Ihre Teilnehmer schnell und einfach darauf zugreifen können!

Eine Bereitstellung aller wesentlichen Informationen in Form von Teilnahmebedingungen schützt Sie vor Abmahnungen.

Abmahnfalle 9: Nicht widerrufbare Bestellung

Wenn Sie Dienstleistungen oder digitale Inhalte gegen Bezahlung anbieten, sollten Sie das Widerrufsrecht Ihrer Kunden genau kennen – es erlischt nämlich nicht automatisch! Ein weit verbreiteter Irrtum: Viele denken, dass Kunden nach dem Download eines E-Books oder der vollständigen Erbringung einer Dienstleistung kein Geld mehr zurückfordern können. Doch ohne die richtige rechtliche Absicherung ist genau das möglich – und Sie dürfen in diesen Fällen nicht einmal einen Wertersatz verlangen.

Damit Sie sich vor Abmahnungen schützen, müssen Sie den Kunden bereits bei Vertragsschluss über sein Widerrufsrecht informieren. Besonders wichtig ist das, wenn Sie digitale

Inhalte (zum Beispiel Onlinekurse oder E-Books) anbieten. Damit das Widerrufsrecht erlischt, müssen zwei Dinge erfüllt sein:

1. Der Kunde muss ausdrücklich zustimmen, dass Sie mit der Ausführung des Vertrags sofort beginnen dürfen (§ 356 Abs. 4 und 5 BGB).
2. Diese Zustimmung muss über eine Opt-in-Checkbox erfolgen – ein einfacher Hinweis reicht nicht aus!

Nur wenn Sie diese Vorgaben einhalten, verliert der Kunde sein Widerrufsrecht sofort oder Sie können eine angemessene Vergütung für Ihre Dienstleistung verlangen.

Ohne eine Belehrung über das Widerrufsrecht und die Zustimmung zur sofortigen Vertragsausführung per Checkbox riskieren Sie kostenlose Bestellungen und Abmahnungen!

Abmahnfalle 10: Ihre AGB gelten auch für künftige Rechtsgeschäfte

Haben Sie in Ihren AGB eine Klausel, die besagt, dass diese auch für alle zukünftigen Geschäfte mit demselben Kunden gelten – selbst wenn sie nicht erneut einbezogen wurden? Dann sollten Sie dringend handeln! Diese Klausel ist gegenüber Verbrauchern unwirksam und kann von Verbraucherschutzverbänden oder Wettbewerbern abgemahnt werden.

Warum? Nach dem Gesetz müssen AGB bei jedem einzelnen Vertrag erneut einbezogen werden. Eine Klausel, die dies umgehen will, verstößt gegen die Marktverhaltensregeln – und ist damit unwirksam (BGH, Urteil v. 31.05.12, Az. I ZR 45/11). Noch schlimmer: Verwenden Sie unwirksame AGB-Klauseln, begehen Sie einen Wettbewerbsverstoß! Das bedeutet:

- ✔ Sie können abgemahnt werden.
- ✔ Der Streitwert bei unzulässigen Klauseln ist oft hoch – ein Rechtsstreit kann teuer werden.

Vermeiden Sie unwirksame Klauseln in Ihren AGB, um Abmahnungen und hohe Kosten zu vermeiden!

IN DIESEM KAPITEL

Bilder auf Social Media – was Sie wissen müssen

Zehn wichtige Punkte, die Sie im Zusammenhang mit Bildern auf Social Media beachten sollten

Kapitel 15
Zehn Dinge, die Sie im Zusammenhang mit Bildern beachten müssen

Social Media lebt von Bildern – sie werden ständig geteilt und gepostet. Oft passiert das ganz spontan, ohne lange darüber nachzudenken. Doch Vorsicht! Nicht jedes Bild darf einfach so verwendet werden.

Hier sind zehn wichtige Punkte, die Sie immer im Blick haben sollten, wenn Sie Bilder auf Social Media nutzen.

Sie entdecken ein cooles Handy-Foto von jemandem auf Social Media und teilen es einfach weiter

Wenn Sie Selfies, Handy-Fotos oder Schnappschüsse von Freunden oder anderen Nutzern aus dem Social Web auf Ihrem Profil reposten möchten, müssen Sie darauf achten, dass Sie dazu die Erlaubnis haben. Auch wenn es oft so aussieht, als wären Fotos auf den Social-Media-Plattformen für alle Nutzer frei nutzbar, müssen Sie wissen, dass die technische Leistung hinter einem solchen Foto geschützt ist und Sie es nicht einfach 1:1 reposten dürfen.

Derjenige, der auf den Auslöser der Kamera drückt, ist Urheber des Fotos. Fotografen sind aus rechtlicher Sicht Lichtbildner.

Erlaubt ist auf Social-Media-Plattformen eine geringfügige Nutzung zu privaten Zwecken.

BEISPIEL Von einer geringfügigen Nutzung können Sie ausgehen, wenn Sie 125 Kilobyte einer Bilddatei (Foto, Bild, Grafik) verwenden und diese mit Ihren eigenen Inhalten kombinieren.

Bevor Sie also ein Foto, das jemand anderes gemacht hat, wiederveröffentlichen oder kopieren (»Copy & Paste«), müssen Sie sicherstellen, dass der Urheber zugestimmt hat.

Wenn Sie Fotos aus dem Web ohne Erlaubnis des Urhebers nutzen, wird der Urheber mit ziemlicher Wahrscheinlichkeit von der Social-Media-Plattform verlangen, dass Ihr Beitrag blockiert wird. Außerdem könnte Ihr Nutzerkonto gesperrt oder eingeschränkt werden und Sie können eine Abmahnung vom Rechteinhaber erhalten und müssen möglicherweise Schadensersatz zahlen.

Sie posten Ihr selbst aufgenommenes Foto eines imposanten Gebäudes auf Social Media

Vorsicht beim Teilen von Fotos von Bauwerken auf Ihrem Unternehmensaccount auf Social Media!

Das ist nur erlaubt, wenn Sie die Fassade des Gebäudes an einer öffentlichen Straße oder auf einem öffentlichen Platz fotografiert haben.

Beachten Sie!

- **Vorübergehende Bauwerke sind geschützt.** Befindet sich ein Bauwerk nur für eine begrenzte Zeit an einem öffentlichen Ort (zum Beispiel eine Ausstellung oder eine temporäre Kunstinstallation), dürfen Sie es nicht einfach fotografieren und für Ihre Zwecke veröffentlichen.

BEISPIEL Die berühmte Verhüllung des Berliner Reichstags durch den Künstler Christo.

- **Keine Aufnahmen von privaten Teilen eines Gebäudes.** Ein Innenhof, ein Privatgarten oder die Rückseite eines Gebäudes, die nicht von einer öffentlichen Straße oder einem öffentlichen Platz zu sehen sind, fällt nicht unter die Panoramafreiheit.

BEISPIEL Das Hundertwasser-Haus in Wien steht dauerhaft an einer öffentlichen Straße. Trotzdem dürfen Sie es von Ihrem gegenüberliegenden Hotelzimmer aus fotografieren und die Fotografie dann vervielfältigen.

- **Luftaufnahmen von Bauwerken sind tabu.** Wenn Sie ein Bauwerk von oben aus der Luft mit einer Drohne, aus einem Hubschrauber oder Flugzeug fotografieren, filmen und anschließend veröffentlichen wollen, gilt die Panoramafreiheit nicht zu Ihren Gunsten! Wenn Sie das tun wollen, benötigen Sie dafür die Einwilligung des Urhebers.

Plastische Nachbildungen eines Bauwerkes sind nicht von der Panoramafreiheit gedeckt.

Sie besuchen eine beliebte Kunstausstellung und teilen Fotos der ausgestellten Werke auf Social Media

Sie wollen ein Bild, dass Sie anlässlich einer Museumsausstellung gemacht haben, veröffentlichen und in Social Media teilen? Das ist nicht so einfach, denn selbst wenn das Gemälde antik und die Schutzfrist längst abgelaufen ist, hängt es aktuell in einer Kunstausstellung:

- ✔ **Hausrecht in Museen:** Museen haben das Recht, Foto- und Nutzungsregeln für ihre Ausstellungen festzulegen. Oft verbieten sie die kommerzielle Nutzung von selbst gemachten Fotos Ihrer Ausstellungsstücke oder verlangen eine spezielle Genehmigung.
- ✔ **Reproduktion und Sammlungen:** Das Museum hat unter Umständen eigene Schutzrechte (zum Beispiel Lichtbildschutz nach § 72 UrhG), wenn es neue Fotografien, Reproduktionen in 3D oder Restaurierung an ausgestellten Werken vornimmt. Manche Museen erteilen kostenpflichtige Lizenzen für die kommerzielle Nutzung von Bildern ihrer Exponate.

Achten Sie darauf, dass Fotografieren im Museum erlaubt ist und die Nutzung der selbst erstellten Fotos mit den Motiven der Kunstwerke für kommerzielle Zwecke ohne eine Genehmigung des Museums unproblematisch ist.

Sie fotografieren Ihren geschätzten Kunden und veröffentlichen das Bild auf Ihrem Social-Media-Kanal

Wenn Sie glauben, Sie dürfen ein Foto Ihres Kunden uneingeschränkt in den sozialen Medien veröffentlichen, nur weil Sie es aufgenommen haben, liegen Sie falsch.

Wenn Sie ein Foto machen, sind Sie zwar der Urheber des Bildes, aber die abgebildete Person hat das Recht, zu entscheiden, ob und wie Ihr Bildnis veröffentlicht wird. Ihre Rechte als Fotograf enden dort, wo die Persönlichkeitsrechte der abgebildeten Person beginnen.

- ✔ Ihr Urheberrecht bezieht sich nur auf das Foto selbst – also auf das Bild, das Sie als Fotograf erstellt haben.
- ✔ Nur die abgebildete Person selbst darf entscheiden, ob und wie ihr Bildnis in sozialen Medien veröffentlicht wird.

- Ein Bildnis von jemandem ohne seine Zustimmung zu veröffentlichen, kann die Privatsphäre und Persönlichkeitsrechte dieser Person verletzen.

Prüfen Sie vorab, ob eine Ausnahme vom Recht am eigenen Bild vorliegt, wie zum Beispiel bei einer Darstellung eines Bildnisses von öffentlichem Interesse.

Sie erstellen spontan ein Gruppenfoto Ihrer Kursteilnehmer und veröffentlichen es ohne weitere Überlegung in den sozialen Medien

Viele Nutzer in den sozialen Medien gehen selbstverständlich davon aus, dass für ein Foto, auf dem mehr als drei Personen abgebildet sind, keine Einwilligung zur Veröffentlichung notwendig ist. Diese Annahme ist falsch.

Bevor Sie einen spontanen Schnappschuss oder ein sorgfältig inszeniertes Gruppenfoto in den sozialen Medien veröffentlichen, sollten Sie darauf achten:

- **Individuelle Merkmale** wie Gesicht, Frisur, Kleidung, Tattoo, sogar der Ort der Aufnahme können zur Identifikation einer Person führen.
- **»Ist das nicht …?«** Überlegen Sie, ob ein Bekannter beim Betrachten des Bildes genau das sagen würde.

Ist das der Fall, holen Sie besser die Einwilligung des Abgebildeten vor dem Upload und der öffentlichen Wiedergabe ein.

Das Persönlichkeitsrecht der Abgebildeten erlischt nicht durch ein Gruppenbild!

Sie machen ein Foto eines beliebten Ortes, auf dem auch andere Personen im Hintergrund zu sehen sind, und posten es in Ihrer Story

Wenn Sie einen touristisch beliebten Ort aufnehmen und im Moment des Auslösens der Kamera laufen im Hintergrund Personen ins Bild und werden aufgenommen, dann dürfen Sie das Bild in der Regel trotzdem ohne Zustimmung derjenigen im Bildhintergrund posten und teilen. Es gilt die gesetzliche Ausnahme des § 23 Absatz 1 Nr. 2 Kunsturhebergesetz, wonach Bilder, auf denen die Personen nur als Beiwerk neben einer Landschaft oder sonstigen Örtlichkeit erscheinen, ohne die erforderliche Einwilligung der Betroffenen veröffentlicht werden dürfen.

Überlegen Sie einmal: Wollten Sie wirklich nur den Ort fotografieren und sind dabei zufällig Menschen ins Bild geraten? Oder stehen die Personen in Verbindung mit der Umgebung im Mittelpunkt Ihres Fotos? Diese Unterscheidung ist wichtig, denn sie kann darüber entscheiden, ob Sie das Bild einfach verwenden dürfen oder nicht.

- ✔ **Personen nur zufällig im Hintergrund:** Wenn die Personen auf Ihrem Foto nur zufällig im Bild sind und die Örtlichkeit im Vordergrund steht, könnte eine gesetzliche Ausnahme greifen. Das bedeutet, dass Sie das Bild auch ohne ausdrückliche Zustimmung der abgebildeten Personen veröffentlichen dürfen.
- ✔ **Personen als Hauptmotiv:** Anders sieht es aus, wenn die Personen eine zentrale Rolle im Bild spielen. In diesem Fall ist die gesetzliche Ausnahme möglicherweise nicht mehr anwendbar. Dann brauchen Sie die Zustimmung der abgebildeten Personen, bevor Sie das Foto in Ihrer Story posten – sonst kann es rechtliche Probleme geben.

Als Faustregel gilt: Das Bild muss auch ohne die abgebildeten Personen seine Aussage und seinen Charakter behalten.

Achten Sie darauf, dass ein schwarzer Balken über den Augen oft nicht genügt, um eine Person unkenntlich zu machen. Wenn Sie unsicher sind, bearbeiten Sie das Bild lieber so, dass die Person wirklich nicht mehr zu erkennen ist – zum Beispiel durch Verpixeln.

Sie verwenden ein fremdes Foto als Grundlage für ein Meme und veröffentlichen es

Grundsätzlich sollten Sie davon ausgehen, dass Inhalte (Bilder, Videos, Texte) im Social Web rechtlich geschützt sind. Rechtlicher Schutz besteht schon ab der Schöpfung – ohne dass der Urheber etwas unternehmen muss.

Sie dürfen ein bereits existierendes Werk (zum Beispiel ein Bild, Video oder einen Text) für ein Meme nutzen, wenn dadurch ein neuer, eigenständiger Beitrag entsteht. Das bedeutet:

- ✔ Ihr Meme muss mehr sein als nur eine einfache Bearbeitung des Originals.
- ✔ Das ursprüngliche Werk darf nicht im Mittelpunkt stehen, sondern soll in den Hintergrund treten.
- ✔ Ein Meme sollte erkennbar Humor oder Satire enthalten.

Falls Ihr Meme keine Karikatur, Parodie oder Satire darstellt, sondern nur eine Bearbeitung oder Umgestaltung eines fremden Werks ist, brauchen Sie die Bearbeitungsgenehmigung des Rechteinhabers (§ 23 UrhG). Rechteinhaber sind die Urheber (Komponisten, Textdichter, Fotografen, Künstler, Verlage).

Sie nehmen ein spontanes Interview auf und veröffentlichen es auf TikTok

Spontane Interviews auf TikTok sind beliebte Formate. Zufällige Passanten werden zu aktuellen oder unterhaltsamen Themen befragt. Grundsätzlich gilt auch für die beliebten »Man-of-the-Street-Interviews« oder sogenannte »Vox Pops«:

Sie können Bilder oder Videoaufnahmen von Personen nur uploaden, wenn Sie die Einwilligung der Abgebildeten dafür haben.

Wenn sich ein Passant beispielsweise vor Ihr (filmendes) Smartphone stellt, und sich für Ihr TikTok, Ihre Insta-Story oder Ihr Reel ablichten und filmen lässt, muss er vor dem Interview folgende Informationen erhalten:

- ✔ dass das Interview für Ihren Social-Media-Kanal (Angabe des Accountnamen, falls nicht schon bekannt) und in den sozialen Medien ganz oder ausschnittsweise verwendet wird,
- ✔ welche Stoßrichtung der Beitrag hat,
- ✔ wie das Interview oder Zitate daraus voraussichtlich eingebettet werden (im Sinne der Transparenz sollten Sie der oder dem Interviewten mitteilen, welche anderen Positionen – nicht aber konkret welche Personen – im Beitrag vorkommen – falls zum Zeitpunkt der Aufnahme bekannt),

Der Interviewte muss die öffentliche Wiedergabe des Bildnisses seiner Person, seiner Stimme und den Inhalt seines Interviews beziehungsweise seiner Äußerung in den sozialen Medien genehmigen.

Social-Media-Nutzer sind keine öffentlich-rechtlichen Sender. Sie dürfen die Meinungen von Passanten nicht einfach aufzeichnen und in sozialen Medien veröffentlichen.

Sie veröffentlichen und verbreiten Fotos von einem Musikfestival auf Social Media

Grundsätzlich ist es erlaubt, Fotos oder Videos von auftretenden Künstlern auch ohne ausdrückliche Zustimmung der betroffenen Personen in den sozialen Medien hochzuladen (Ausnahmeregelung für Personen der Zeitgeschichte, § 23 Absatz 1 Nr. 1 Kunsturhebergesetz – KUG).

Aber Achtung: Ausschnitte aus einem Musikkonzert sollten Sie trotzdem nicht einfach hochladen und posten. Hier kann es bestimmte Einschränkungen geben.

- ✔ Lesen Sie die AGB des Konzertveranstalters. Häufig werden Bildaufnahmen auf Konzerten mit einem Smartphone nur zum privaten Gebrauch erlaubt und Vervielfältigungen, wie etwa auf Social Media, untersagt.
- ✔ Das Posten eines Konzertvideos mit Hintergrundmusik ist in der Regel nur für Privatnutzer auf Social Media zulässig; kommerzielle Nutzer benötigen für das Hochladen und Posten eines Konzertausschnittes mit Hintergrundmusik eine Lizenz des Rechteinhabers.

Die Persönlichkeitsrechte der auftretenden Künstler bleiben auch in den gesetzlichen Ausnahmefällen grundsätzlich bestehen (§ 23 Absatz 2 KUG).

Sie reposten einfach ein Foto Ihres Kunden, auf dem auch Sie zu sehen sind

Das Recht am Bildnis und das Urheberrecht werden oft verwechselt.

- ✔ Der **Abgebildete** darf bestimmen, ob und wie sein Bildnis veröffentlicht wird.
- ✔ Der **Urheber** darf bestimmen, ob und wie sein Bild genutzt und verwertet wird.

Wenn Sie ein Foto Ihres Kunden in den sozialen Medien reposten möchten, benötigen Sie dafür die Zustimmung des Urhebers – selbst dann, wenn Sie auf dem Bild zu sehen sind!

Der Urheber hat die Nutzungs- und Verwertungsrechte am Bild. Das Recht am eigenen Bild schützt die Persönlichkeitsrechte des Abgebildeten.

IN DIESEM KAPITEL

Ihre wichtigsten Fragen zu Musikrechten

Musik auf Social Media rechtssicher nutzen – Antworten auf häufige Fragen

Kapitel 16
Zehn häufig gestellte Fragen zu Musikrechten in Social Media

In diesem Top-Ten-Teil finden Sie einen Leitfaden aus den zehn meistgestellten Fragen zum Thema Musiknutzung und Urheberrechte auf Social Media, die Sie immer vorab für sich selbst beantworten sollten.

Gilt bei einer Cover-Version das Urheberrecht?

Ja. Daher müssen Sie für die Nutzung einer Cover-Version in Social Media grundsätzlich die notwendigen Rechte erwerben. Wenn Sie ein bestehendes Musikstück aus den Musikbibliotheken der Social-Media-Plattformen mit anderen Instrumenten für Ihren privaten Account einspielen und auf der Plattform teilen, ist das in der Regel von der Kollektivlizenz in Social Media gedeckt. Wenn Sie allerdings den Text oder die Komposition bearbeiten, also verändern, kann es sein, dass Sie noch weitere Rechte einholen müssen, zum Beispiel direkt beim Urheber oder dessen Musikverlag.

Bei kommerziellen Nutzungen von Coversongs gelten die gleichen Regeln wie bei der kommerziellen Verwendung der Originalmusik. Das heißt, Sie brauchen dann das kommerzielle Nutzungsrecht sowie die Bearbeitungsgenehmigung des Plattenlabels und/oder Musikverlags.

Kann es auch bei einer nicht-kommerziellen Nutzung von Musik auf Social Media zu einer Urheberrechtsverletzung kommen?

Ja. Auch bei einer rein privaten Nutzung dürfen Sie grundsätzlich Musik nicht automatisch einfach verwenden – es kommt darauf an, ob die Inhalte für private Zwecke auf Social Media nutzbar sind. Glücklicherweise haben große Social-Media-Plattformen Verträge mit den Verwertungsgesellschaften abgeschlossen, die die Rechte von Künstlern, Komponisten, Singer-Songwritern und anderen Urhebern verwalten. Das bedeutet, dass Sie als Privatnutzer die Musik, die in den Musikbibliotheken der Plattformen angeboten wird, in Ihren Video- oder Bildbeiträgen nutzen können – ohne sich zum Beispiel extra bei der GEMA oder einem Plattenlabel anmelden oder dafür bezahlen zu müssen.

Meta (Facebook, Instagram), TikTok und YouTube zahlen pauschale Lizenzgebühren und Tantieme unter anderem an die GEMA und beispielsweise an »Universal Music«. Dadurch wird den Rechteinhabern (zum Beispiel den Komponisten, Sängern und Songwritern) eine Vergütung für die nicht-kommerzielle Onlinenutzung ihrer Musik in Verbindung mit Video- oder Bildcontent auf Social Media garantiert.

Wann ist Musik lizenzfrei?

Musik ist erst dann lizenzfrei, wenn der urheberrechtliche Schutz abgelaufen ist. Das Urheberrecht endet immer am 31. Dezember des 70. Jahres nach dem Tod des Urhebers oder der Urheberin.

Wurde ein Musikwerk von mehreren Personen gemeinsam geschaffen (zum Beispiel von mehreren Komponisten oder Textern), gilt die Schutzfrist bis 70 Jahre nach dem Tod der zuletzt verstorbenen Person.

Für Musikstücke mit Text erstreckt sich diese Frist auf die gesamte Komposition und den Text – sofern beide speziell für dieses Werk entstanden sind.

Wenn ein Musikstück überarbeitet oder neu arrangiert wurde, kann diese Bearbeitung wieder urheberrechtlich geschützt sein. Zum Beispiel sind die Originalwerke von Mozart zwar lizenzfrei, aber nicht jede moderne Bearbeitung davon. Auch für Bearbeitungen gilt eine Schutzfrist von 70 Jahren nach dem Tod der Person, die sie geschaffen hat.

Solange der Urheberrechtsschutz besteht, liegen die Rechte an der Bearbeitung bei den Erben des Urhebers oder der Urheberin.

Was bedeutet GEMA-frei?

Die GEMA ist die Verwertungsgesellschaft für musikalische Urheberrechte in Deutschland. Diese vertritt die Rechte an sehr vielen Musikwerken aus dem In- und Ausland.

Wenn Sie Pop- oder Chartmusik öffentlich in Ihren Videos in Social Media wiedergeben, dann spricht einiges dafür, dass Sie damit Musik nutzen, an der die GEMA die Rechte vertritt. Man spricht auch von der sogenannten *GEMA-Vermutung*.

GEMA-frei sind daher nur diejenigen Musikstücke, die nicht von der GEMA vertreten werden, also Musik von Urhebern und Urheberinnen, deren Werke nicht bei der GEMA registriert sind.

Bei der Nutzung von GEMA-freier Musik müssen Sie keine Lizenzgebühren an die GEMA zahlen, aber es können trotzdem Nutzungsbedingungen des jeweiligen Anbieters gelten!

Welche sind die wichtigsten Nutzungsarten von Musik auf Social Media?

Social-Media-Nutzungsrechte legen fest, wie Inhalte mit Musik in Social Media so bereitgestellt werden dürfen, dass sie jederzeit und überall von Nutzern abgerufen werden können. Die Nutzungsarten helfen, klar zu unterscheiden, unter welchen Bedingungen Inhalte rechtssicher in Social Media verwendet werden können – egal, ob für private oder geschäftliche Zwecke.

Die wichtigsten Nutzungsarten in Social Media sind:

1. **Onlinenutzungsrecht**

   a. **Kommerziell:** bestimmt, wie Inhalte (zum Beispiel Reels mit Musik) online für geschäftliche Zwecke verwendet werden dürfen.

   b. **Nicht kommerziell:** gilt für die private Nutzung von Inhalten im Internet.

2. **Filmherstellungsrecht**

   a. **Kommerziell:** regelt, wie Videos oder Filme mit Musik für geschäftliche Zwecke erstellt und genutzt werden dürfen.

   b. **Nicht-kommerziell:** bezieht sich auf die private oder nicht gewinnorientierte Nutzung von Videoaufnahmen mit Musik.

Kommerzielle Inhalte (zum Beispiel durch Werbung monetarisierte Videos) benötigen eine kommerzielle Onlinenutzungs- und Filmherstellungslizenz für die Musiknutzung in Social Media!

Wie lässt sich das Nutzungsrecht an einem Musikstück beweisen?

Indem Sie sich den Anbieter, den Namen der Musikbibliothek sowie das Datum des Downloads und Uploads notieren, sichern Sie auch die Nutzungsbedingungen beziehungsweise Lizenzbedingungen zum Zeitpunkt des Downloads (zum Beispiel als PDF oder Screenshot). So kann jeder nachprüfen, dass Sie zur Nutzung des Werkes zum Zeitpunkt der Verwendung berechtigt waren.

Wichtig: Erstellen Sie einen Screenshot der Benutzeroberfläche der Musikbibliothek der Plattform samt des darin enthaltenen, gewählten Musiktitels.

Auch die Urhebernennung, also den genauen Titel des Musikstückes und den Künstler/Urheber – sichtbar im Posting (meist unterhalb des Benutzernamens im Post angegeben) platziert – können helfen, das Nutzungsrecht an dem Song nachzuweisen.

Prüfen Sie immer die Lizenzbedingungen für die erforderlichen Angaben bei der Urhebernennung von Musikstücken und setzen Sie die Credits korrekt um. So bleiben Sie rechtlich auf der sicheren Seite!

Sind Trend-Sounds durch das Urheberrecht geschützt?

Auch ein sogenannter Trend-Sound kann durch das Urheberrecht geschützt sein.

- ✔ Viele Sounds, Klingeltöne oder sogar Telefonmelodien sind urheberrechtlich geschützt.
- ✔ Auch kurze Soundschnipsel können in Verbindung mit spezieller Rhythmik, Melodie oder durch das Arrangement geschützt sein – unabhängig von ihrer Länge.

Stellen Sie sicher, dass der verwendete Trendsound für kommerzielle Zwecke freigegeben ist. Im Zweifelsfall nutzen Sie lieber die speziell für kommerzielle Zwecke freigegebenen Sounds aus den Musikbibliotheken der Plattformen.

Wie lässt sich feststellen, ob ein Lied urheberrechtlich geschützt ist?

Grundsätzlich müssen Sie davon ausgehen, dass jedes Lied urheberrechtlich geschützt ist. Melodien und Textdichtung sind durch das deutsche Urheberrecht bereits mit der Schöpfung automatisch geschützt.

Das Urheberrecht stellt keine hohen Anforderungen an die Musik. Ein Lied mit einfachem Text und schlichter Melodie kann bereits urheberrechtlich geschützt sein.

Erwirbt die Social-Media-Plattform die Urheberrechte an Ihren Uploads?

Nein. Aber durch Ihre Registrierung auf der Social-Media-Plattform räumen Sie dieser das Recht ein, Ihre hochgeladenen Inhalte zu speichern, mit anderen Nutzern und Werbepartnern zu teilen und im Rahmen der Plattform-Funktionen zu verwenden. Das bedeutet: Sobald Sie Ihr Werk auf Social Media hochladen und veröffentlichen, erhält die Plattform eine Mitnutzungsberechtigung. Sie darf Ihre Inhalte anzeigen, verbreiten und für ihre Dienste nutzen.

Diese Berechtigung erstreckt sich auch auf andere registrierte Nutzer der Plattform. Das bedeutet, sie dürfen Ihre hochgeladenen Inhalte im Rahmen der Plattform nutzen – allerdings meist nur für private Zwecke.

Ab wann ist die Musiknutzung auf einer Social-Media-Plattform kommerziell?

Plattformen wie Instagram und TikTok entscheiden nicht, ob Ihre Inhalte kommerziell sind. Das legt allein das geltende Recht fest.

Bevor Sie ein Musik-Reel veröffentlichen, sollten Sie sich daher die folgenden Fragen stellen:

- ✔ Möchten Sie das Video nur mit Freunden und Familie teilen, oder nutzen Sie es auch für geschäftliche Zwecke?
- ✔ Erhalten Sie dafür eine Vergütung oder dient das Video der Werbung für ein Produkt oder eine Marke?

Falls Ihre Antworten auf eine kommerzielle Nutzung hindeuten, sollten Sie entweder die Musik aus der kommerziellen Musikbibliothek der Social-Media-Plattform verwenden oder sicherstellen, dass Sie die erforderlichen Lizenzen für die geplante Musik besitzen. So vermeiden Sie rechtliche Risiken und teure Abmahnungen.

Ob Sie Musik auf Social Media nutzen dürfen, hängt nicht nur von Ihrem Account-Typ (privat, Creator oder Business) ab – entscheidend ist, für welche Zwecke Sie die Musik einsetzen!

IN DIESEM KAPITEL

KI auf Social Media: Was ist erlaubt und was nicht?

Urheberrecht & KI-VO: die wichtigsten rechtlichen Aspekte der KI-Nutzung

Kapitel 17
Zehn FAQ zur Verwendung von KI auf Social Media

Künstliche Intelligenz (KI) spielt eine immer größere Rolle auf Social Media – von automatisierten Bildgeneratoren bis hin zu KI-gestützter Texterstellung. Doch welche rechtlichen Fragen müssen Sie dabei beachten? In diesen zehn häufig gestellten Fragen finden Sie einen Leitfaden, was im Zusammenhang mit der Verwendung von KI erlaubt ist, wo Risiken bestehen und wie Sie sich rechtlich absichern können.

Gilt die KI-Verordnung auch für die private Nutzung eines KI-Generators?

Die KI-Verordnung (KI-VO) betrifft Sie nicht, wenn Sie einen KI-Generator nur privat nutzen, zum Beispiel für Ihre Geburtstagseinladung. Sobald Sie ihn jedoch beruflich oder geschäftlich einsetzen, müssen Sie die Vorgaben der Verordnung beachten. Das bedeutet: Wenn Sie KI für Ihre Arbeit einsetzen – zum Beispiel für Texte, Musik oder Bilder in der Werbung – gilt die KI-VO.

Wenn Sie eine privat gekaufte KI-Software für Ihr berufliches Social-Media-Marketing nutzen, gilt das als geschäftlicher Einsatz – nicht als private Nutzung!

Was ist Social Scoring?

Social Scoring kann Daten, die Menschen im Internet und in den sozialen Medien hinterlassen, in einen Score umwandeln und von diesem Score ihre berufliche und soziale Behandlung abhängig machen.

Woran erkennen Sie hochriskantes KI-System?

- **Mangelnde Transparenz:** Die Kriterien, wonach der Score berechnet wird, wird nicht offengelegt.
- **Diskriminierung:** Menschen werden objektiv benachteiligt, weil der Algorithmus nachweislich fehlerhafte oder voreingenommene Bewertungen trifft.
- **Eingriff in die Privatsphäre:** ständige Überwachung und Bewertung des Verhaltens, die als bedrohlich empfunden wird.

Social Scoring ist verboten!

Sie müssen bei hochriskanten Anwendungen von KI, wie etwa Bewertungen von Lernergebnissen von Auszubildenden, strenge Vorgaben einhalten. Dazu gehört, dass Sie sorgfältig passende Eingabedaten auswählen, das KI-System überwachen und die erstellten Protokolle aufbewahren. Außerdem müssen Sie alle betroffenen Personen über die Nutzung des Systems informieren und sicherstellen, dass eine menschliche Kontrolle vorhanden ist.

Was ist bei Werbung mit KI-Influencern zu beachten?

Dank moderner Technologie kann Künstliche Intelligenz (KI) heute täuschend echte Bilder, Stimmen und Videos erstellen. Schon wenige Sekunden einer Stimme reichen aus, damit KI diese nachahmen kann. In der Werbebranche, besonders in der Modewelt, werden inzwischen sogar virtuelle Influencer eingesetzt.

Wenn Sie einen KI-Influencer für Ihre Social-Media-Werbung nutzen, müssen Sie das deutlich kennzeichnen. Virtuelle Influencer sehen echten Menschen oft verblüffend ähnlich, sodass viele Nutzer nicht sofort erkennen, dass es sich um KI-generierte Inhalte handelt.

Die KI-Verordnung (KI-VO) schreibt vor, dass KI-generierte Inhalte eindeutig als solche markiert werden müssen.

Ohne diese Kennzeichnung riskieren Sie Abmahnungen, Bußgelder und Schadensersatzansprüche.

Achten Sie darauf, Ihre Follower nicht in die Irre zu führen. Eine klare Kennzeichnung schützt Sie vor rechtlichen Konsequenzen!

Kennzeichnen Sie Ihre durch KI erstellten Inhalte am Anfang oder Ende einer Caption, mit dem Hinweis »dieser Text/dieses Bild wurde mit KI generiert« oder »KI-Inhalt«.

Hat der Autor eines Prompts das Urheberrecht am KI-erzeugten Endprodukt?

Mit nur wenigen Klicks oder kurzen Textbefehlen – sogenannten Prompts – lassen sich heute beeindruckende Bilder, Texte oder Musikvideos erstellen. Doch auch wenn das Ergebnis mithilfe einer menschlichen Texteingabe erzeugt wird, ist es keine persönliche geistige Schöpfung eines lebenden Menschen. Vielmehr handelt es sich um ein Produkt, das von einer Maschine mithilfe von generativer KI (Künstlichen Intelligenz) erzeugt worden ist.

Das Urheberrecht schützt nur Werke, die von Menschen geschaffen wurden. Da KI-Produkte keine persönlichen geistigen Schöpfungen sind, gilt das erstellte Bild, der Text oder das Video nicht als Werk des Prompt-Autors. Das bedeutet: Wer einen Prompt eingibt, wird nicht automatisch Urheber des KI-generierten Ergebnisses.

Die von Ihnen mithilfe von generativer KI erstellten Bilder dürfen von anderen ohne weiteres kopiert werden.

Hat der Autor das Urheberrecht, wenn er das KI-Produkt weiterbearbeitet?

Wenn Sie ein von KI erstelltes Produkt – zum Beispiel einen Text, ein Bild oder ein Musikstück – einfach übernehmen, entsteht kein Urheberrecht, da es keine menschliche Schöpfung ist.

Bearbeiten Sie den KI-Inhalt jedoch kreativ weiter, etwa indem Sie einen KI-generierten Text umschreiben oder mit eigenen Inhalten ergänzen, verändert sich die Situation:

Sobald Ihre persönliche, kreative Note erkennbar wird, kann das neue Produkt ein urheberrechtlich geschütztes Werk sein.

Achten Sie darauf, dass Ihre Bearbeitung mehr ist als eine marginale Anpassung – erst die eigene schöpferische Leistung genießt rechtlichen Schutz.

Derjenige, der KI für die Erstellung eines Musikstückes nutzt und der KI bestimmte Eingaben (sogenannte Prompts) gibt und die Ergebnisse weiterbearbeitet, gilt als Urheber des fertigen Musikstücks.

Sind KI-Bilder lizenzfrei?

Die Begriffe »lizenzfrei« und »lizenzgebührenfrei« werden häufig verwechselt.

Ein Bild ist nur dann lizenzfrei, wenn kein Urheberrecht (mehr) daran besteht.

Von einem KI-System erzeugte Produkte – das sind zum Beispiel Bilder, die ohne menschliches Zutun mithilfe generativer KI erstellt werden – sind lizenzfrei.

Das bedeutet jedoch nicht automatisch, dass KI-generierte Bilder lizenzgebührenfrei sind, da die Anbieter der KI-Software meist eine Gebühr für deren Nutzung Ihrer Datensätze erheben.

Deepfakes = Deep Learning + Fake.

Darf die KI geschützte Werke ohne Erlaubnis verwenden?

KI-Modelle dürfen nach aktueller Rechtslage in Deutschland Bilder, Texte und Musik, die von anderen geschaffen und im Internet veröffentlicht wurden, als Lernmaterial nutzen. Die KI nutzt dabei Datensätze, die sie aus vielen verschiedenen Quellen gelernt und verarbeitet hat.

Das bedeutet, dass KI-Unternehmen, zum Beispiel ChatGPT für Texte oder Midjourney für Bilder, rechtlich geschützte Inhalte für Trainingszwecke herunterladen, vervielfältigen, in ihre Systeme hochladen und verarbeiten dürfen. Dieser Prozess – das *Text und Data Mining*. (§ 44 b UrhG) –, bei dem Daten, Informationen und Werke aus dem Internet für das Training der KI-Systeme ausgelesen werden, ist als Ausnahme vom Urheberschutz zulässig und soll helfen, die KI-Technologie weiterzuentwickeln.

BEISPIEL

Wenn die KI viele Bilder von Vögeln gesammelt hat, kann sie selbst feststellen, dass Vögel Flügel und Gefieder haben.

Kopien dieser Werke werden nur zum Trainieren der KI erstellt und danach wieder gelöscht (§ 44 b Absatz 2 UrhG)!

Ist das Endprodukt der KI ein Plagiat?

Nicht unbedingt! Wenn generative KI einen neuen Text oder ein Bild erstellt, das nur einen bestimmten Stil oder ein Format eines Werkes übernimmt, handelt es sich nicht per se um ein Plagiat.

KI-Unternehmen wie »OpenAI«, die hinter ChatGPT stehen, betonen, dass ihre Technologie Inhalte nicht einfach kopiert, sondern auf neue Weise verarbeitet. Das wird *transformative use* genannt. Spezielle Filter sollen außerdem verhindern, dass die generative KI geschützte Inhalte eins zu eins nachbildet.

Wer auf Nummer sicher gehen will, sollte KI-generierte Inhalte generell prüfen und gegebenenfalls Quellen recherchieren.

Besteht beim Komponieren von Musik mithilfe von KI das Risiko einer Urheberrechtsverletzung?

Bisher stellt die KI – vor allem im Musikbereich – kein fertiges Endprodukt her. Stattdessen liefert sie einzelne musikalische Elemente, die Sie als Autor bearbeiten und zu einem vollständigen Stück zusammenfügen können.

Die KI nutzt oft geschützte Melodien als Ausgangsmaterial. Diese Melodien sind im Endprodukt aber meist nicht mehr erkennbar.

Meist gilt das dann nicht als Plagiat. Auch wenn die KI einen ähnlichen Sound, einen *Soundalike,* erzeugt, ist das normalerweise kein Problem – denn ein bestimmter Musikstil ist rechtlich oft nicht geschützt.

Geschützte Melodien dürfen im Text- und Data-Mining-Verfahren legal genutzt werden, um die KI zu trainieren. Nach deutschem und europäischem Recht ist diese Nutzung erlaubt.

Welche Möglichkeiten gibt es, der Nutzung von Werken durch KI-Unternehmen zu widersprechen?

Die KI wird mit Datensätzen trainiert, die eigentlich Werke von Urhebern sind. Meist haben diese überhaupt keine Kenntnis von der Nutzung Ihrer Werke, aber selbst wenn, erhalten Sie von Betreibern der KI-Anwendungen wie dem Sprachmodell »ChatGPT«, dem Bildgenerator »Midourney« und der Musikproduktion »Suno« keine Vergütung dafür.

Das ist nach aktueller Rechtslage erlaubt, denn das Gesetz (§ 44b UrhG) gestattet die Nutzung von urheberrechtlich geschütztem Material für *Text- und Data Mining,* solange es zum Training der KI-Technologie erfolgt und die Kopien danach wieder gelöscht werden.

Nicht jeder Urheber möchte aber, dass seine Texte oder Daten automatisch von KI-Systemen ausgelesen und für deren Training verwendet werden. Deshalb räumt das Gesetz Ihnen als Urheber auch das Recht ein, einen Nutzungsvorbehalt auszusprechen (§ 44b Abs. 3 UrhG).

Das bedeutet: Wenn Sie widersprechen, dürfen kommerzielle KI-Unternehmen Ihre Texte oder Daten nicht automatisch – und ohne Ihre ausdrückliche Zustimmung – für KI-Trainingszwecke verwenden. Unter Umständen haben Sie bei einer KI-Verwendung dann sogar künftig Anspruch auf eine Vergütung.

Für wissenschaftliche Zwecke ist das Text- und Data Mining immer erlaubt (§ 60d Abs. 1 UrhG).

Den Nutzungsvorbehalt müssen Sie in maschinenlesbarer Form hinterlegen, damit KI-Systeme ihn erkennen und zur Kenntnis nehmen können.

- **Einen Nutzungsvorbehalt erklären:** Falls Sie Ihre Inhalte auf einer eigenen Webseite bereitstellen, können Sie den Nutzungsvorbehalt in einer sogenannten *robots.txt-Datei* festlegen. So erkennen Web-Crawler automatisch, dass Ihre Inhalte nicht für KI-Training genutzt werden dürfen.
- **Den KI-Anwendungen auf Ihren Social-Media-Inhalten widersprechen:** Auf Social-Media-Plattformen können Sie widersprechen, dass Ihre hochgeladenen Inhalte für KI-Anwendungen genutzt werden. Dieser Widerspruch kann sich auf alle Ihre Inhalte beziehen – egal ob Bilder, Texte, Videos oder Musik (§ 44b Abs. 3 UrhG). Sie können meist direkt über ein Online-Formular widersprechen. Das Formular wird nur angezeigt, wenn Sie in Ihrem Account auf Social Media eingeloggt sind.

Wenn Sie nicht möchten, dass Ihre Inhalte für KI-Training genutzt werden, sollten Sie dies klar kennzeichnen und dokumentieren.

Stichwortverzeichnis

A

Abmahnung 31, 179
- Abmahnkosten 182
- Abmahnverein 27
- Account 180
- einstweilige Verfügung 184
- Fallen 193–198
- Hauptsacheverfahren 186
- Kosten 181
- Privatperson 26
- Reaktion 179
- Schadensersatzforderung 200
- Schutzschrift 185
- Selbstverteidigung 183
- Streitwert 182
- Unterlassungserklärung 181
- Verteidigung 184

Account-Typ 107, 211
Affiliate Link 35
AGB 31, 149
- Aktualisierungspflicht 152
- Aufrechnungsverbot 154
- Geltung 156, 198
- Gericht 155
- Gewährleistungsfrist 152, 154
- Individualabrede 154
- Lieferzeit 152
- mangelhafte Leistung 152
- Schaden 155
- Schriftform 154
- unfaire Klauseln 151
- Versand 151
- Widerrufsrecht 158
- zugänglich machen 156

Ähnlichkeit 125
Aktualisierungspflicht 152
Aufrechnungsverbot 154
Auftragsverarbeitungsvertrag 52

B

Belästigung
- unzumutbare 123, 127

Benutzername 30
- Fantasiename 62
- Firma 61
- Gattung 60
- Künstlername 61
- Marke 60
- Name 61
- Pseudonym 62
- Registrierung 60
- Titelschutz 63
- URL 60

Bestandskunde 124
Bestellung
- Online-Shop 149

Beteiligung 37
Bewertung 38
Bild
- Bauwerk 200
- CC-Lizenz 86
- Datenbank 88
- Deep Fake 114, 215
- Filmhersteller 91
- gemeinfreies 86
- Grafik 88
- Gruppenfoto 94, 202
- KI-Produkt 113, 215
- lizenzfreies 85
- Museum 91, 201
- Panoramafreiheit 87, 200
- Quelle 92
- Recht am eigenen 93–94
- Reproduktion 201
- Schutzrecht 86
- Stockfoto 88
- Stock-Plattform 196
- Urheber 86, 201

Bildnis
- Beiwerk 95, 203
- Örtlichkeit 202
- Versammlung 95
- Zeitgeschichte 95, 204

Bildnutzung
- Einwilligug 55
- Widerruf 56

Bundle 168
Button 97
Button-Lösung 148

C

Call-to-Action 33
CC 4.0-Lizenz 116
Challenge 74
Chat
- Druck 83
- öffentliches Interesse 83
- Verteidigung 83

Check-Mail 121
Content-ID-System 77
Conversion Rate 29, 123
Cookies 54
Counter Notification 79
Coversong 105, 207
Creative Commons 86
Crossposting 98
Custom Audience 54

D

Datenbank 88
Datenschutzbeauftragter 51
Datenschutzerklärung 30
- Auftragsverarbeitung 52
- berechtigtes Interesse 55
- Bilddaten 55, 201, 204
- Cookie-Banner 195
- Cookie-Opt-in 54
- Custom Audience 54
- Datenschutzbeauftragter 51
- Datentransfer 49
- Einwilligung für Werbung 53
- Erlaubnisvorbehalt 48
- Eventfoto 55
- Google Analytics 53

Impressum 54
Inhalt 50
Löschung 49
Meta-Pixel 54
Model-Release-Vertrag 57
Newsletter 53
personenbezogene Daten 47
Personenbezug 49
Textdatei 54
Unternehmen 50
Widerruf Einwilligung 56
Deep Fake 114
Deep Learning 114
Disclaimer 132
Double Opt-in 53, 121, 123
DSGVO 47

E

Eigentumsvorbehalt 154
Eigenwerbung 37
E-Mail
Affiliate 125
Bestandskunde 125
Bewertung 124
Check-Mail 121
Double Opt-in 121
Einwilligung 121
Erwerb 125
Gastbeitrag 126
Newsletter 196
Opt-out 125
Serviceanfrage 127
Service-Mail 126
Erfüllungsort 155
Erlaubnis 25

F

Fake-Follower 30
Bot 174
Nutzungsbedingung 172
Phishing 175
Statistik 174
Täuschung 172
Filmausschnitt 91
Follower
gekaufte 172–173
Foto
auf Firmenveranstaltungen 55
Einwilligung 55
Freebie 119, 121
Daten 122
Einwilligung 121
Gewinnspiel 121
Kopplungsverbot 120
Freiwilligkeit 120

G

Gastbeitrag 126
Gegenleistung 40
GEMA
und KI 115
Gewährleistung
Gewinn 141
Gewährleistungsfrist 154
Gewinnspiel 129, 197
Arzneimittel 134
Aufbewahrungspflicht 145
Beendigung 144
Beschränkung des Teilnehmerkreises 140
Bewertung 135
Datenschutz 138
Ende 144
Gewährleistung 141
Gewinn 134–135
Gewinn aushändigen 145
Gewinner 133
Kauf 135
Kennzeichnung 133
Klarnamen 143
Newsletter 136
Planung 129
Rechtsweg 134
Social-Media-Plattform 132
Sponsoring 136
Teilnahmebedingung 131–138
Teilnahmegebühr 131
Teilnehmerbeitrag 142
Tombola 131
Transparenzgebot 133
Trennungsgebot 133
Verjährungsfrist 145
versus Glücksspiel 130
Ziehung 133
Glücksspiel 130
Einsatz 130
Entgelt 130
Verlustmöglichkeit 130
Zufall 130
Gruppenfoto 94

H

Haftung
ausschließen 132
Fahrlässigkeit 155
für repostete Inhalte 177
Social-Media-Plattform 178
Vorsatz 155
Handle 195

I

Impressum 30, 43, 46
Adresse auf Anfrage 193
Anbieterkennzeichnung 43
Anschrift 45
Berufsgruppe 45
Blog 44, 46
Briefkastenadresse 194
EU-Schlichtungsverfahren 46
Handelsregister mit Registernummer 45
Impressumspflicht 44
Influencer 44
Kontakt 45
Umsatzsteuer-Identifikationsnummer 45
Unternehmen 44
Verein 44
virtuelle Adresse 194
Influencer
Gegenleistung 40, 42
Kennzeichnung 193
Sample 41
Tap Tag 40
Werbekooperation 40
werblicher Überschuss 41
Influencer-Gesetz 39
Instagram Story 35, 97
Intelligenz, künstliche *siehe* KI
Interesse, öffentliches 93, 95, 202

K

Kennzeichnung
Bild 34
kostenlose Samples 41
Produkt 35

Text 34
unbezahlter Post 41
Werbeblock 35
Werbesequenz 35
Werbevideo 35
KI
ChatGPT 109, 112, 216
generative 113
Kennzeichnung 110, 214
Midjourney 112, 216
Musik 114
nicht-generative 113
Nutzungsvorbehalt 115, 218
Plagiat 113, 216
Prompt 109, 215
Social Scoring 111, 213
Software 110
transformative use 113
und GEMA 115
Unternehmen 110, 213
Urheber 112, 215
virtueller Influencer 114, 214
Widerspruch 116, 218
KI-Verordnung 109
Kollektivlizenz 76
Kooperation 34, 37, 40
Kopplungsverbot
Freebie 120

L

Lead Magnet 119
Lieferung
Online-Shop 149
Lieferzeit 152
Link
sprechender 194
Live-Format 105
Lizenz 25–26
Lizenzgebühr 26

M

Machine Learning 113
Marke 30
Markenschutz
Abmahnung 67
Benutzername 66
Gattung 66
Markenbegriff 66
Markenmäßige Nutzung 66
Missbrauch 67
Notice and Take Down 68
Sperrung 67
Unterlassungserklärung 68
Username 63
Verwechslungsgefahr 65
Meinungsfreiheit 178
Meme 31, 79
Karikatur 80
kommerzielle Nutzung 81
Kritik 81, 204
Parodie 80
Urheberrecht 80, 203
Meta-Pixel 54
Musik 28
audiovisuelle 98
Button 97
Cover 28
Coversong 104
GEMA-frei 102, 209
Influencer 28
Instagram Story 98
KI-Produkt 114, 215, 217
Live-Streaming 104–105
Lizenz 100, 209
lizenzfreie 28, 99, 208
Lizenzgebühr 98, 209
Musikrichtlinie 100
Nutzungsbedingung 100, 210
O-Töne 103
Plattenlabel 98
Soundalike 115, 217
Stream-Ripping 103
Trendsounds 103
Videocontent 100
Musik-Reel 31

N

Natural Language Processing 113
Newsletter
abbestellen 53
Zustimmung 53
Nutzbarkeit 25–26
Nutzung 25
geringfügige 75
mutmaßlich erlaubte 75
Nutzungsbedingung
Social-Media-Plattform 71–72
Nutzungsrecht 76
ausschließliches 78
einfaches 78

O

Online-Shop 147
AGB 31, 149
Bestellung 149
Bundle 168
Button-Lösung 148
Conversion-Rate 29
Lieferung 149
Preis 166–167
Produktbeschreibung 165
User Experience 29
Versandkosten 166
Vertragsabschluss 148
Widerruf 158
Widerrufsrecht 197
Opt-out 125
O-Ton 104

P

Personenbezug 49
Phishing 171, 175–176
Schutz vor 176
Plattenlabel 99
Preis
niedrigster 167
Streichpreis 167
Produktbeschreibung
im Online-Shop 165
Prompt
Urheberrecht 113

Q

Quellenangabe 92

R

Rabattcode 35
Recht am eigenen Bild 93–94
Repost 38
Falschinformation 178
zu eigen machen 177
Rückerstattung
der Hinsendekosten 159, 160
Gutschrift 159
Kaufpreis 159
Rückgaberecht

bei digitalen Inhalten 162–163
Rücksendung 159, 161
in Originalverpackung 161
Kostenerstattung 161
mit Retourenschein 161
Rufmord 179

S

Salvatorische Klausel 155
Schmähkritik 179, 187
Falschinformation 188
Strafanzeige 189
Schnäppchen 122–123
Schriftform 154
Social Bot 174–175
Social Scoring 111
Social-Media-Plattform
Anonymität 187
Benutzername 30, 60, 195
Beschwerde 79
Betrug 175
Blockierung 79
Bot 174
Challenge 74
Gewinnspiel 141
Haftungsprivileg 178
KI 116, 218
Kontaktformular 78
Link 194
Löschpflicht 188
Markenschutz 67
Meme 31, 79
Musikbibliothek 101, 207, 211
Musiklizenz 28
Musikrichtlinie 105, 211
Notice-and-take-down 178, 188
Nutzungsbedingung 71–72, 76–77
Nutzungsrecht 72, 78
O-Ton 104
Repost 177
Spam 126
Sperrung 78
Trendsound 103, 210
Überwachungspflicht 188
Uploadfilter 77
Urheber 73, 203
Urheberrecht 73
Werbeaktion 74
Werberichtlinie 131
zu eigen machen 178
Spam 126
Cold Call 127
Freebie 120
Sponsoring 35
Stockfoto 88
CC-Lizenz 89
Editorial-Use 90
Lizenz 88
Rights-Managed 89
Royalty-Free 88
Sonderlizenz 89
Urhebernennung 89
Streichpreis 167
Strike 77

T

Tag 33, 37
Tap Tag 40
Teilnahmebedingung
Nutzereinwilligung 138
Teilnehmerkreis 140
Verhaltensregel 142
Teilnehmerbeitrag
Haftung 142
Telefonwerbung 127
TFP-Vertrag 38
Time-for-Prints 38
Tracking-Tools 53
Transformative use 216
Trendsound 103

U

Überschuss
werblicher 41
Überwachungspflicht 188
Unterlassungserklärung 181
bei Urheberechtsverletzung 182
Unternehmer 157
Urheber 73
Urheberechtsverletzung
Unterlassungserklärung 182
Urheberrecht
Fotograf 93, 205
Lichtbild 91, 205
Musik 210
Originalität 73
Prompt 113, 215
Schnappschuss 73, 90, 199
Urheberrechtsverletzung
Meldung 78
Sperrung 79

V

Verfügung
einstweilige 184, 185
Versandgefahr 151
Versandkosten
ausweisen 166
Vertrag
Entstehung 148
online 148
Verwertungsgesellschaft 74

W

Werbeaktion 74
Werbeanruf
Belästigung 127
Einwilligung 127
Vertragssschluss 128
WhatsApp 128
Werbung 33, 193
Anzeige 33
Beruf 37
Beteiligung 37
Bewertung 38
Call-to-Action 33
Eigenwerbung 37
Gesamtwert 36
Influencer-Gesetz 39
Instagram Story 35
Kennzeichnung 27
Kooperation 34, 37
Produktplatzierung 33
Rabattcode 35
Repost 38
Sample testen 36
Schleichwerbung 27
Tag 33, 37
Tap Tag 27
unerwünschte 124
Werbekooperation 27
Werk
eigenes 73
fremdes 74

Widerruf
  Abholung 160
  Ausschluss 163
  bei digitalen Inhalten 162–163
  Gutschrift 160
  Hinsendekosten 160
  Originalverpackung 161
  Retourenschein 161
  Rücksendekosten 161
  Rücksendung 159
  Unternehmen 164
  Verzicht 162
Widerrufsbelehrung 159
Widerrufsrecht 158, 197
  bei Dienstleistungen 162
  bei digitalen Inhalte 162

Z

Zahlungspflichtig bestellen 148
Zeitungsartikel
  Lizenz für 92
Zitat
  Änderung 82
  Bildzitat 82
  Inhalt 82
  Länge 82
  Quelle 82
  Zitierfreiheit 82
Zustimmung des Elternteils 93
Zwei-Klick-Regel 52

www.ingramcontent.com/pod-product-compliance
Lightning Source LLC
LaVergne TN
LVHW082034051026
849532LV00011B/3348
* 9 7 8 3 5 2 7 7 2 2 1 8 1 *